高等院校通识课教材

逻辑学简明教程（第 2 版）

郭　芸　姚望舒　主编

苏州大学出版社

图书在版编目(CIP)数据

逻辑学简明教程 / 郭芸，姚望舒主编. — 2版. — 苏州：苏州大学出版社，2021.12（2024.12重印）
ISBN 978-7-5672-3768-1

Ⅰ.①逻… Ⅱ.①郭… ②姚… Ⅲ.①逻辑学－高等学校－教材 Ⅳ.①B81

中国版本图书馆CIP数据核字(2021)第240900号

逻辑学简明教程(第2版)

郭　芸　姚望舒　主编

责任编辑　谢金海

苏州大学出版社出版发行
（地址：苏州市十梓街1号　邮编：215006）
广东虎彩云印刷有限公司印装
（地址：东莞市虎门镇黄村社区厚虎路20号C幢一楼　邮编：523898）

开本 787 mm×1 092 mm　1/16　印张 17.75　字数 389 千
2021年12月第2版　2024年12月第3次印刷
ISBN 978-7-5672-3768-1　定价：45.00元

若有印装错误，本社负责调换
苏州大学出版社营销部　电话：0512-67481020
苏州大学出版社网址　http://www.sudapress.com
苏州大学出版社邮箱　sdcbs@suda.edu.cn

第二版前言

作为苏州大学培育教材,《逻辑学简明教程》一书自2016年出版以来,一直被用作苏州大学通识选修课"趣味逻辑"的教材.教材在体例结构、内容安排、语言风格方面有一定的特色,得到了师生的广泛好评,被认为是一部既有趣又实用的教材.除我校外,北京、浙江、湖北等一些高校也使用了本教材,反馈良好.

这次修订,在吸纳读者建议的基础上,按照教育部关于一流本科课程建设的要求,针对课程思政建设和混合式教学的需要,对原教材的内容进行了调整、完善和补充.主要从以下4个方面开展修订工作:

第一,深入挖掘课程教学内容中的思政资源和思政融入点.(1)在教材的正文和习题中补充了有关课程思政的内容和例子,并在相关章节末尾增加一些阅读材料,介绍历史上著名的逻辑学家的人生际遇、学术背景和主要贡献,引导学生确立正确的人生坐标和参照系.(2)在第2、4、6、7章的末尾增加了逻辑的应用——关于经典推理电影或小说的论辩和推理分析,引导学生结合人物的身份、职业、年龄、社会背景等对人物和故事内容展开思考和讨论,培养理性精神,感悟人文关怀.通过以上内容,强化对学生理性精神、批判性思维和创新品质的培养和训练,增强学生的历史使命感、社会责任心,厚植爱国主义情怀.

第二,积极响应混合式教学关于增强趣味性和应用性的需求.每个章节都以有趣的实际问题引入,并在正文和习题中穿插一些有趣的应用实例.此外,在第2、4、6、7章的末尾增加了学生非常感兴趣的关于经典推理电影或小说的论辩和推理分析,培养论辩能力.我们的课程引进了北京大学陈波教授的慕课"逻辑学导论"开展混合式教学.陈教授的慕课中所介绍的一些新颖的例子也被引入了本教材.

第三,在正文和习题部分增加了批判性思维的相关内容,进一步强化批判性思维训练.比如,在第6章中补充了因果关系的特点和类比推理的作用,并增加了一节内容——溯因推理与假说演绎法.

第四，根据本教材的读者的反馈信息，参考同行的建议，本次修订改正了排印错误、表述错误，以及内容上的一些小差错．希望通过此次修订，能明显减少差错和争议．

本教材由郭芸负责策划和统稿，由郭芸、姚望舒共同编写完成．这次修订工作的分工是：郭芸负责第 1—4 章、第 6—8 章，姚望舒负责第 5 章和第 9 章．

本教材的出版受到了"2020 年苏州大学教材培育项目"的资助，并得到了苏州大学东吴学院领导的大力支持．在编写过程中，樊建席、王宜怀等多位资深教授提出了许多宝贵的意见．在此一并致以深深的谢意！

由于水平有限，这次修订虽然历经一年，但难免存在不尽如人意之处，祈望读者批评指正．

编　者

2021 年 10 月

第一版前言

　　逻辑思维能力训练契合了大学生素质教育和创新型人才培养的需要.随着科技的进步和社会的发展,人才的创新能力已经成为一个国家的国际竞争力和国际地位的决定性因素.而创新是建立在正确的批判性思维的基础之上的.因此,现代教育特别是高等教育把培养和提高学生的批判性思维能力作为重要目标之一,对学生的要求由原来的对学科知识简单的认知性掌握提升为能主动、独立地进行批判性思维和创造性思维.针对这一目标,很多高校开设了逻辑通识课程.

　　本书以培养批判性思维能力为目标,兼顾文理科学生的差异,充分注意内容的基础性和应用性,将传统逻辑与现代逻辑相结合,将理论性知识与实用性知识相结合,适合作为高等院校通识课教材.教材主要有以下特点:

　　1. 以逻辑推理与论证的技能为教学重心

　　为了适应培养批判性思维能力的目标,本书简化对逻辑专业知识的介绍,弱化数学公式和理论推导部分,避开不易理解的专业术语,将重心放在"逻辑推理与论证的技能"上.部分难度相对较大的知识点标上了"*"号供学有余力的学生自学.本书特别单列一章介绍论证理论、预设理论、谬误理论等非形式理论,以培养学生推理、分析、比较、综合、评估等能力.

　　2. 贴近日常思维实际,提高学生学习兴趣

　　很多学生反映,在学习逻辑时感到枯燥难懂,学过后又不知怎么运用.为此,在本书的编写过程中,我们搜集和设计了一些来自日常语言和实际思维活动的生动有趣的逻辑例子,通过这些例子提高学生的学习兴趣,教会学生如何利用逻辑知识解决实际问题.

　　3. 与能力型考试接轨

　　国内外各类入学、入职能力型考试,如国家公务员考试、GRE、MBA联考等,都将批判性思维能力作为一项重要的考核内容,相关考试的逻辑题对于强化学生的思维技能训练有很大的帮助.因此,本书不仅在各个章节的习题部分加入了相关的试题,以帮助学生进行批判性思维训练,而且在每章最

后增加一个批判性思维案例分析,并在最后一章中对各类能力型考试中的逻辑题进行了分类解析.

全书由郭芸负责策划和统稿,由郭芸、姚望舒共同编写完成.郭芸编写第1—2章、第4章、第7章和第9章,姚望舒编写第3章、第5—6章和第8章.

本书的出版得到2016年苏州大学教材培育项目、江苏省教育改革课题(SG31508115)以及苏州大学教学改革课题(5731518315)的资助,也得到了苏州大学计算机科学与技术学院的大力支持.樊建席、张莉、王宜怀、刘纯平、季怡等多位老师对初稿提出了许多宝贵的意见.苏州大学出版社谢金海编辑为本书的出版付出了辛勤的劳动.在此一并致以深深的谢意!

编　者

2016年10月

目录

第1章 绪　论

第1节　逻辑学概述 …………………………………………………… 001
第2节　逻辑学的发展简史 …………………………………………… 005
第3节　逻辑学的研究方法 …………………………………………… 008
第4节　学习逻辑学的意义 …………………………………………… 010

第2章 命题逻辑

第1节　命题的定义及其符号化 ……………………………………… 012
第2节　逻辑联结词 …………………………………………………… 014
第3节　命题公式与真值表 …………………………………………… 020
第4节　公式的等价 …………………………………………………… 022
第5节　其他联结词 …………………………………………………… 026
*第6节　对偶与范式 …………………………………………………… 030
第7节　公式的蕴含关系 ……………………………………………… 041
第8节　推理理论 ……………………………………………………… 050
　　批判性思维案例分析 ……………………………………………… 055
　　习　题 ……………………………………………………………… 057
　　逻辑的应用
　　　　——电影《控方证人》的论辩分析 ………………………… 059
　　阅读材料
　　　　数理逻辑的创始人——莱布尼茨 …………………………… 062

第3章　谓词逻辑

第1节　谓词逻辑概述 ··· 065
第2节　谓词公式 ··· 068
第3节　谓词演算的等价式与蕴含式 ··································· 072
*第4节　前束范式 ·· 076
第5节　谓词演算的推理理论 ·· 077
第6节　关系推理理论 ··· 082
　　　　批判性思维案例分析 ··· 086
　　　　习　题 ·· 089

第4章　传统词项逻辑

第1节　传统词项逻辑概述 ··· 093
第2节　词　　项 ··· 093
第3节　直言命题的种类及主谓项的周延性 ························ 108
第4节　直言命题的直接推理 ··· 111
第5节　直言命题的三段论推理 ·· 117
　　　　批判性思维案例分析 ··· 130
　　　　习　题 ·· 132
　　　　逻辑的应用
　　　　　　——电影《十二怒汉》的论辩分析 ···················· 135
　　　　阅读材料
　　　　　　逻辑学之父——亚里士多德 ·························· 138

第5章　模态逻辑

第1节　模态逻辑概述 ··· 141
第2节　传统模态逻辑 ··· 146
第3节　现代模态逻辑 ··· 156
第4节　道义逻辑 ··· 159
　　　　批判性思维案例分析 ··· 167
　　　　习　题 ·· 169

第 6 章 归纳逻辑

- 第 1 节 归纳推理概述 …………………………………………… 171
- 第 2 节 完全归纳推理 …………………………………………… 174
- 第 3 节 不完全归纳推理 ………………………………………… 177
- 第 4 节 类比推理 ………………………………………………… 190
- 第 5 节 概率归纳推理与统计归纳推理 ………………………… 195
- 第 6 节 溯因推理与假说演绎法 ………………………………… 199
    - 批判性思维案例分析 ……………………………………… 202
    - 习　题 ……………………………………………………… 204
    - 逻辑的应用
        - ——小说《悖论 13》的推理分析 ……………………… 206
    - 阅读材料
        - 现代实验科学的始祖——培根 ………………………… 209

第 7 章 非形式理论

- 第 1 节 论证理论 ………………………………………………… 212
- 第 2 节 预设理论 ………………………………………………… 226
- 第 3 节 谬误理论 ………………………………………………… 229
    - 批判性思维案例分析 ……………………………………… 234
    - 习　题 ……………………………………………………… 235
    - 逻辑的应用
        - ——电影《我的 1919》的论辩分析 …………………… 238

第 8 章 逻辑思维的基本规律

- 第 1 节 同 一 律 ………………………………………………… 241
- 第 2 节 矛 盾 律 ………………………………………………… 245
- 第 3 节 排 中 律 ………………………………………………… 250
    - 批判性思维案例分析 ……………………………………… 254
    - 习　题 ……………………………………………………… 256
    - 阅读材料
        - 数理逻辑的奠基人——罗素 …………………………… 258

第 9 章　能力型考试逻辑题分类解析

第 1 节　能力型考试简介 …………………………………………… 261
第 2 节　能力型考试逻辑题分类解析 ……………………………… 262

主要参考书目 ………………………………………………………… 274

第1章 绪 论

第1节 逻辑学概述

1 逻辑学的含义

逻辑学是一门研究思维形式及其规律的科学.思维是认识的理性阶段,在这个阶段,人们在感性认识的基础上形成概念,并用其构成判断和推理.概念是对认识对象本质属性的概括反映,是思维的基本单位;通过概念对认识对象是否具有某种属性加以断定的思维形式称为判断;从一个或几个判断中得出一个新判断的思维形式称为推理.思维的形式结构包括概念、判断和推理之间的结构和联系.思维的基本规律是指各种思维形式都必须遵守的最基本的逻辑要求,包括:保证思维同一性的同一律,保证思维无矛盾性的矛盾律,保证思维明确性的排中律.

思维和语言是紧密联系的.语言是思维的载体,离开语言,思维无以存在.思维是对客观事物概括而间接的反映,是通过语言实现的.语言也离不开思维,思维是语言的内容,语言的发展依赖于思维的发展.作为思维形式的概念、命题、推理,必须依靠相应的语言单位才能表达和交流.

概念是反映对象特有属性或本质属性的思维形式,可用自然语言中的语词(词或词组)来表达,但概念和语词并不是一一对应的.有时一个语词只对应一个概念,如语词"偶数"与概念中的偶数是一一对应的;有时一个语词在不同语境中表达不同的概念,如语词"马甲"与概念中的马甲就不是一一对应的,在不同语境中可以表示不同的含义,可以指穿在衣服外面的背心,也可以指网络中在同一论坛注册多个 ID 并同时使用时,除了主 ID 外的其他 ID;有时多个语词表达同一个概念,如语词"马铃薯""土豆""洋山芋"表达同一个概念,它们是等义词.逻辑学中,把可以表达确定概念的语词称为词项.词项是对语词的逻辑抽象,是去掉情感、语气等非逻辑意义的语词,是思维结构的最小单位.

判断是通过概念对认识对象是否具有某种属性(对象的性质或关系)加以断定的思维形式,可用自然语言中的语句(单句或复句)来表达,但判断和语句并不是一一对应的.首先,有的语句不能直接表达判断,如"西南大学在重庆吗?""请把门关上!"一般来说,陈述句与反诘句可以直接表达判断.其次,同一判断可以用不同的语句来表达,如语句"所有的鸟都会飞"与"没有鸟不会飞"表达了相同的判断.此外,同一判断可用不同的民族语言的语句来表达.再次,同一语句可以表达不同的判断,如语句"小张将书还给小王,因为他要回家了"可以理解为小张在自己回家前把书还给小王,也可以理解为小张赶在小王回家前把书还给他.

逻辑学中,把可以表达确定判断的语句称为命题.命题是描述判断的,这就有一个命题所描述的判断与事实相不相符合的问题,也就是命题的真假问题.如果一个命题所描述的判断符合事实,这个命题就是真的;否则,该命题就是假的.一个命题要么是真的,要么是假的,这就是命题的逻辑特征.命题的真假称为命题的逻辑值,或简称为真值.真值为真的命题称为真命题;真值为假的命题称为假命题.判断可以是简单的,如某对象具有某种属性,某几个对象之间具有某种关系;也可以是复杂的,如某一判断与另一判断之间具有某种联系.与之对应,命题也可分为简单命题和复合命题.所谓简单命题是指结构最简单的命题.从其表达的形式结构上分析,它是不能再分解为其他命题的命题,也被称为原子命题.其中,描述某对象具有某种属性的命题称为性质命题(直言命题),如"所有金属是导电的".描述对象之间具有某种关系的命题称为关系命题,如"武汉位于南京和重庆之间".复合命题表示判断和判断之间的联系,包括否定命题、联言命题、选言命题、条件命题、等值命题.

从一个或多个已知判断得出一个新判断的思维过程,称为推理.依靠自然语言的句子(单句或复句)、句群来表达.其中每个句子必须都是命题,得出的新命题称为结论,据以得出结论的命题称为前提.比如,在推理"所有校学生会委员都是电影评论协会会员,有的大一新生是校学生会委员,所以,有的大一新生是电影评论协会会员"中,"所有校学生会委员都是电影评论协会会员""有的大一新生是校学生会委员"是前提,"有的大一新生是电影评论协会会员"是结论.

思维和语言的紧密联系为逻辑学研究思维提供了便利:可以通过研究语言的形式来实现对思维形式的研究.语言分为自然语言和人工语言.自然语言是人们在思维和交际中使用的语言.自然语言词汇丰富、表达力强,但具有歧义性和模糊性.人工语言也称形式语言或符号语言,是为了某种目的而创制的表意符号系统.人工语言能精确地表达和描述研究对象,是对自然语言抽象后形成的理论模型.例如:自然语言"如果天气好,那么我们就去爬山"可用人工语言"$p \to q$"表示.对于以确定性为特点的逻辑学,人工语言具有自然语言无法比拟的优点.

2 逻辑学的研究对象

逻辑学的研究对象包括三个方面:思维的形式、逻辑思维的基本规律以及逻辑方法.逻辑学的主要任务是教会人们如何正确地进行推理和论证,如何识别和纠正错误的推理和论证.因此,逻辑学除了研究思维形式,还要研究各种思维形式都必须遵守的逻辑要求——逻辑思维基本规律,在逻辑思维过程中如何遵循和运用逻辑思维规律、规则以形成概念与命题,以及进行推理的逻辑方法.

2.1 思维的形式

思维的形式,又叫思维的逻辑形式,是思维在抽象掉具体内容之后所具有的共同结构.例如:

(1) 所有鸟都是会飞的.

(2) 所有问题都是可以解决的.

这两个命题的内容各不相同,但它们有共同的逻辑形式.如果用 S 表示指称对象的词项,用 P 表示指称属性的词项,那么其共同的逻辑形式为:所有 S 都是 P.又如:

(1) 如果天气好,那么我就骑自行车上班.

(2) 如果我有时间,那么我就去图书馆借书.

如果分别用 P、Q 表示逗号前后的两个简单命题,那么上面两个复合命题有共同的逻辑形式:如果 P,那么 Q.再如:

(1) 所有教师都是关心学生的,有的年轻人是教师,所以,有的年轻人是关心学生的.

(2) 所有校学生会委员都是电影评论协会会员,有的大一新生是校学生会委员,所以,有的大一新生是电影评论协会会员.

这两个推理的内容不同,但如果用 M、P、S 分别表示上述两个推理中先后出现的三个不同词项,那么它们有相同的逻辑形式:所有 M 是 P,有 S 是 M,所以,有 S 是 P.

因此,不同的思维内容可以有相同的思维形式.逻辑学重点研究的是思维的逻辑形式.不难看出,任何逻辑形式都由两部分组成.例如:所有 M 是 P,有 S 是 M,所以,有 S 是 P.其中的 S、M、P 可以代表不同的思维内容,是逻辑形式中可变的部分,称为逻辑变项;而"所有……是……,有……是……,所以,有……是……"这些逻辑形式中不随思维内容变化而变化的部分称为逻辑常项.逻辑常项体现了逻辑形式的本质特征,是区分不同种类的逻辑形式的唯一依据.任何逻辑形式都由逻辑常项和逻辑变项组成.

逻辑学研究的是思维的逻辑形式,其主体是推理形式.推理由命题构成,命题由词项构成,所以逻辑学对词项、命题的研究,都是服务于对推理的研究.而论证则是对推理的运用.一个推理中抽象掉各个命题的具体内容之后所保留下来的那个模式或框架,或者说一个推理中前提和结论的联系方式,称为推理的形式.根据思维进程的方向不同,推理可分为演绎推理、归纳推理和类比推理.思维进程从一般到特殊的推理,即从一般性的前提得出个别性的结论的推理称为演绎推理;思维进程从特殊(个别)到一般的推理,即从个别性的前提得出一般性的结论的推理称为归纳推理;思维进程从特殊到特殊或从一般到一般的推理,即从个别性的前提得出个别性的结论,或者从一般性的前提得出一般性的结论的推理,称为类比推理.相应地,逻辑也分为演绎逻辑和归纳逻辑.

演绎逻辑研究推理的有效性.如果在一个演绎推理中,当所有前提为真时,其结论必然为真,则这类推理称为形式正确的推理,又称为有效的推理.有效推理只需要一个条件:推理符合规则,也就是推理形式正确,而与前提的真实性无关.例如:

(1) 所有的金属都是导电体,

　　塑料是金属,

　　所以,塑料是导电体.

(2) 所有宣传品都是文艺作品,

　　标语是宣传品,

　　所以,标语是文艺作品.

尽管上述两个推理的前提并不都是真实的,但它们有以下共同的形式:

$$所有 M 是 P,$$
$$所有 S 是 M,$$
$$所以,所有 S 是 P.$$

从形式方面来讲,当两个前提为真时,其结论必然为真.因此,这两个推理都是有效(正确)的.

归纳逻辑研究归纳推理中前提对结论的支持度.归纳推理(不完全归纳)具有或然性,也就是,前提对结论只有一定强度的支持.当前提为真,结论也可能是假的.归纳推理前提断定的范围越接近结论断定的范围,它对结论的支持强度就越大.现代归纳逻辑引入了概率工具测度归纳前提对结论的支持度,很大程度提高了归纳的可靠性.

2.2　逻辑思维的基本规律

爱因斯坦曾指出:"西方科学的发展是以两个伟大成就为基础的,那就是:希腊哲学家发明的形式逻辑体系(在欧几里得几何中)以及通过系统的实验发现有可能找出因果联系(在文艺复兴时期)."从这个意义上可以说,逻辑学是对于理性精神的培养和训练.而逻辑思维的基本规律构成了理性思维最基本的前提和预设.

所谓逻辑思维的基本规律,即同一律、矛盾律和排中律.同一律是指,在同一思维过程中,任何一个思想(概念、判断等)与其自身是同一的.同一律保证了思维的确定性.矛盾律是指,在同一思维过程中,两个互相否定的思想不能同真,必有一假.矛盾律保证了思维的一致性.排中律是指,在同一思维过程中,两个互相矛盾的思想不能同假,必有一真.排中律保证了思维的明确性.

2.3　逻辑方法

逻辑方法是指人们在逻辑思维过程中,遵循和运用逻辑思维规律、规则的方法,诸如定义、划分、限制、概括等明确概念的逻辑方法,求同法、求异法、求同求异并用法、共变法、剩余法、溯因法等求因果联系的逻辑方法,以及科学解释、科学预测、假说等逻辑方法.

3　逻辑学的分类

根据研究方法的不同,逻辑学可分为辩证逻辑和形式逻辑两种.前者是以辩证法认识论的世界观为基础的逻辑学,而后者主要是对思维的形式结构和规律进行研究的类似于语法的一门工具性学科.本书主要介绍形式逻辑.演绎推理的形式结构是形式逻辑的研究主体.传统的形式逻辑主要指古希腊亚里士多德创立的词项逻辑,主要包括三段论、假言推理的理论等.形式逻辑的现代发展称为数理逻辑.

数理逻辑是用特制符号和数学方法研究演绎推理的科学.数理逻辑的核心思想是把逻辑推理符号化,即变成像数学演算一样的逻辑演算,因此数理逻辑又称为符号逻辑.数理逻辑与数学的其他分支、计算机科学、语言学等有着广泛的联系,主要包括逻辑演算、证明论、公理集合论、递归论和模型论五个部分.

第 2 节　逻辑学的发展简史

1　古代三大逻辑传统

早在公元前 5 世纪前后,古代中国、古印度和古希腊就产生了各具特色的逻辑学说:中国的名辩、印度的因明和古希腊逻辑.这三大逻辑流派自成体系,各自取得了相当大的成就,并称为古代世界三大逻辑传统.

中国的名辩学主要指先秦诸子关于名和辩的逻辑思想和理论,也可以泛指中国古代的逻辑思想.名辩学包括名学和辩学,名学的基本内容是正名与实名关系等问题,辩学的基本内容是谈说与辩论的对象、原则和方法.名辩学带有浓厚的论辩色彩,是为了适应当时社会政治生活中有关推行学术见解和政治主张的需要而发展起来的.

印度的因明是指研究论证、推理及其依据的学说."因明"译自梵语,"因"指原因、理由、根据,"明"指智慧和知识.从狭义上说,因明是指佛家逻辑.从广义上理解,因明是古代印度的论辩学,包含逻辑学和知识论,最初是各宗各派通用的一种论辩工具.

古希腊逻辑学是由亚里士多德在继承前人研究成果的基础上创立的.亚里士多德建立了人类历史上第一个初级的演绎推理系统.他的主要逻辑著作包括:《范畴篇》《解释篇》《前分析篇》《后分析篇》《论题篇》《辩谬篇》.后人把亚氏这些逻辑专著收集在一起,合称《工具论》.在这些著作中,他分别论述了有关概念、判断、推理、论证、论辩的方法以及如何驳斥诡辩等方面的问题.特别是他关于三段论的理论,至今我们仍在沿用.另外,在其哲学著作《形而上学》一书中,他还系统地论述了矛盾律、排中律,同时也涉及同一律.总体来说,在这些著作中,亚里士多德建立了一种"大逻辑"框架,在后来十几个世纪中占据统治地位的逻辑教学体系,即"概念→判断→推理→论证→思维基本规律",在他那里已具雏形.但他在逻辑方面的主要成就,还是以直言命题为对象、以三段论理论为核心的词项逻辑理论.亚里士多德的卓越贡献奠定了传统逻辑学发展的坚实基础.继亚里士多德之后,古希腊斯多葛学派发展了演绎逻辑,对命题理论有了新的突破.斯多葛学派研究了假言命题、选言命题、联言命题以及由它们所组成的推理形式,提出了相应的推理规则,同时在推理形式的多样化、形式化方面也有进展,并对悖论做了一些研究.

由于历史的原因,中国的名辩学和印度的因明逐渐没落,只有古希腊逻辑学得到了充分而健康的发展.古希腊逻辑学发展成为西方传统形式逻辑.亚里士多德也因此被后人尊称为"西方逻辑之父".西方传统形式逻辑以正确思维形式及其规律为对象,以有效推理的规则为核心内容,为人们提供了认识科学真理的工具.

2 西方传统形式逻辑的近代发展

17世纪,随着实验自然科学的兴起和发展,英国哲学家、逻辑学家培根(Francis Bacon,1561—1626)系统地研究了科学归纳法问题,为作为实验科学方法论的归纳逻辑奠定了基础.他在代表作《新工具》一书中提出整理、分析、比较等科学归纳的"三表法",即"本质和具有表","差异表","程度表"或"比较表".他还提出了确定现象因果联系的方法,初步建立了归纳推理的理论体系.培根的归纳法对近代逻辑学和科学的发展具有划时代意义,他被誉为"实验哲学之父""近代自然科学直接的或感性的缔造者".继培根之后,科学家笛卡尔、赫舍尔、惠威尔等对科学归纳逻辑进行了深入的探讨.

19世纪,英国哲学家、逻辑学家穆勒(John Stuart Mill,1806—1873),在《演绎及归纳的逻辑学体系》一书中将培根提出的探求因果联系的归纳方法系统化,提出了著名的"求因果五法":求同法、求异法、求同求异并用法、共变法和剩余法.穆勒进一步丰富和发展了培根等人的归纳逻辑,并首次明确地将归纳引入逻辑体系.至此,由古希腊的演绎逻辑与近代的归纳逻辑构成了今天被称为传统逻辑的基本框架.

3 现代逻辑

受到西方传统形式逻辑的影响,研究有效推理的完善形式依然是现代逻辑的主流.现代逻辑主要指数理逻辑以及以数理逻辑为基础发展而来的各种非经典演算系统.对于数理逻辑发展过程的分期目前还存在不同的看法.本书采用的是王宪钧教授在《数理逻辑引论》第三篇"数理逻辑发展简述"中提出的分期方法.

3.1 第一阶段(初始阶段)

开始用数学方法研究和处理形式逻辑.这一时期从17世纪70年代的莱布尼茨

(Gottfried Wilhelm Leibniz,1646—1716,德国)到 19 世纪末的布尔(George Boole,1815—1864,英国)、德·摩根(Augustus de Morgan,1806—1871,英国)、施罗德(Ernst Schröder,1841—1902,德国)等共延续了约两百年.主要成果包括数理逻辑思想的提出以及逻辑代数与关系逻辑的建立和发展.莱布尼茨被认为是数理逻辑的创始人,他提出的关于"表意的符号语言和思维的演算"的重要思想成为数理逻辑的主要特征.

3.2 第二阶段(奠基阶段)

在研究数学思想方法和数学基础问题的过程中奠定了理论基础,创建了特有的新方法,成长为一门新学科.主要包括四项成果:

1) 集合论的创建

在 19 世纪 70 年代,数学家康托尔(Georg Cantor,1845—1918,德国)由于数学分析理论的需要创建了集合论.

2) 公理方法的发展

在欧几里得的《几何原本》的基础上,1899 年希尔伯特(David Hilbert,1862—1943,德国)撰写了《几何基础》,构成了几何的形式公理系统.同时他也发展了关于公理方法的逻辑研究,用求模型方法论证一组公理的一致性和相互独立性.

3) 逻辑演算的建立

为了理解数学命题的性质和数学思维的规律,从 19 世纪 70 年代到 20 世纪初,弗雷格(Gottlob Frege,1848—1925,德国)、皮亚诺(Giuseppe Peano,1858—1932,意大利)和罗素(Bertrand Russell,1872—1970,英国)建立了古典逻辑演算(命题演算和谓词演算).作为一个完整的逻辑体系,逻辑演算突破了古典形式逻辑的局限性.

4) 证明论的提出及后果

20 世纪初关于无穷集合的客观性以及如何证明数学存在的问题,数学家们产生了意见分歧,并引起了争论.为了保全数学的科学成果,希尔伯特于 20 世纪 20 年代提出了他的著名计划.希尔伯特要求,将数学理论陈述为一形式化的公理系统,然后根据他的"有穷观点",用一种不假定实无穷的能行方法来论证这种公理系统的一致性.这就是所谓的证明论.

希尔伯特计划推动了直至 20 世纪 30 年代末约十余年时间的集中研究.在此期间,主要通过哥德尔(Kurt Gödel,1906—1978,美国)的工作,明确了关键性概念,发展了数学研究方法,正面或反面地解答了一些证明论的根本问题,获得了丰富而重大的结果.哥德尔 1930 年发表的完全性定理说明:形式系统可以从一阶逻辑演算得到足够的基本逻辑工具.他 1931 年提出的不完全性定理证明了包括数论在内的一致的形式系统都是不完全的,提出了形式系统的局限性.虽然该定理否定了证明论的原来的主要设想,却加深了对公理方法的认识,促进了一个新数学分支——递归论的发展.同时,直观的能行性和机械计算过程这两个概念得到了精确的数学意义,并由此和计算机科学有了密切的联系.1937 年数学家、逻辑学家图灵(Alan Mathison Turing,1912—1954,英国)

建立了"图灵机理论",第一次为人类提出了计算机应用的理想模型,标志着人工智能时代的到来.形式语言系统、语法、语义等重要思想也是在此期间引入的.1933 年波兰裔逻辑学家塔尔斯基(Alfred Tarski,1901—1983,美国)建立了逻辑语义学,在其理论中,区分了元语言和对象语言,确立了真谓词的逻辑原则.总之在 20 世纪 30 年代末,数理逻辑已经成熟,它的理论基础已经奠定,成为一门具有丰富内容的学科.这段时间称为过渡时期.

3.3 第三阶段(发展阶段)

这一阶段从 20 世纪 40 年代开始至今.本阶段数理逻辑的主要内容大致可以分为 5 个方面:逻辑演算、证明论、公理集合论、递归论和模型论.目前数理逻辑已经成长为数学的一个重要分支,并与数学的其他分支以及计算机科学等有了广泛的联系,得到了突飞猛进的发展.

值得注意的是,虽然现代逻辑以形式化的数理逻辑为主,但是纯粹形式化的逻辑在运用于日常语言表达、交流以及实际思维时存在一定的局限性:它无法详尽地刻画运用自然语言所进行的推理,尤其是实际生活中的论证,更无法满足人们实际思维的需要.因此,在保证数理逻辑现有地位不变的前提下,加强和重视对非形式化逻辑的研究已经成为现代逻辑的一种发展趋势.

第3节 逻辑学的研究方法

如上分析,现代逻辑应以形式化的数理逻辑为主,同时也鼓励和发展非形式化逻辑.因此,对逻辑学的研究应该以形式化方法为主,但也离不开对非形式化方法的运用.

1 形式化方法

为了克服自然语言的歧义性,采用形式化方法研究逻辑,即用一套特制的符号表示概念、命题、推理,把推理转化为公式的演算.通过符号研究思维的各种逻辑形式之间的联系,并且构成一个完整的系统,以便对系统内的推理形式及其规律进行系统的研究.形式化方法包括以下内容:

(1) 把自然语言符号化,抽象和概括为形式语言.形式语言由初始符号和形成规则两部分组成.

(2) 对直观意义的推理关系进行语形和语义的双重刻画.

(3) 证明对推理关系的双重刻画的重合性.

构建逻辑的形式系统,有两种不同的形式化方法,即公理化方法和自然演绎方法.

1.1 公理化方法

公理化方法是从初始概念和公理出发,利用它们定义其他一切概念以及推演出其他一切定理的演绎方法,也就是运用形式化手段建立公理系统的方法.所谓公理系统是从一些公理出发,根据一定的规则,推演出一系列定理.它是由初始概念、公理、定义、推理规则和定理构成的演绎系统.

建立公理化系统的具体步骤为:首先,把一组概念作为不加定义的初始概念,而其余概念叫导出概念,它们都由初始概念通过定义引入.其次,从众多命题中选出一组作为不加证明的公理,而其余命题均称为定理,它们都通过逻辑推理规则从公理推演出来,其推理过程叫证明.

数理逻辑中的公理系统是通过形式公理化方法得到的,即不受论域限制,根据公理集的一些特定性质如一致性、完全性、独立性等选取公理,并且高度符号化、精确化.数理逻辑中的公理系统由初始符号、形成规则、公理和推演规则四部分组成.

1.2 自然演绎方法

自然演绎方法是一种强调推理规则的重要性,既可以从真前提推出真语句,也可以从假设得出推断的形式化方法.

较之于公理化方法建立的系统,自然演绎方法建立的系统有以下特点:

(1) 没有公理.

(2) 只有推演规则.

(3) 系统的建立,以接近日常推理为考虑的重点.

无论是运用公理化方法还是自然演绎方法建立形式系统,都必须明确以下几个基本概念:

1) 对象语言和元语言

在研究和讨论一个形式系统时,所研究的对象是符号和语言,这种被讨论的符号和语言就叫对象语言.在我们讨论此系统时所使用的语言就叫元语言,又称语法语言.在数理逻辑研究中,对象语言是形式语言,元语言是某种自然语言.

2) 语法

用语法语言讲的关于对象语言的理论,叫作对象语言的语法理论,简称语法.

3) 语义

形式系统中符号公式的解释、所指和意义就叫语义.关于这种解释的理论称为语义理论,简称语义.

2 非形式化方法

非形式化方法是指主要以自然语言表示思维的逻辑形式、逻辑规律以及逻辑方法,并对其进行非形式研究.20世纪中后期,国内外的研究者开始意识到形式逻辑在日常思维表达中的局限性,积极探索各种非形式化逻辑.此时,传统逻辑中的论证理论、预设理论、谬误理论等非形式化理论重新回到了人们的视线,成为研究的重心之一.这些非形式化理论主要研究以自然语言为载体的日常思维活动中的证明、反驳、预设、谬误等,需要综合运用广泛的逻辑知识,主要采用非形式化方法来研究.

第4节 学习逻辑学的意义

学习逻辑学,可以帮助我们培养逻辑思维的能力,学会正确的思维方法,这对于探求真理、表述和论证观点、识别和纠正谬误,都是很有帮助的.逻辑学为正确思维、有效交际和论辩提供了工具,也为创造发明奠定了基础.20世纪70年代,联合国教科文组织将数学、逻辑学、天文学和天体物理学、地理科学和空间科学、物理学、化学、生命科学等七门科学并列为基础科学.具体地,学习逻辑学主要有以下几方面的意义.

1) *学习逻辑学,有助于培养批判性思维能力*

随着科技的进步和社会的发展,人才的创新能力已经成为一个国家的国际竞争力和国际地位的决定性因素.而创新是建立在正确的批判性思维的基础之上的.人们往往将创新归功于灵感,这种看法是不全面的.创新是一个思维过程,灵感只是一个起点,只是其中的一个重要环节.光有灵感,而不进行深入地逻辑思考,往往得不到有用的结果.只有以灵感为基础,进行正确地批判性思维,包括定义、应用、分析、比较、综合和/或评估等,才能产生有用的新思想、新知识.学习逻辑学,不仅可以帮助学生获得逻辑专业知识,更重要的是可以培养学生独立于专业知识之外的日常逻辑思维能力,即批判性思维能力,从而能主动、独立地进行批判性思维和创造性思维,为科技进步和社会发展贡献力量.

2) *学习逻辑学,有助于探求新知识*

新知识的获取,可以看作一个由已知到未知的逻辑推理过程.学习逻辑学,可以帮助人们根据来源于实践并经过实践检验过的真实知识,利用逻辑规律和逻辑方法,经过正确的推理,推出新知识,这是认识世界所不可缺少的逻辑环节,是获取正确知识的必要条件.仿生学就是一个很好的例证.例如,蛋壳虽然只有 2 mm 的厚度,但轻易破坏不了它.蛋壳呈拱形,跨度大,其中包含了许多力学原理.建筑学家模仿它进行了薄壳建筑设计.这类建筑有许多优点:用料少,跨度大,坚固耐用.举世闻名的悉尼歌剧院就采用了这种设计方案.薄壳建筑设计的成功在于利用了已有真知,并且进行了正确的逻辑推理.

3) *学习逻辑学,有助于准确地表达和论证思想*

在当今社会国际化、全球化的大背景下,协作与交流显得越来越重要,而具备一定的逻辑学知识和较强的逻辑思维能力是有效交流的基础.在当今我国社会生活中,由于受到网络文化的影响,逻辑混乱、语言失范的现象比较多见.即便是在法律条文、传媒报道、教师授课等对正确性要求非常高的内容中,也还存在概念不明确、推理不正确、论证不科学、语言不规范的情况.学习逻辑学,可以帮助人们在表达和论证思想时,做到概念明确、判断恰当、推理合乎逻辑,从而有效地识别和纠正谬误.

第 2 章 命题逻辑

第 1 节　命题的定义及其符号化

1　命题的定义

命题是能表达判断的语句.判断是对认识对象的情况加以断定的思维形式.认识对象的情况主要包括:(1) 对象是否具有某种属性;(2) 对象之间是否具有某种关系.因而命题是具有确定真值的陈述句(或反诘句).真值有两个:"真"与"假",分别记作 True 和 False,并用符号 T(或 1)和 F(或 0)表示.因此,判断一个语句是否为命题,首先看它是否为陈述句(或反诘句),其次看它的真值是否唯一.例如,

① 4 是素数.

② 南京是江苏的省会.

③ e 是有理数.

④ 难道上海不是我国的直辖市吗?

⑤ 外太空有生命.

⑥ 明年元旦苏州是晴天.

这些都是命题.需要说明的是,⑤、⑥两个命题的真值是确定的,只是人们在目前还不知道而已.命题有真假之分,真值为"真"的命题称为真命题,否则称为假命题.①、③是假命题,②、④是真命题.⑤、⑥是真命题还是假命题,目前还不能断定.

值得注意的是,以下语句不是命题:

⑦ π 大于 e 吗?

⑧ 请不要吸烟!

⑨ 这朵花真美丽!

⑩ x 大于 y.

⑪ $1+11=100$.

⑫ 我正在说谎.

语句⑦是一般疑问句,⑧是祈使句,⑨是感叹句.语句⑩—⑫虽然是陈述句,但真值情况

不确定,因而也不是命题.其中,⑩的真值情况会随着变量 x 和 y 取不同的值而变化,比如:当 x 取 2, y 取 1 时,该语句的真值为 T;而当 x 取 1, y 取 2 时,其真值则为 F.⑪的真值情况在数的不同进制下也不同,比如:在二进制情况下考虑,该语句取值为 T;但在十进制情况下,则其真值为 F. ⑫的情况比较特殊,如果说该句话的人在说谎,那么"我正在说谎"就是一个谎,因此他说的是实话;但是如果这是实话,他又在说谎.⑫表面上是同一语句,却隐含着两个互相对立却又都能自圆其说的结论,像这样的语句称为悖论.悖论不是命题.

2 命题的符号化

为了便于推演,可以对命题进行符号化.命题符号化的方式主要有以下两种:
(1) 用大写字母.例如,
 P:4 是素数.
 Q:南京是江苏的省会.
(2) 用带下标的大写字母或用数字.例如,
 P_1(或[1]):4 是素数.
 Q_2(或[2]):南京是江苏的省会.
上述的 P、Q、P_1(或[1])、Q_2(或[2])称为命题标识符.

3 与命题相关的几个概念

3.1 命题常量和命题变元

表示具体命题的命题标识符称为命题常量.例如,P:今天天气晴好,则 P 是命题常量.未指定具体命题,可以代表任意命题的命题标识符称为命题变元.比如,讨论运算规律时使用的命题标识符.

因为命题变元可以表示任意命题,其真值不能确定,故命题变元不是命题.命题变元用一个特定命题取代,从而成为一个命题,这个过程称为对命题变元指派.集合$\{T,F\}$是命题变元的值域.

3.2 命题的分类

命题可以分为原子命题和复合命题两种,不包含其他命题的命题称为原子命题,通过联结词联结若干命题而形成的命题称为复合命题.例如,
① 明天下雪.
② 明天下雨.
这些都是原子命题.而

③ 明天下雪或明天下雨.

④ 若明天下雪,则路上会很滑.

这些就是复合命题.构成复合命题的命题称为支命题,③和④分别由两个支命题构成.把几个命题联结起来从而构成一个复合命题的词项,称为联结词.③和④中的联结词分别为"……或……"和"若……,则……".命题逻辑的主要研究对象是复合命题所构成的推理,即关于联结词的推理理论.

第 2 节　　逻辑联结词

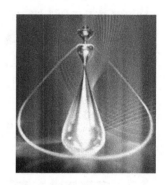

我愿嫁给希特勒

有一年,香港小姐选美比赛进行到最后的决赛阶段.根据比赛规则,为了测试进入决赛的每位选手的应变能力和语言表达能力,要求每位选手必须回答主持人的一个问题.

轮到了杨小姐,她镇定自若.主持人向杨小姐发问:"杨小姐,假如现在让你在两个人中间选择一个人作为你的终身伴侣,你会选择谁呢?这两个人一个是波兰大音乐家肖邦,另一个是德国法西斯头子希特勒!"

面对台下数千双眼睛,杨小姐不慌不忙地回答:"我想,我愿意嫁给希特勒!"

观众们顿时一阵骚动,主持人当然要追问杨小姐为什么愿意嫁给一个遗臭万年的法西斯头子.

杨小姐莞尔一笑,回答说:"我相信我有能力感化希特勒.如果我能够嫁给希特勒,第二次世界大战就不会爆发,当然也就不会死那么多人."

杨小姐是一个训练有素的参赛选手.她的回答确实非常令人吃惊.她知道,肖邦和希特勒都是历史人物,现在要嫁给哪一个人都是不可能的,所以,她的选择不需要兑现.如果回答嫁给前者就会落入俗套,回答嫁给后者却能让人耳目一新,再加上她巧妙的解释,当然就能博得全场观众雷鸣般的掌声了.

你能看出杨小姐回答的巧妙之处吗?这个问题与联结词的用法有关.

自然语言中对联结词的使用方法一般没有很严格的定义,这容易引起歧义.数理逻辑中的联结词是复合命题的重要组成部分,为了便于推演,必须对联结词作出明确规定并符号化.因此,数理逻辑对自然语言中的联结词进行了逻辑抽象,将支命题之间的真假关系抽象和概括出来,只从支命题的真假来考虑复合命题的真假,得到反映复合命题与支命题之间的真假关系的联结词,这样的联结词称为逻辑联结词,又称为真值联结词.命题逻辑中有五个最基本的逻辑联结词:否定、合取、析取、条件和双条件,可分别用符号"¬""∧""∨""→""↔"来表示.下面分别介绍这五种逻辑联结词的用法.

1 否定

定义 2-2-1 设 P 为一命题,则 P 的否定是一个新的命题,记为$\neg P$,读作"非 P".若 P 为 T,则$\neg P$ 为 F;若 P 为 F,则$\neg P$ 为 T.命题 P 与其否定$\neg P$ 的真值关系如表 2-2-1 所示.

表 2-2-1　P 与 $\neg P$ 的真值关系

P	$\neg P$
T	F
F	T

包含否定联结词的命题称为负命题.

例 1　设 P:这些都是男生,则$\neg P$:这些不都是男生.

2 合取

养蚂蚁广告

某地方小报刊登了一则有关养蚂蚁发财的广告:本市实用技术研究所为了让本地农民致富,现举办蚁利神培训班,供应原料、蚁种并回收产品,保证规模效益.

张三想发财致富动心了,没有多想就怀揣现金到了这个研究所并报名参加了培训班.学习了一段时间后,张三很快掌握了培训班教授的技术,从该研究所购买了蚂蚁和棉籽皮培养料,并与研究所签订了回收其产品的合同.按此设想,他投入 5000 多元,半年内可望得到收益 2 万多元.于是,张三满怀信心地投入了生产,并再次投资了 3000 多元.然而几个月下来,只产出蚂蚁 200 kg,仅卖得 1200 元.

张三沉不住气了,把研究所告到了法院.他告该研究所刊登了不实广告,向他提供低劣蚁种,根本不可能产生规模效益.最后,法院判决该研究所赔偿张三人民币 3000 元.

请分析:该研究所的广告存在什么逻辑错误?这个问题与合取联结词的用法有关.

定义 2-2-2 如果 P 和 Q 是命题,那么"P 并且 Q"也是命题,记为 $P \wedge Q$,读作"P 合取 Q".当且仅当 P 和 Q 真值都为 T 时,$P \wedge Q$ 真值为 T.命题 $P \wedge Q$ 与 P 和 Q 的真值关系如表 2-2-2 所示.

表 2-2-2　$P \wedge Q$ 与 P 和 Q 的真值关系

P	Q	$P \wedge Q$
T	T	T
T	F	F
F	T	F
F	F	F

包含合取联结词的命题称为合取命题,也称为联言命题.

例 2　设 P:2 是偶数,Q:2 是素数,则 $P \wedge Q$:2 是偶素数.

回到前面的养蚂蚁广告.该广告乃虚假广告.该广告是一个联言命题:"研究所举办蚂蚁培训班,供应原料、蚁种,回收产品,保证规模效益".这个命题只有在"研究所举办蚂蚁培训班""研究所供应原料、蚁种""研究所回收产品""研究所保证规模效益"这几个支命题同时为真时,该命题才为真.事实上,"研究所回收产品""研究所保证规模效益"这两个支命题是假的.

3　析取

盗窃案侦破

一天晚上,某工厂仓库被盗,案值较大.办案人员经初步侦察认定,此系内部作案,而且工人张三、李四有重大嫌疑.后来在张三的住处搜出许多被盗物资,于是迅速将他逮捕归案,而对李四却不再调查.李四乘机潜逃外地.

请分析:办案人员犯了什么逻辑错误?这个问题与析取联结词的用法有关.

定义 2-2-3 如果 P 和 Q 是命题,那么"P 或 Q"也是命题,记为 $P\vee Q$,读作"P 析取 Q". 当且仅当 P 或 Q 至少有一个真值为 T 时,$P\vee Q$ 真值为 T. 换句话说,当且仅当 P 和 Q 真值都为 F 时,$P\vee Q$ 真值为 F. 命题 $P\vee Q$ 与 P 和 Q 的真值关系如表 2-2-3 所示.

表 2-2-3　$P\vee Q$ 与 P 和 Q 的真值关系

P	Q	$P\vee Q$
T	T	T
T	F	T
F	T	T
F	F	F

包含析取联结词的命题称为相容选言命题.

从析取的定义不难看出,析取与自然语言中的"或"的意义不完全相同. 因为自然语言中的"或"可表示"可兼或",即 P 和 Q 至少有一个为真,也可表示"排斥或",即 P 和 Q 有且仅有一个为真. 而析取指的是"可兼或". 比如下面两个命题:

例 3　张三爱唱歌或爱听音乐.

例 4　小王在宿舍或在图书馆.

例 3 中的"或"是"可兼或",因而可符号化为 $P\vee Q$(其中 P:张三爱唱歌,Q:张三爱听音乐). 而例 4 中的"或"是"排斥或",不能直接用析取来表示,而应该表示成 $(P\wedge\neg Q)\vee(\neg P\wedge Q)$(其中 P:小王在宿舍,Q:小王在图书馆).

回到前面的盗窃案的侦破. 命题"张三是罪犯或者李四是罪犯"中的"或"是可兼或,所以存在"张三和李四共同作案"的可能. 办案人员却在肯定张三是罪犯后否定李四是罪犯,也否定了共同作案的可能,让李四轻易逃脱.

4　条件

小芳智斗知府

张老汉盖了新房,乔迁新居当天,他在自家的大门上,贴了五个大字"万事不求人". 刚贴了不久,被从门前经过的知府大人看到了.

知府一看,火冒三丈,心想:这岂不是不把我堂堂的知府大人放在眼里吗? 于是便命令衙役把张老汉抓了起来. 知府说:"你胆敢说'万事不求人',好,你有本事. 我限你三天之内给我做件事,找一头公牛生的牛犊来. 假如你办不到,那就定你个欺官之罪."

张老汉凭空遭祸,整天关在家里苦思冥想,两天过去了,还是没有想出对付知府的办法. 张老汉的女儿张小芳天资聪慧,她看出了父亲的为难,便说:"您

放心,这件事情让我来处理."

到了第三天,知府果然来了,一进门便嚷嚷:"张老头去哪里了?想躲开我?没那么容易."小芳不慌不忙走上前说:"禀告大人,我父亲确实不在家."知府一听火了,"他官差在身,竟敢逃跑?"小芳说:"他没有逃跑,是生孩子去了."知府哪会就此罢休,怒道:"你不要骗我,世上哪有男人能生孩子的?快叫他出来!"小芳说:"大人不是要一头公牛生的牛犊吗?照大人的道理,那么男人自然能生孩子.如果男人不能生孩子,那公牛怎么能生牛犊呢?"知府无言以对,红着脸钻进轿子一溜烟跑了.

请分析:小芳用了什么逻辑知识智斗知府?这个问题与条件联结词的用法有关.

定义 2-2-4 如果 P 和 Q 是命题,那么"如果 P,那么 Q"也是命题,记为 $P \rightarrow Q$,读作"P 条件 Q". 其中 P 称为前件(或前提),Q 称为后件(或结论).当且仅当 P 的真值为 T,而 Q 的真值为 F 时,$P \rightarrow Q$ 的真值为 F. 命题 $P \rightarrow Q$ 与 P 和 Q 的真值关系如表 2-2-4 所示.

表 2-2-4 $P \rightarrow Q$ 与 P 和 Q 的真值关系

P	Q	$P \rightarrow Q$
T	T	T
T	F	F
F	T	T
F	F	T

包含条件联结词的命题称为假言命题.

例 5 如果雪是黑的,那么太阳从西方出来.

例 6 如果我去图书馆,一定帮你借那本书.

上述两个例子都可用条件命题 $P \rightarrow Q$ 来表达.

在使用条件命题"$P \rightarrow Q$"时,需要注意数理逻辑中的"如果 P,那么 Q"与其在自然语言中的用法上的区别:第一,在自然语言中,"如果 P,那么 Q"中的前件 P 与后件 Q 往往具有某种内在联系,而在数理逻辑中,P 与 Q 可以无任何内在联系,比如例 5 的情况;第二,在自然语言中,"如果 P,那么 Q"往往表达的是前件 P 为真,后件 Q 也为真的推理关系.但在数理逻辑中,作为一种"善意推定"的规定,当 P 为假时,无论 Q 是真是假,$P \rightarrow Q$ 均为真.也就是说,只有 P 为真并且 Q 为假这一情况,才能使得复合命题 $P \rightarrow Q$ 为假.比如例 6,当"我"有事未去图书馆(即 P 为 F)时,我们善意地理解为"我"还是讲了真话,即"我"要是去图书馆,相信"我"一定会帮"你"借书的,所以 $P \rightarrow Q$ 仍为 T.

除了"如果 P,那么 Q"外,自然语言中还有一些表达相同意思的句式,均可符号化为"$P \rightarrow Q$":

① "若 P,则 Q";

② "因为 P,所以 Q";

③ "只要 P,就 Q";

④ "P,仅当 Q";

⑤ "只有 Q,才 P";

⑥ "除非 Q,才 P";

⑦ "除非 Q,否则非 P".

回到前面的"小芳智斗知府"的故事.小芳巧妙地运用了关于假言命题真值的"善意推定"的规定,摆脱了知府的恶意相逼,帮助父亲渡过了难关.当前件为假时,无论后件是真是假,假言命题均为真.所以,小芳推断的"如果公牛能生犊子,那么男人也就能生孩子"的结论一定是真的.在这种情况下,知府大人只好钻进轿子跑了.

5 双条件

定义 2-2-5 如果 P 和 Q 是命题,那么"P 当且仅当 Q"也是命题,记为 $P \leftrightarrow Q$,读作"P 双条件 Q". 双条件联结词也可以记作"iff".当且仅当 P 和 Q 的真值相同时,$P \leftrightarrow Q$ 的真值为 T.命题 $P \leftrightarrow Q$ 与 P 和 Q 的真值关系如表 2-2-5 所示.

表 2-2-5 $P \leftrightarrow Q$ 与 P 和 Q 的真值关系

P	Q	$P \leftrightarrow Q$
T	T	T
T	F	F
F	T	F
F	F	T

包含双条件联结词的命题称为充分必要条件假言命题.

例 7 符号化下列各命题并确定其真值:

① $2+2=4$,当且仅当 3 是奇数;

② $2+2=4$,当且仅当 3 不是奇数;

③ $2+2\neq4$,当且仅当 3 是奇数;

④ $2+2\neq4$,当且仅当 3 不是奇数.

解 设 P:$2+2=4$,Q:3 是奇数,则:

① 可符号化为 $P \leftrightarrow Q$,真值为 T;

② 可符号化为 $P \leftrightarrow \neg Q$,真值为 F;

③ 可符号化为 $\neg P \leftrightarrow Q$,真值为 F;

④ 可符号化为 $\neg P \leftrightarrow \neg Q$,真值为 T.

回到本节开头,我们来分析杨小姐的巧妙回答.杨小组的回答"如果我能够嫁给希特勒,第二次世界大战就不会爆发,当然也就不会死那么多人"是个条件命题,前件"我能够嫁给希特勒"的真值为假,作为一种"善意推定"的规定,当前件为假时,无论后件是真是假,条件命题均为真.所以,杨小姐巧妙地应用条件命题"善意推定"的规定,回答了一个非常棘手的问题.

第3节 命题公式与真值表

1 命题公式的定义

由命题变元、逻辑联结词和括号按一定规则构成的字符串称为命题公式,定义如下:

定义 2-3-1 命题公式(合式公式)(well formed formula,wff)规定为:

(1) 单个命题变元本身是一个命题公式.

(2) 如果 A 和 B 是命题公式,那么 $\neg A,(A \wedge B),(A \vee B),(A \rightarrow B),(A \leftrightarrow B)$ 都是命题公式.

(3) 当且仅当能够有限次地应用(1)、(2)生成的公式是命题公式.

合式公式的定义是以递归形式给出的,其中(1)称为基础,(2)称为归纳,(3)称为界限.出现在命题公式中的命题变元称为命题公式的分量.

例 1 判断下列字符串是否为合式公式:

① $\neg(P \wedge Q)$;

② $P \rightarrow (P \vee \neg Q)$;

③ $(\neg P \leftrightarrow Q) \wedge (P \rightarrow \neg R)$;

④ $(P \rightarrow Q) \rightarrow (\wedge Q)$;

⑤ $PQ \rightarrow R$;

⑥ $(P \rightarrow Q, (P \wedge Q) \rightarrow Q)$.

解 按照定义,①—③是合式公式,④—⑥则不是合式公式.

合式公式的运算顺序为:有括号先算括号内的,没有括号时按运算符结合力的强弱先后顺序运算,运算符的强弱顺序约定为 $\neg, \wedge, \vee, \rightarrow, \leftrightarrow$,相同运算符按从左至右的顺序运算.为了减少使用圆括号的数量,约定最外层圆括号可以省略.

例 2 写出下式的运算顺序:

$$\neg P \vee \neg S \vee \neg Q \wedge R \rightarrow R \vee P \vee Q.$$

解 与 $(((\neg P \vee \neg S) \vee (\neg Q \wedge R)) \rightarrow ((R \vee P) \vee Q))$ 运算顺序相同.

一个含有命题变元的命题公式的真值是不确定的,因此有必要对它的真值进行具体分析,为此需要引入"真值表"这一工具.

2 真值表

设 A 为一命题公式,$P_1, P_2, \cdots, P_n$ 为出现在 A 中的所有的命题变元,对 P_1,

$P_2,\cdots,P_n$ 指定一组真值,称为对 A 的一个指派.使 A 取值为 T 的指派称为成真指派,使 A 取值为 F 的指派称为成假指派.将 A 在所有可能的指派下的真值情况按一定顺序列成表格,称为真值表.

定义 2-3-2 在含有 n 个命题变元的命题公式中,将 2^n 种不同指派所确定的命题公式的真值情况按一定顺序汇列成表,称为命题公式的真值表.

构造真值表的一般步骤如下:

(1) 将命题变元按一定顺序排出,再按从内到外的顺序列出公式的各个运算层次,将它们排在表头.

(2) 若有 n 个变元,则将所有可能的 2^n 组指派按字典顺序每行排一组(T 可以写成 1,F 可以写成 0).

(3) 在表上由左到右填写相应的真值.

例 3 构造 $\neg P \vee Q$ 的真值表.

解 列表如下:

P	Q	$\neg P$	$\neg P \vee Q$
T	T	F	T
T	F	F	F
F	T	T	T
F	F	T	T

例 4 构造 $\neg(P \wedge Q) \leftrightarrow (\neg P \vee \neg Q)$ 的真值表.

解 列表如下:

P	Q	$P \wedge Q$	$\neg(P \wedge Q)$	$\neg P$	$\neg Q$	$\neg P \vee \neg Q$	$\neg(P \wedge Q) \leftrightarrow (\neg P \vee \neg Q)$
T	T	T	F	F	F	F	T
T	F	F	T	F	T	T	T
F	T	F	T	T	F	T	T
F	F	F	T	T	T	T	T

在例 4 中,无论对分量作何种指派,公式 $\neg(P \wedge Q) \leftrightarrow (\neg P \vee \neg Q)$ 的真值全为 T,这类公式称为重言式或永真公式,记为 T.另有一类公式,无论对分量作何种指派,其真值全为 F,这类公式称为矛盾式或永假公式,记为 F.这两类特殊的命题公式在命题演算中非常有用.

3 命题公式的类型

定义 2-3-3 给定一命题公式,若无论对分量作怎样的指派,其对应的真值永为 T,则称该命题公式为重言式或永真公式,记为 T.

定理 2-3-1　任何两个重言式的合取或析取,仍然是一个重言式.

定理 2-3-2　一个重言式,对同一分量都用相同的合式公式置换,其结果仍为一重言式.

定义 2-3-4　给定一命题公式,若无论对分量作怎样的指派,其对应的真值永为 F,则称该命题公式为矛盾式或永假公式,记为 F.

定理 2-3-3　任何两个矛盾式的合取或析取,仍然是一个矛盾式.

定理 2-3-4　一个矛盾式,对同一分量都用相同的合式公式置换,其结果仍为一矛盾式.

定义 2-3-5　给定一命题公式,若至少存在一组指派使其取值为真,则称该命题公式为可满足式.

第 4 节　公式的等价

上节例 4 中,无论对分量作何种指派,公式 $\neg(P \wedge Q)$ 和 $(\neg P \vee \neg Q)$ 的真值都相同,我们称这两个公式等价. 等价是命题公式间的一种重要关系.

定义 2-4-1　设 A 和 B 为两个命题公式,$P_1, P_2, \cdots, P_n$ 为出现在 A 和 B 中的所有的命题变元,若给 $P_1, P_2, \cdots, P_n$ 赋予任意一组真值指派时对应的公式 A 和 B 的真值均相同,则称 A 和 B 是等价的或逻辑相等,记作 $A \Leftrightarrow B$.

不难看出,$A \Leftrightarrow B$ 当且仅当 $A \leftrightarrow B$ 为重言式.

给定两个命题公式 A 和 B,如何判断它们是否等价?这是命题逻辑这一章经常会遇到的问题. 根据定义,可以借助真值表来判断,我们把该方法称为真值表法.

1　真值表法

例 1　试证 $\neg P \vee Q \Leftrightarrow P \rightarrow Q$.

证　列出真值表如下:

P	Q	$\neg P$	$\neg P \vee Q$	$P \rightarrow Q$
T	T	F	T	T
T	F	F	F	F
F	T	T	T	T
F	F	T	T	T

由上表可知 $\neg P \vee Q$ 与 $P \rightarrow Q$ 真值相同,所以结论得证.

例 2　试证 $P \leftrightarrow Q \Leftrightarrow (P \rightarrow Q) \wedge (Q \rightarrow P)$.

证　列出真值表如下:

P	Q	$P\leftrightarrow Q$	$P\rightarrow Q$	$Q\rightarrow P$	$(P\rightarrow Q)\wedge(Q\rightarrow P)$
T	T	T	T	T	T
T	F	F	F	T	F
F	T	F	T	F	F
F	F	T	T	T	T

由上表可知 $P\leftrightarrow Q$ 与 $(P\rightarrow Q)\wedge(Q\rightarrow P)$ 真值相同,所以结论得证.

例 3 试证 $P\leftrightarrow Q\Leftrightarrow(P\wedge Q)\vee(\neg P\wedge\neg Q)$.

证 列出真值表如下:

P	Q	$P\leftrightarrow Q$	$P\wedge Q$	$\neg P\wedge\neg Q$	$(P\wedge Q)\vee(\neg P\wedge\neg Q)$
T	T	T	T	F	T
T	F	F	F	F	F
F	T	F	F	F	F
F	F	T	F	T	T

由上表可知 $P\leftrightarrow Q$ 与 $(P\wedge Q)\vee(\neg P\wedge\neg Q)$ 真值相同,所以结论得证.

例 1—例 3 中的结论以及其他一些重要结论,在命题演算时经常会被反复用到,如果每次使用前都先用真值表法证明,会很烦琐,事实上也是不必要的. 通常的做法是先用真值表法证明其正确性,然后作为基本结论不加证明直接用于推证一些更为复杂的结论. 我们把这些基本结论称为等价公式,把利用等价公式推证命题之间等价关系的方法称为等价公式法.

2 等价公式法

首先介绍一些常用的等价公式,如表 2-4-1 所示.

表 2-4-1 常用的等价公式

1	$\neg\neg P\Leftrightarrow P$	双重否定原则、对合律
2	$P\vee P\Leftrightarrow P,P\wedge P\Leftrightarrow P$	幂等律
3	$P\vee Q\Leftrightarrow Q\vee P,P\wedge Q\Leftrightarrow Q\wedge P$	交换律
4	$(P\vee Q)\vee R\Leftrightarrow P\vee(Q\vee R)$ $(P\wedge Q)\wedge R\Leftrightarrow P\wedge(Q\wedge R)$	结合律
5	$P\vee(Q\wedge R)\Leftrightarrow(P\vee Q)\wedge(P\vee R)$ $P\wedge(Q\vee R)\Leftrightarrow(P\wedge Q)\vee(P\wedge R)$	分配律
6	$\neg(P\vee Q)\Leftrightarrow\neg P\wedge\neg Q$ $\neg(P\wedge Q)\Leftrightarrow\neg P\vee\neg Q$	德·摩根律

续表

7	$P \lor (P \land Q) \Leftrightarrow P$ $P \land (P \lor Q) \Leftrightarrow P$	吸收律
8	$P \lor T \Leftrightarrow T, P \land F \Leftrightarrow F$	零律
9	$P \lor F \Leftrightarrow P$ $P \land T \Leftrightarrow P$	同一律
10	$P \lor \neg P \Leftrightarrow T$	排中律
11	$P \land \neg P \Leftrightarrow F$	矛盾律
12	$P \to Q \Leftrightarrow \neg P \lor Q$	蕴析律
13	$\neg(P \to Q) \Leftrightarrow P \land \neg Q$	
14	$P \to Q \Leftrightarrow \neg Q \to \neg P$	假言易位原则
15	$P \to (Q \to R) \Leftrightarrow (P \land Q) \to R$	移出律、条件合取、条件证明
16	$P \leftrightarrow Q \Leftrightarrow (P \to Q) \land (Q \to P)$	等值律
17	$P \leftrightarrow Q \Leftrightarrow (P \land Q) \lor (\neg P \land \neg Q)$	
18	$\neg(P \leftrightarrow Q) \Leftrightarrow P \leftrightarrow \neg Q$	

在利用等价公式推证其他结论时,有可能利用等价公式置换命题公式的某个部分,为了保证置换前后的公式是等价的,需对置换做一些说明.

定义 2-4-2 若 X 是合式公式 A 的一部分,且 X 本身也是一个合式公式,则称 X 为公式 A 的子公式.

定理 2-4-1(置换原理) 设 X 是合式公式 A 的子公式,且 $X \Leftrightarrow Y$,将 A 中的 X 用 Y 来置换,得到新的公式 B,则 $A \Leftrightarrow B$.

满足定理 2-4-1 条件的置换称为等价置换(等价代换).

例如,$(P \lor Q) \land R$ 中以 $Q \lor P$ 代 $P \lor Q$,得

$$(P \lor Q) \land R \Leftrightarrow (Q \lor P) \land R,$$

或 $(P \lor \neg P) \land Q$ 以 T 代 $P \lor \neg P$,得

$$(P \lor \neg P) \land Q \Leftrightarrow T \land Q.$$

有了如表 2-4-1 所示的等价公式,再利用定理 2-4-1 的置换原理,就可以用等价公式法推证有关命题之间等价关系的结论了.下面不妨以表 2-4-1 中的其他结论为基础,用等价公式法证明结论 15、18.

例 4 试证 $P \to (Q \to R) \Leftrightarrow (P \land Q) \to R$.

证 $P \to (Q \to R) \Leftrightarrow \neg P \lor (Q \to R)$
$\Leftrightarrow \neg P \lor (\neg Q \lor R)$
$\Leftrightarrow (\neg P \lor \neg Q) \lor R$
$\Leftrightarrow \neg(P \land Q) \lor R$
$\Leftrightarrow (P \land Q) \to R.$

注意 $P \to (Q \to R)$ 与 $(P \to Q) \to R$ 不等价.

例 5 试证 $\neg(P \leftrightarrow Q) \Leftrightarrow P \leftrightarrow \neg Q$.

证 注意到 $P \leftrightarrow Q \Leftrightarrow (P \wedge Q) \vee (\neg P \wedge \neg Q)$,有
$$P \leftrightarrow \neg Q \Leftrightarrow (P \wedge \neg Q) \vee (\neg P \wedge \neg \neg Q),$$
即
$$P \leftrightarrow \neg Q \Leftrightarrow (P \wedge \neg Q) \vee (\neg P \wedge Q). \tag{1}$$
又
$$\begin{aligned}\neg(P \leftrightarrow Q) &\Leftrightarrow (\neg P \vee \neg Q) \wedge (P \vee Q)\\ &\Leftrightarrow (\neg P \wedge P) \vee (\neg Q \wedge P) \vee (\neg P \wedge Q) \vee (\neg Q \wedge Q)\\ &\Leftrightarrow (P \wedge \neg Q) \vee (\neg P \wedge Q),\end{aligned} \tag{2}$$

由(1)、(2)两式,得
$$\neg(P \leftrightarrow Q) \Leftrightarrow P \leftrightarrow \neg Q.$$

等价公式法除了用于证明命题公式等价外,还可用于判断命题公式的类型.

例 6 判别下列公式的类型:

(1) $Q \vee \neg((\neg P \vee Q) \wedge P)$;

(2) $(P \vee \neg P) \to ((Q \wedge \neg Q) \wedge R)$.

解 (1)
$$\begin{aligned}&Q \vee \neg((\neg P \vee Q) \wedge P)\\ \Leftrightarrow& Q \vee \neg((\neg P \wedge P) \vee (Q \wedge P))\\ \Leftrightarrow& Q \vee \neg(F \vee (Q \wedge P))\\ \Leftrightarrow& Q \vee \neg(Q \wedge P)\\ \Leftrightarrow& Q \vee (\neg Q \vee \neg P)\\ \Leftrightarrow& (Q \vee \neg Q) \vee \neg P\\ \Leftrightarrow& T \vee \neg P\\ \Leftrightarrow& T.\end{aligned}$$

由此可知(1)是重言式.

(2)
$$\begin{aligned}&(P \vee \neg P) \to ((Q \wedge \neg Q) \wedge R)\\ \Leftrightarrow& T \to ((Q \wedge \neg Q) \wedge R)\\ \Leftrightarrow& T \to (F \wedge R)\\ \Leftrightarrow& T \to F\\ \Leftrightarrow& F.\end{aligned}$$

由此可知(2)是矛盾式.

第 5 节　其他联结词

前面已经定义了"¬""∧""∨""→""↔"这 5 种逻辑联结词,但在实际应用中,仅用这些联结词还不能很直接简洁地表达命题间的联系. 为此,我们需要再定义 4 种联结词.

1　不可兼析取(异或)

定义 2-5-1　如果 P 和 Q 是两个命题公式,那么"P 和 Q 的不可兼析取"也是一个命题公式,记为 $P \underline{\vee} Q$. 当且仅当 P 和 Q 真值不同时,$P \underline{\vee} Q$ 真值为 T.

命题 $P \underline{\vee} Q$ 与 P 和 Q 的真值关系如表 2-5-1 所示.

表 2-5-1　$P \underline{\vee} Q$ 与 P 和 Q 的真值关系

P	Q	$P \underline{\vee} Q$
T	T	F
T	F	T
F	T	T
F	F	F

包含不可兼析取联结词的命题称为不相容选言命题.

设 P, Q, R 为命题公式,联结词 $\underline{\vee}$ 有以下性质:

(1) $P \underline{\vee} Q \Leftrightarrow Q \underline{\vee} P$;

(2) $(P \underline{\vee} Q) \underline{\vee} R \Leftrightarrow P \underline{\vee} (Q \underline{\vee} R)$;

(3) $P \wedge (Q \underline{\vee} R) \Leftrightarrow (P \wedge Q) \underline{\vee} (P \wedge R)$;

(4) $(P \underline{\vee} Q) \Leftrightarrow (P \wedge \neg Q) \vee (\neg P \wedge Q)$;

(5) $(P \underline{\vee} Q) \Leftrightarrow (P \vee Q) \wedge \neg (P \wedge Q)$;

(6) $(P \underline{\vee} Q) \Leftrightarrow \neg (P \leftrightarrow Q)$;

(7) $P \underline{\vee} P \Leftrightarrow F, F \underline{\vee} P \Leftrightarrow P, T \underline{\vee} P \Leftrightarrow \neg P$.

定理 2-5-1　设 P, Q 和 R 为命题公式. 若 $P \underline{\vee} Q \Leftrightarrow R$,则 $P \underline{\vee} R \Leftrightarrow Q, Q \underline{\vee} R \Leftrightarrow P$,且 $P \underline{\vee} Q \underline{\vee} R$ 为矛盾式.

证　若 $P \underline{\vee} Q \Leftrightarrow R$,则

$$P \underline{\vee} R \Leftrightarrow P \underline{\vee} P \underline{\vee} Q \Leftrightarrow F \underline{\vee} Q \Leftrightarrow Q,$$
$$Q \underline{\vee} R \Leftrightarrow Q \underline{\vee} P \underline{\vee} Q \Leftrightarrow F \underline{\vee} P \Leftrightarrow P,$$
$$P \underline{\vee} Q \underline{\vee} R \Leftrightarrow R \underline{\vee} R \Leftrightarrow F.$$

2　条件否定

定义 2-5-2　如果 P 和 Q 是两个命题公式,那么"P 和 Q 的条件否定"也是一个命

题公式,记为 $P\xrightarrow{c}Q$.当且仅当 P 的真值为 T,而 Q 的真值为 F 时,$P\xrightarrow{c}Q$ 的真值为 T. 命题 $P\xrightarrow{c}Q$ 与 P 和 Q 的真值关系如表 2-5-2 所示.

表 2-5-2　$P\xrightarrow{c}Q$ 与 P 和 Q 的真值关系

P	Q	$P\xrightarrow{c}Q$
T	T	F
T	F	T
F	T	F
F	F	F

从定义可知,$P\xrightarrow{c}Q \Leftrightarrow \neg(P\rightarrow Q)$.

3　与非

定义 2-5-3　如果 P 和 Q 是两个命题公式,那么"P 和 Q 的与非"也是一个命题公式,记为 $P\uparrow Q$.当且仅当 P 和 Q 的真值都为 T 时,$P\uparrow Q$ 的真值为 F.

命题 $P\uparrow Q$ 与 P 和 Q 的真值关系如表 2-5-3 所示.

表 2-5-3　$P\uparrow Q$ 与 P 和 Q 的真值关系

P	Q	$P\uparrow Q$
T	T	F
T	F	T
F	T	T
F	F	T

从定义可知,$P\uparrow Q \Leftrightarrow \neg(P\wedge Q)$.

设 P,Q,R 为命题公式,联结词 $\uparrow$ 有以下性质:

(1) $P\uparrow P \Leftrightarrow \neg(P\wedge P) \Leftrightarrow \neg P$;

(2) $(P\uparrow Q)\uparrow(P\uparrow Q) \Leftrightarrow \neg(P\uparrow Q) \Leftrightarrow P\wedge Q$;

(3) $(P\uparrow P)\uparrow(Q\uparrow Q) \Leftrightarrow \neg P \uparrow \neg Q \Leftrightarrow \neg(\neg P \wedge \neg Q) \Leftrightarrow P\vee Q$.

4　或非

定义 2-5-4　如果 P 和 Q 是两个命题公式,那么"P 和 Q 的或非"也是一个命题公式,记为 $P\downarrow Q$.当且仅当 P 和 Q 的真值都为 F 时,$P\downarrow Q$ 的真值为 T.

命题 $P\downarrow Q$ 与 P 和 Q 的真值关系如表 2-5-4 所示.

表 2-5-4 $P \downarrow Q$ 与 P 和 Q 的真值关系

P	Q	$P \downarrow Q$
T	T	F
T	F	F
F	T	F
F	F	T

从定义可知,$P \downarrow Q \Leftrightarrow \neg(P \vee Q)$.

设 P,Q,R 为命题公式,联结词 $\downarrow$ 有以下性质:

(1) $P \downarrow P \Leftrightarrow \neg(P \vee P) \Leftrightarrow \neg P$;

(2) $(P \downarrow Q) \downarrow (P \downarrow Q) \Leftrightarrow \neg(P \downarrow Q) \Leftrightarrow P \vee Q$;

(3) $(P \downarrow P) \downarrow (Q \downarrow Q) \Leftrightarrow \neg P \downarrow \neg Q \Leftrightarrow \neg(\neg P \vee \neg Q) \Leftrightarrow P \wedge Q$.

至此,共介绍了 9 种联结词.我们考虑一个问题:是否任一命题公式都可以用这 9 种联结词来表示呢?答案是肯定的.下面以两个命题变元的情况为例,简单说明原因.

两个命题变元恰可构成 2^4 个不等价的命题公式,如表 2-5-5 所示.

表 2-5-5 两个命题变元构成的不等价的命题公式

P	Q	公式 1	公式 2	公式 3	公式 4	公式 5	公式 6	公式 7	公式 8
T	T	T	T	T	T	T	T	T	T
T	F	T	T	T	T	F	F	F	F
F	T	T	T	F	F	T	T	F	F
F	F	T	F	T	F	T	F	T	F
P	Q	公式 9	公式 10	公式 11	公式 12	公式 13	公式 14	公式 15	公式 16
T	T	F	F	F	F	F	F	F	F
T	F	T	T	T	T	F	F	F	F
F	T	T	T	F	F	T	T	F	F
F	F	T	F	T	F	T	F	T	F

不难发现,表 2-5-5 中的各个公式都可用 9 种联结词表示,如表 2-5-6 所示.

表 2-5-6 对应的联结词表示

公式 1	公式 2	公式 3	公式 4	公式 5	公式 6	公式 7	公式 8
T	$P \vee Q$	$Q \to P$	P	$P \to Q$	Q	$P \leftrightarrow Q$	$P \wedge Q$
公式 9	公式 10	公式 11	公式 12	公式 13	公式 14	公式 15	公式 16
$P \uparrow Q$	$P \bar\vee Q$	$\neg Q$	$P \xrightarrow{c} Q$	$\neg P$	$Q \xrightarrow{c} P$	$P \downarrow Q$	F

我们把以上 9 种联结词的集合 $\{\neg, \wedge, \vee, \rightarrow, \leftrightarrow, \bar{\vee}, \stackrel{c}{\rightarrow}, \uparrow, \downarrow\}$ 称为一个全功能联结词组.

定义 2-5-5　若任一命题公式都仅需用某一联结词集合中的联结词来表示,则该集合称为全功能联结词组.

下面再考虑一个问题:这 9 种联结词都是必要的吗?答案是否定的,因为包含某些联结词的公式可由另外一些联结词的公式等价代换.譬如 $P \wedge Q \Leftrightarrow \neg(\neg P \vee \neg Q)$.

定义 2-5-6　在联结词集合中,如果一个联结词可以由集合中其他的联结词来定义,这个联结词称为冗余联结词;否则,称为独立联结词.

定义 2-5-7　没有冗余联结词的全功能联结词组称为最小联结词组.

下面我们来求最小联结词组.

(1) 由"$\neg$""$\wedge$""$\vee$""$\rightarrow$""$\leftrightarrow$"组成的命题公式,必可以由仅包含 $\{\neg, \vee\}$ 或 $\{\neg, \wedge\}$ 的命题公式替代.原因如下:

$$P \leftrightarrow Q \Leftrightarrow (P \rightarrow Q) \wedge (Q \rightarrow P),$$
$$P \rightarrow Q \Leftrightarrow \neg P \vee Q,$$
$$P \wedge Q \Leftrightarrow \neg(\neg P \vee \neg Q),$$
$$P \vee Q \Leftrightarrow \neg(\neg P \wedge \neg Q).$$

(2) 任意命题公式都可以由仅包含 $\{\neg, \vee\}$ 或 $\{\neg, \wedge\}$ 的命题公式等价代换.原因如下:

$$P \bar{\vee} Q \Leftrightarrow \neg(P \leftrightarrow Q),$$
$$P \stackrel{c}{\rightarrow} Q \Leftrightarrow \neg(P \rightarrow Q),$$
$$P \uparrow Q \Leftrightarrow \neg(P \wedge Q),$$
$$P \downarrow Q \Leftrightarrow \neg(P \vee Q).$$

需要注意的是,联结词组 $\{\neg, \vee\}$ 或 $\{\neg, \wedge\}$ 不能再简化为 $\{\neg\}, \{\vee\}, \{\wedge\}$ 或 $\{\vee, \wedge\}$.因为从合式公式定义可知,包含二元联结词的命题公式不能用仅包含一元联结词的命题公式等价代换.同时,如有

$$\neg P \Leftrightarrow (\cdots (P \wedge Q) \vee \cdots \wedge \cdots)$$

的形式,则对该等价式中所出现的变元都赋真值 T,等价式右边结果为 T,左边真值为 F,产生矛盾,说明"$\neg$"不能由"$\vee$"或"$\wedge$"的复合替代.同理可证,"$\neg$"不能由"$\vee$"或"$\wedge$"中的任何一个来替代.

综上,$\{\neg, \vee\}$ 和 $\{\neg, \wedge\}$ 是两组最小联结词组.

当然,由联结词"$\uparrow$"和"$\downarrow$"的性质可知,联结词"$\neg$""$\wedge$""$\vee$"均可转化为联结词"$\uparrow$"或"$\downarrow$",所以 $\{\uparrow\}$ 和 $\{\downarrow\}$ 也是两组最小联结词组.

*第6节　对偶与范式

1　对偶

虽然$\{\neg,\vee\}$和$\{\neg,\wedge\}$是最小联结词组,但这两个联结词组使用并不方便,实际应用中常用的是全功能联结词组$\{\neg,\vee,\wedge\}$. 从表 2-4-1 可知,很多等价公式都是成对出现的,所不同的只是"$\vee$"和"$\wedge$"互换,"F"和"T"互换,我们把公式间的这种关系称为对偶.

定义 2-6-1　设给定的命题公式 A 仅含联结词"$\neg$""$\wedge$""$\vee$",A^* 为将 A 中符号"$\wedge$""$\vee$""T""F"分别改换为"$\vee$""$\wedge$""F""T"后所得的公式,那么称 A^* 为 A 的对偶式.

显然 A 也是 A^* 的对偶式.

例1　求 $P\uparrow Q$ 和 $P\downarrow Q$ 的对偶式.

解　因为
$$P\uparrow Q \Leftrightarrow \neg(P\wedge Q),$$
故 $P\uparrow Q$ 的对偶式为$\neg(P\vee Q)$,即 $P\downarrow Q$. 所以 $P\uparrow Q$ 和 $P\downarrow Q$ 互为对偶式.

下面介绍关于对偶式的两个重要定理.

定理 2-6-1　设 A 和 A^* 是对偶式,$P_1,P_2,\cdots,P_n$ 是出现在 A 和 A^* 中的所有原子变元,则
$$\neg A(P_1,P_2,\cdots,P_n) \Leftrightarrow A^*(\neg P_1,\neg P_2,\cdots,\neg P_n), \tag{1}$$
$$A(\neg P_1,\neg P_2,\cdots,\neg P_n) \Leftrightarrow \neg A^*(P_1,P_2,\cdots,P_n). \tag{2}$$

考虑两个变元的情况. 设 $A(P,Q)=P\vee Q$,则(1)、(2)式可分别化为
$$\neg(P\vee Q) \Leftrightarrow \neg P\wedge \neg Q,$$
$$\neg P\vee \neg Q \Leftrightarrow \neg(P\wedge Q).$$

此即为德·摩根律. 所以定理 2-6-1 是对德·摩根律的推广.

定理 2-6-2(对偶原理)　设 $P_1,P_2,\cdots,P_n$ 是出现在公式 A 和 B 中的所有原子变元,若 $A\Leftrightarrow B$,则 $A^*\Leftrightarrow B^*$.

证　因为
$$A(P_1,P_2,\cdots,P_n) \Leftrightarrow B(P_1,P_2,\cdots,P_n),$$
按等价定义可知
$$A(P_1,P_2,\cdots,P_n) \leftrightarrow B(P_1,P_2,\cdots,P_n)$$
是永真式. 那么
$$A(\neg P_1,\neg P_2,\cdots,\neg P_n) \leftrightarrow B(\neg P_1,\neg P_2,\cdots,\neg P_n)$$

也是永真式,即
$$A(\neg P_1, \neg P_2, \cdots, \neg P_n) \Leftrightarrow B(\neg P_1, \neg P_2, \cdots, \neg P_n).$$
根据定理 2-6-1,得
$$\neg A^*(P_1, P_2, \cdots, P_n) \Leftrightarrow \neg B^*(P_1, P_2, \cdots, P_n),$$
故 $A^* \Leftrightarrow B^*$.

2 范式

同一命题公式可以有各种相互等价的表达形式,为了规范化命题公式,对每组相互等价的命题公式进行统一的表达,需要引入命题公式的"范式"这一概念.

定义 2-6-2 一个命题公式称为合取范式,当且仅当它具有形式
$$A_1 \wedge A_2 \wedge \cdots \wedge A_n (n \geqslant 1),$$
其中 $A_1, A_2, \cdots, A_n$ 都是由命题变元或其否定所组成的析取式.

例如,$(P \vee \neg Q) \wedge (P \vee R) \wedge \neg Q$ 是一个合取范式.

定义 2-6-3 一个命题公式称为析取范式,当且仅当它具有形式
$$A_1 \vee A_2 \vee \cdots \vee A_n (n \geqslant 1),$$
其中 $A_1, A_2, \cdots, A_n$ 都是由命题变元或其否定所组成的合取式.

例如,$\neg P \vee (P \wedge R) \vee (P \wedge Q \wedge \neg R)$ 是一个析取范式.

求一个命题公式的合取(析取)范式的一般步骤为:

(1) 将命题公式的联结词全部化为"$\neg$" "$\wedge$" "$\vee$";

(2) 利用德·摩根律,将否定符号"$\neg$"直接移到各命题变元之前;

(3) 利用分配律、结合律将命题公式化为合取范式或析取范式.

例 2 求 $(P \rightarrow Q) \rightarrow R$ 的合取范式和析取范式.

解 先求析取范式:
$$(P \rightarrow Q) \rightarrow R \Leftrightarrow (\neg P \vee Q) \rightarrow R$$
$$\Leftrightarrow \neg(\neg P \vee Q) \vee R$$
$$\Leftrightarrow (P \wedge \neg Q) \vee R.$$

再求合取范式:
$$(P \rightarrow Q) \rightarrow R \Leftrightarrow (P \wedge \neg Q) \vee R$$
$$\Leftrightarrow (P \vee R) \wedge (\neg Q \vee R).$$

例 3 求命题 $Q \wedge ((P \vee \neg Q) \rightarrow R)$ 的合取范式和析取范式.

解 先求合取范式:
$$Q \wedge ((P \vee \neg Q) \rightarrow R)$$
$$\Leftrightarrow Q \wedge (\neg(P \vee \neg Q) \vee R)$$
$$\Leftrightarrow Q \wedge ((\neg P \wedge Q) \vee R)$$
$$\Leftrightarrow Q \wedge ((\neg P \vee R) \wedge (Q \vee R))$$

$$\Leftrightarrow Q \wedge (\neg P \vee R) \wedge (Q \vee R).$$

再求析取范式：

$$Q \wedge ((P \vee \neg Q) \to R)$$
$$\Leftrightarrow Q \wedge (\neg (P \vee \neg Q) \vee R)$$
$$\Leftrightarrow Q \wedge ((\neg P \wedge Q) \vee R)$$
$$\Leftrightarrow (Q \wedge (\neg P \wedge Q)) \vee (Q \wedge R)$$
$$\Leftrightarrow (\neg P \wedge Q) \vee (Q \wedge R).$$

3 主范式

一个命题公式的析取范式或合取范式并不是唯一的。例如，$P \wedge (Q \vee R)$ 是一个析取范式，但它也可以写成

$$P \wedge (Q \vee R) \Leftrightarrow (P \wedge Q) \vee (P \wedge R)$$
$$\Leftrightarrow (P \vee P) \wedge (P \vee R) \wedge (Q \vee P) \wedge (Q \vee R).$$

为了使任意一个命题公式都能通过等价变换化成唯一的标准形式，从而易于判断命题公式的性质特征，需要引入"主范式"的概念，包括主析取范式和主合取范式两种类型。

3.1 主析取范式

在引入主析取范式的讨论时，要涉及小项的概念。

定义 2-6-4 n 个命题变元 $P_1, P_2, \cdots, P_n$ 的合取式，称为布尔合取或小项。在任一小项中，

(1) 每个变元 P_i 与它的否定 $\neg P_i$ 不能同时出现；

(2) 但 P_i 与 $\neg P_i$ 必须出现且仅出现一次。

例如，两个变元 P 和 Q 的所有小项为

$$P \wedge Q, \neg P \wedge Q, P \wedge \neg Q, \neg P \wedge \neg Q.$$

一般地，n 个变元 $P_1, P_2, \cdots, P_n$ 的小项形如

$$\underbrace{(\ ) \wedge (\ ) \wedge \cdots \wedge (\ )}_{n},$$

其中第 i 个括号内只能填上 P_i 和 $\neg P_i$ 之中的一个，所有不同的填法共有 2^n 种，所以 n 个命题变元共有 2^n 个小项。

表 2-6-1 和表 2-6-2 分别列出了含两个变元 P, Q 和三个变元 P, Q, R 的所有小项的真值表。

表 2-6-1　两个变元所有小项真值表

P	Q	$P \wedge Q$	$P \wedge \neg Q$	$\neg P \wedge Q$	$\neg P \wedge \neg Q$
T	T	T	F	F	F
T	F	F	T	F	F
F	T	F	F	T	F
F	F	F	F	F	T

表 2-6-2　三个变元所有小项真值表

P	0	0	0	0	1	1	1	1
Q	0	0	1	1	0	0	1	1
R	0	1	0	1	0	1	0	1
$\neg P \wedge \neg Q \wedge \neg R$	1	0	0	0	0	0	0	0
$\neg P \wedge \neg Q \wedge R$	0	1	0	0	0	0	0	0
$\neg P \wedge Q \wedge \neg R$	0	0	1	0	0	0	0	0
$\neg P \wedge Q \wedge R$	0	0	0	1	0	0	0	0
$P \wedge \neg Q \wedge \neg R$	0	0	0	0	1	0	0	0
$P \wedge \neg Q \wedge R$	0	0	0	0	0	1	0	0
$P \wedge Q \wedge \neg R$	0	0	0	0	0	0	1	0
$P \wedge Q \wedge R$	0	0	0	0	0	0	0	1

上述两表中的小项的真值具有以下特点：

(1) 没有两个小项是等价的；

(2) 每个小项都只有一个真值为 T(或 1)；

(3) 对任意一组真值指派,都有且仅有一个小项真值为 T(或 1).

以上特点可以推广到含三个以上变元的情况. 小项的长度会随着变元个数的增多而变长,不便于书写. 根据小项真值的特点,可以将小项真值为 T(或 1)时对应的一组真值指派作为小项的编码. 譬如,

$$\neg P \wedge \neg Q \wedge \neg R \stackrel{\triangle}{=\!=} m_{000}(或\ m_0), P \wedge \neg Q \wedge R \stackrel{\triangle}{=\!=} m_{101}(或\ m_5).$$

小项具有以下性质：

(1) 当真值指派与编码相同时,小项真值为 T,在其余情况下均为 F.例如,

$$m_{000} = \neg P \wedge \neg Q \wedge \neg R,$$
$$m_{101} = P \wedge \neg Q \wedge R.$$

(2) 任意两个不同小项的合取式永假.例如,

$$m_{000} \wedge m_{101} = (\neg P \wedge \neg Q \wedge \neg R) \wedge (P \wedge \neg Q \wedge R)$$
$$\Leftrightarrow (\neg P \wedge P) \wedge \neg Q \wedge (\neg R \wedge R) \Leftrightarrow F.$$

(3) 全体小项的析取式永真,记为

$$\sum_{i=0}^{2^n-1} m_i = m_0 \vee m_1 \vee \cdots \vee m_{2^n-1} \Leftrightarrow T.$$

定义 2-6-5 对于给定的命题公式 A,如果存在公式 A' 满足

(1) $A' \Leftrightarrow A$,

(2) A' 仅由小项的析取组成,

则称 A' 为 A 的主析取范式.

例如,

$$P \rightarrow Q \Leftrightarrow (P \wedge Q) \vee (\neg P \wedge Q) \vee (\neg P \wedge \neg Q),$$

这里 $(P \wedge Q) \vee (\neg P \wedge Q) \vee (\neg P \wedge \neg Q)$ 就是 $P \rightarrow Q$ 的主析取范式.

求一个命题公式的主析取范式的方法有两种:(1) 由公式的真值表得出,称为真值表法;(2) 由基本等价公式推出,称为等价公式法.

3.1.1 真值表法

定理 2-6-3 在真值表中,一个公式的真值为 T 的指派所对应的小项的析取,即为此公式的主析取范式.

证 记 B 为公式 A 真值为 T 的指派所对应的小项的析取,下证 $A \Leftrightarrow B$.

(1) 若 A 在某一指派下真值为 T,则必有 B 中的某个小项真值为 T,所以此时 B 真值为 T;

(2) 对 A 为 F 的某一指派,其对应的小项不包含在 B 中,故此时 B 真值为 F.

例 4 求 $P \vee Q, \neg(P \wedge Q)$ 的主析取范式.

解 由真值表

P	Q	$P \vee Q$	$\neg(P \wedge Q)$
T	T	T	F
T	F	T	T
F	T	T	T
F	F	F	T

得

$$P \vee Q \Leftrightarrow (P \wedge Q) \vee (P \wedge \neg Q) \vee (\neg P \wedge Q),$$
$$\neg(P \wedge Q) \Leftrightarrow (P \wedge \neg Q) \vee (\neg P \wedge Q) \vee (\neg P \wedge \neg Q).$$

例5 设公式 A 的真值如下表所示,求 A 的主析取范式.

P	Q	R	A
T	T	T	T
T	T	F	F
T	F	T	F
T	F	F	T
F	T	T	F
F	T	F	F
F	F	T	F
F	F	F	T

解 公式 A 的主析取范式为
$$A \Leftrightarrow (P \wedge Q \wedge R) \vee (P \wedge \neg Q \wedge \neg R) \vee (\neg P \wedge \neg Q \wedge \neg R).$$

3.1.2 等价公式法

用等价公式法求主析取范式的一般步骤为：
(1) 化归为析取范式(总的方向)；
(2) 除去析取范式中所有永假的析取项(同一律)；
(3) 将析取式中重复出现的合取项和相同的变元合并(幂等律)；
(4) 对合取项补入没有出现的变元(如添加 $P \vee \neg P$),再用分配律展开.

例6 求 $(P \wedge Q) \vee (\neg P \wedge R) \vee (Q \wedge R)$ 的主析取范式.

解 $(P \wedge Q) \vee (\neg P \wedge R) \vee (Q \wedge R)$
$\Leftrightarrow (P \wedge Q \wedge (R \vee \neg R)) \vee (\neg P \wedge (Q \vee \neg Q) \wedge R) \vee ((P \vee \neg P) \wedge Q \wedge R)$
$\Leftrightarrow (P \wedge Q \wedge R) \vee (P \wedge Q \wedge \neg R) \vee (\neg P \wedge Q \wedge R) \vee (\neg P \wedge \neg Q \wedge R).$

例7 求 $P \rightarrow ((P \rightarrow Q) \wedge \neg(\neg Q \vee \neg P))$ 的主析取范式.

解法1 $P \rightarrow ((P \rightarrow Q) \wedge \neg(\neg Q \vee \neg P))$
$\Leftrightarrow \neg P \vee ((\neg P \vee Q) \wedge \neg(\neg Q \vee \neg P))$
$\Leftrightarrow \neg P \vee ((\neg P \vee Q) \wedge (Q \wedge P))$
$\Leftrightarrow \neg P \vee ((\neg P \wedge Q \wedge P) \vee (Q \wedge Q \wedge P))$
$\Leftrightarrow \neg P \vee ((\neg P \wedge P \wedge Q) \vee (Q \wedge P))$
$\Leftrightarrow \neg P \vee ((F \wedge Q) \vee (P \wedge Q))$
$\Leftrightarrow \neg P \vee F \vee (P \wedge Q)$
$\Leftrightarrow \neg P \vee (P \wedge Q)$
$\Leftrightarrow (\neg P \wedge (Q \vee \neg Q)) \vee (P \wedge Q)$
$\Leftrightarrow (\neg P \wedge Q) \vee (\neg P \wedge \neg Q) \vee (P \wedge Q).$

解法 2 $P \to ((P \to Q) \land \neg(\neg Q \lor \neg P))$
$\Leftrightarrow \neg P \lor ((\neg P \lor Q) \land \neg(\neg Q \lor \neg P))$
$\Leftrightarrow \neg P \lor ((\neg P \lor Q) \land (Q \land P))$
$\Leftrightarrow (\neg P \lor (\neg P \lor Q)) \land (\neg P \lor (Q \land P))$
$\Leftrightarrow (\neg P \lor (\neg P \lor Q)) \land (\neg P \lor Q) \land (\neg P \lor P))$
$\Leftrightarrow \neg P \lor Q$
$\Leftrightarrow (\neg P \land (Q \lor \neg Q)) \lor ((P \lor \neg P) \land Q)$
$\Leftrightarrow (\neg P \land Q) \lor (\neg P \land \neg Q) \lor (P \land Q).$

3.2 主合取范式

在引入主合取范式的讨论时,要涉及大项的概念.

定义 2-6-6 n 个命题变元 $P_1, P_2, \cdots, P_n$ 的析取式,称为布尔析取或大项. 在任一大项中

(1) 每个变元 P_i 与它的否定 $\neg P_i$ 不能同时出现;

(2) 但 P_i 与 $\neg P_i$ 必须出现且仅出现一次.

例如,两个变元 P 和 Q 的所有大项为
$$P \lor Q, \neg P \lor Q, P \lor \neg Q, \neg P \lor \neg Q.$$

一般地,n 个变元 $P_1, P_2, \cdots, P_n$ 的大项形如
$$\underbrace{(\quad) \lor (\quad) \lor \cdots \lor (\quad)}_{n},$$

其中第 i 个括号内只能填上 P_i 和 $\neg P_i$ 之中的一个. 所有不同的填法共有 2^n 种,所以 n 个命题变元共有 2^n 个大项.

表 2-6-3 和表 2-6-4 分别列出了含两个变元 P, Q 和三个变元 P, Q, R 的所有大项的真值表.

表 2-6-3 两个变元所有大项真值表

P	Q	$P \lor Q$	$P \lor \neg Q$	$\neg P \lor Q$	$\neg P \lor \neg Q$
T	T	T	T	T	F
T	F	T	T	F	T
F	T	T	F	T	T
F	F	F	T	T	T

表 2-6-4　三个变元所有大项真值表

P	0	0	0	0	1	1	1	1
Q	0	0	1	1	0	0	1	1
R	0	1	0	1	0	1	0	1
$P \lor Q \lor R$	0	1	1	1	1	1	1	1
$P \lor Q \lor \neg R$	1	0	1	1	1	1	1	1
$P \lor \neg Q \lor R$	1	1	0	1	1	1	1	1
$P \lor \neg Q \lor \neg R$	1	1	1	0	1	1	1	1
$\neg P \lor Q \lor R$	1	1	1	1	0	1	1	1
$\neg P \lor Q \lor \neg R$	1	1	1	1	1	0	1	1
$\neg P \lor \neg Q \lor R$	1	1	1	1	1	1	0	1
$\neg P \lor \neg Q \lor \neg R$	1	1	1	1	1	1	1	0

上述两表中的大项的真值具有以下特点：

(1) 没有两个大项是等价的；

(2) 每个大项都只有一个真值为 F(或 0)；

(3) 对任意一组真值指派，都有且仅有一个大项真值为 F(或 0).

以上特点可以推广到含三个以上变元的情况．大项的长度会随着变元个数的增多而变长，不便于书写．根据大项真值的特点，可以将大项真值为 F(或 0)时对应的一组真值指派作为大项的编码．譬如，

$$P \lor Q \lor R \xlongequal{\triangle} M_{000}(\text{或 } M_0), P \lor \neg Q \lor R \xlongequal{\triangle} M_{010}(\text{或 } M_2).$$

大项具有以下性质：

(1) 当真值指派与编码相同时，大项真值为 F，在其余情况下均为 T. 例如，

$$M_{000} = P \lor Q \lor R,$$
$$M_{010} = P \lor \neg Q \lor R.$$

(2) 任意两个不同大项的析取式永真．例如，

$$M_{000} \lor M_{010} = (P \lor Q \lor R) \lor (P \lor \neg Q \lor R) \Leftrightarrow P \lor (Q \lor \neg Q) \lor R \Leftrightarrow \text{T}.$$

(3) 全体大项的合取式永假，记为

$$\prod_{i=0}^{2^n-1} M_i = M_0 \land M_1 \land \cdots \land M_{2^n-1} \Leftrightarrow \text{F}.$$

定义 2-6-7　对于给定的命题公式 A，如果存在公式 A' 满足：

(1) $A' \Leftrightarrow A$，

(2) A' 仅由大项的合取组成，

则称 A' 为 A 的主合取范式.

例如，
$$P\leftrightarrow Q \Leftrightarrow (P\rightarrow Q)\wedge(Q\rightarrow P)$$
$$\Leftrightarrow (\neg P\vee Q)\wedge(\neg Q\vee P).$$

这里$(\neg P\vee Q)\wedge(P\vee\neg Q)$就是$P\leftrightarrow Q$的主合取范式.

求一个命题公式的主合取范式也可用真值表法和等价公式法两种方法.

3.2.1 真值表法

定理 2-6-4 在真值表中,一个公式的真值为 F 的指派所对应的大项的合取,即为此公式的主合取范式.

证 记 B 为公式 A 真值为 F 的指派所对应的大项的合取,下证 $A\Leftrightarrow B$.

(1) 若 A 在某一指派下真值为 F,则必有 B 中的某个大项真值为 F,所以此时 B 的真值为 F;

(2) 对 A 为 T 的某一指派,其对应的大项不包含在 B 中,故此时 B 的真值为 T.

例 8 利用真值表求$(P\wedge Q)\vee(\neg P\wedge R)$的主析取范式与主合取范式.

解 由真值表

P	Q	R	$P\wedge Q$	$\neg P\wedge R$	$(P\wedge Q)\vee(\neg P\wedge R)$
T	T	T	T	F	T
T	T	F	T	F	T
T	F	T	F	F	F
T	F	F	F	F	F
F	T	T	F	T	T
F	T	F	F	F	F
F	F	T	F	T	T
F	F	F	F	F	F

得主析取范式
$$(P\wedge Q\wedge R)\vee(P\wedge Q\wedge\neg R)\vee(\neg P\wedge Q\wedge R)\vee(\neg P\wedge\neg Q\wedge R)$$
$$\stackrel{\triangle}{=\!=} m_{111}\vee m_{110}\vee m_{011}\vee m_{001}$$
$$= m_7\vee m_6\vee m_3\vee m_1$$
$$\stackrel{\triangle}{=\!=} \sum_{1,3,6,7},$$

主合取范式
$$(\neg P\vee Q\vee\neg R)\wedge(\neg P\vee Q\vee R)\wedge(P\vee\neg Q\vee R)\wedge(P\vee Q\vee R)$$
$$\stackrel{\triangle}{=\!=} M_{101}\wedge M_{100}\wedge M_{010}\wedge M_{000}$$
$$= M_5\vee M_4\vee M_2\vee M_0$$
$$\stackrel{\triangle}{=\!=} \prod_{0,2,4,5}.$$

由该题的求解结果不难发现：一个含 n 个变元的命题公式的主析取范式与主合取范式的简记式中的下标是"互补"的，两个下标集合的并集为 $\{0,1,\cdots,2^n-1\}$。利用这个特点可以简化求解过程，只要知道主析取范式和主合取范式中的一个，就可以直接写出另一个。

3.2.2 等价公式法

用等价公式法求主合取范式的一般步骤为：
(1) 化归为合取范式（总的方向）；
(2) 除去合取范式中所有永真的合取项（同一律）；
(3) 将合取式中重复出现的析取项和相同的变元合并（幂等律）；
(4) 对析取项补入没有出现的变元（如添加 $P \wedge \neg P$ 式），再用分配律展开。

例 9 求 $(P \rightarrow Q) \wedge Q$ 的主析取范式与主合取范式。

解 先求主合取范式：

$$(P \rightarrow Q) \wedge Q \Leftrightarrow (\neg P \vee Q) \wedge Q$$
$$\Leftrightarrow Q$$
$$\Leftrightarrow (P \wedge \neg P) \vee Q$$
$$\Leftrightarrow (P \vee Q) \wedge (\neg P \vee Q).$$

再求主析取范式，可利用编码的互补性：

$$(P \rightarrow Q) \wedge Q \Leftrightarrow M_{00} \vee M_{10}$$
$$\stackrel{\triangle}{=\!=\!=} \prod\nolimits_{0,2}$$
$$\Leftrightarrow \sum\nolimits_{1,3}$$
$$= m_{01} \vee m_{11}$$
$$= (\neg P \vee Q) \wedge (P \vee Q).$$

3.3 范式的应用

3.3.1 判定两命题公式是否等价

$P \Leftrightarrow Q$ 当且仅当 P 与 Q 有相同的（主）析（合）取范式。

例 10 用将合式公式化为范式的方法证明下列两式是等价的：

$$(A \rightarrow B) \wedge (A \rightarrow C), A \rightarrow B \wedge C.$$

证 由

$$(A \rightarrow B) \wedge (A \rightarrow C) \Leftrightarrow (\neg A \vee B) \wedge (\neg A \vee C),$$
$$A \rightarrow B \wedge C \Leftrightarrow \neg A \vee (B \wedge C)$$
$$\Leftrightarrow (\neg A \vee B) \wedge (\neg A \vee C),$$

得
$$(A \rightarrow B) \wedge (A \rightarrow C) \Leftrightarrow A \rightarrow B \wedge C.$$

3.3.2 判定命题公式的类型

设 P 是含有 n 个变元的命题公式,则:

(a) P 为重言式 $\Leftrightarrow P$ 的主析取范式中含有 2^n 个小项.

(b) P 为矛盾式 $\Leftrightarrow P$ 的主合取范式中含有 2^n 个大项.

例 11 求下列各式的主析取范式及主合取范式,并指出哪些是重言式.

(1) $(\neg P \vee \neg Q) \rightarrow (P \leftrightarrow \neg Q)$;

(2) $P \rightarrow (P \wedge (Q \rightarrow P))$.

解 (1) $(\neg P \vee \neg Q) \rightarrow (P \leftrightarrow \neg Q)$

$\Leftrightarrow \neg(\neg P \vee \neg Q) \vee (P \leftrightarrow \neg Q)$

$\Leftrightarrow (P \wedge Q) \vee (P \wedge \neg Q) \vee (\neg P \wedge Q)$(主析取范式)

$= m_{11} \vee m_{10} \vee m_{01}$

$\stackrel{\triangle}{=\!=\!=} \sum_{1,2,3}$

$\Leftrightarrow \prod_0$

$= M_{00}$

$= P \vee Q$(主合取范式),

可见该公式不是重言式.

(2) $P \rightarrow (P \wedge (Q \rightarrow P))$

$\Leftrightarrow \neg P \vee (P \wedge (\neg Q \vee P))$

$\Leftrightarrow \neg P \vee P$

$\Leftrightarrow T$

$\Leftrightarrow \sum_{0,1,2,3}$

$= (P \wedge Q) \vee (P \wedge \neg Q) \vee (\neg P \wedge Q) \vee (\neg P \wedge \neg Q),$

可见该公式是重言式,没有主合取范式.

3.3.3 求命题公式的成真和成假指派

例 12 A,B,C,D 四个人中要派两个人出差,按下述三个条件有几种派法?如何派?

(1) 若 A 去,则 C 和 D 中要去一人;

(2) B 和 C 不能都去;

(3) 若 C 去,则 D 要留下.

解 设 A:A 派出,其他类似设定,则派出的三个条件为
$$A \rightarrow C \bar{\vee} D, \neg(B \wedge C), C \rightarrow \neg D.$$

往下求使命题
$$(A \to C \overline{\vee} D) \wedge (\neg(B \wedge C)) \wedge (C \to \neg D)$$
为 T 的真值指派.

可以借助真值表求解, 我们这里通过析取范式求解.
$(A \to C \overline{\vee} D) \wedge (\neg(B \wedge C)) \wedge (C \to \neg D)$
$\Leftrightarrow (\neg A \vee (C \overline{\vee} D)) \wedge (\neg B \vee \neg C) \wedge (\neg C \vee \neg D)$
$\Leftrightarrow (\neg A \vee ((\neg C \wedge D) \vee (C \wedge \neg D))) \wedge (\neg B \vee \neg C) \wedge (\neg C \vee \neg D)$
$\Leftrightarrow (\neg A \vee ((\neg C \wedge D) \vee (C \wedge \neg D))) \wedge ((\neg B \wedge \neg C) \vee (\neg B \wedge \neg D) \vee \neg C \vee (\neg C \wedge \neg D))$
$\Leftrightarrow (\neg A \wedge \neg B \wedge \neg C) \vee (\neg A \wedge \neg B \wedge \neg D) \vee (\neg A \wedge \neg C) \vee (\neg A \wedge \neg C \wedge \neg D) \vee$
$\quad (\neg C \wedge D \wedge \neg B \wedge \neg C) \vee (\neg C \wedge D \wedge \neg B \wedge \neg D) \vee (\neg C \wedge D \wedge \neg C) \vee$
$\quad (\neg C \wedge D \wedge \neg C \wedge \neg D) \vee (C \wedge \neg D \wedge \neg B \wedge \neg C) \vee (C \wedge \neg D \wedge \neg B \wedge \neg D) \vee$
$\quad (C \wedge \neg D \wedge \neg C) \vee (C \wedge \neg D \wedge \neg C \wedge \neg D)$
$\Leftrightarrow (\neg A \wedge \neg B \wedge \neg C) \vee (\neg A \wedge \neg B \wedge \neg D) \vee (\neg A \wedge \neg C) \vee (\neg A \wedge \neg C \wedge \neg D) \vee$
$\quad (\neg C \wedge D \wedge \neg B) \vee F \vee (\neg C \wedge D) \vee F \vee F \vee (C \wedge \neg B \wedge \neg D) \vee F \vee F$
$\Leftrightarrow (\neg A \wedge \neg B \wedge \neg C) \vee (\neg A \wedge \neg B \wedge \neg D) \vee (\neg A \wedge \neg C) \vee (\neg A \wedge \neg C \wedge \neg D) \vee$
$\quad (\neg C \wedge D \wedge \neg B) \vee (\neg C \wedge D) \vee (C \wedge \neg B \wedge \neg D),$

注意到"四个人中要派两个人", 所以
$$\neg A \wedge \neg B \wedge \neg C \Leftrightarrow F,$$
$$\neg A \wedge \neg B \wedge \neg D \Leftrightarrow F,$$
$$\neg A \wedge \neg C \wedge \neg D \Leftrightarrow F.$$
所以
$$原式 \Leftrightarrow (\neg A \wedge \neg C) \vee (\neg C \wedge D \wedge \neg B) \vee (\neg C \wedge D) \vee (C \wedge \neg B \wedge \neg D).$$
故派法为
$$\neg A \wedge B \wedge \neg C \wedge D, A \wedge \neg B \wedge \neg C \wedge D, A \wedge \neg B \wedge C \wedge \neg D.$$

第 7 节　公式的蕴含关系

泄密的波斯猫

第一次世界大战期间, 德法两国军队曾经在一场战役中打得难解难分. 在战斗的间隙, 德军的一个参谋每天都拿着望远镜监视法军的阵地. 一天他终于发现了一个重要的情况——他看见在法军阵地后面的一个坟地上,每天早上都有一只看起来价值不菲的波斯猫在晒太阳.这位细致的参谋通过对坟地周围的观察,确定那里并没有百姓居住的房屋,这无疑说明这里不是一个村庄.于是这位参谋将情况如实向上级做了汇报.指

挥官们对这个细小的发现十分重视,并且进行了认真的分析,得出结论:在这个坟地下面有一个法国军队的高级指挥部.

德军当机立断,集中了几个炮兵营的火力向法军阵地发起了猛烈的进攻.几个小时后,整个坟地被夷为平地.事后证实,那个坟地的确是法军一个旅的指挥部.其内部的人员深居简出,但是他们做梦也没有想到,一只小小的波斯猫泄漏了机密,致使法军损失相当严重.

德军的指挥官们是如何根据一只在坟地上晒太阳的波斯猫,推断出坟地下面是一个法军的高级指挥所呢?这个问题与常用的逻辑蕴含式有关.

逻辑的一个重要功能是研究推理.固然依靠等价关系可以进行推理,但进行推理时不是一定要依靠等价关系,只需是蕴含关系就可以了.

例如,若三角形等腰,则两底角相等,这个三角形等腰,所以,这个三角形两底角相等.

又如,若行列式两行成比例,则行列式值为 0,这个行列式两行成比例,所以,这个行列式值为 0.

上面两个例子的推理关系含义不同,但依据的推理规则相同,推理形式为:

若 P 则 Q,P,所以 Q.

推理的正确性与命题 P,Q 含义无关,只决定于逻辑形式.命题逻辑中用公式表示命题,命题间演绎推理关系反映为公式间逻辑蕴含关系.

定义 2-7-1 当且仅当命题公式 $P \rightarrow Q$ 为重言式时,称"P 蕴含 Q",记为 $P \Rightarrow Q$,它又称为逻辑蕴含式.

关于定义 2-7-1,有几点说明:

(1) 符号"$\Rightarrow$"不是联结词,它表示公式间的"永真蕴含"关系,也可以看成是"推导"关系.$P \Rightarrow Q$ 可以理解成:由 P 可推出 Q,即由 P 为真可以推出 Q 也为真.

(2) $P \rightarrow Q$ 不是对称的,即 $P \rightarrow Q$ 与 $Q \rightarrow P$ 不等价.对 $P \rightarrow Q$ 来说,$Q \rightarrow P$ 称为它的逆换式.另外,$\neg P \rightarrow \neg Q$ 称为它的反换式,$\neg Q \rightarrow \neg P$ 称为它的逆反式.表 2-7-1 列出了这些式子的真值情况.

表 2-7-1 $P\to Q$ 及其逆换式、反换式、逆反式真值情况

P	Q	$\neg P$	$\neg Q$	$P\to Q$	$Q\to P$	$\neg P\to\neg Q$	$\neg Q\to\neg P$
T	T	F	F	T	T	T	T
T	F	F	T	F	T	T	F
F	T	T	F	T	F	F	T
F	F	T	T	T	T	T	T

由上表可知,
$$P\to Q \Leftrightarrow \neg Q\to\neg P, \quad Q\to P \Leftrightarrow \neg P\to\neg Q.$$

1 证明蕴含式 $P\Rightarrow Q$ 的方法

由蕴含式的定义可知,要证 $P\Rightarrow Q$,即要证 $P\to Q$ 为重言式.因而有以下几种方法:

1) 列真值表,证明 $P\to Q$ 为重言式(略)

考虑 $P\to Q$ 的真值表

P	Q	$P\to Q$
T	T	T
T	F	F
F	T	T
F	F	T

要证 $P\to Q$ 为重言式,即要证上述真值表的第二组指派不会出现,于是有以下两种简化的真值表法.

2) 假设前件为 T,推出后件也为 T

例1 证明 $\neg P\wedge(P\vee Q)\Rightarrow Q$.

证 设 $\neg P\wedge(P\vee Q)$ 为 T,则 $\neg P$ 和 $P\vee Q$ 为 T.由 $\neg P$ 为 T,可得 P 为 F.再由 $P\vee Q$ 为 T,可得 Q 为 T.

例2 证明 $\neg A\to(B\vee C), D\vee E, (D\vee E)\to\neg A \Rightarrow B\vee C$.

证 设前件 $(\neg A\to(B\vee C))\wedge(D\vee E)\wedge((D\vee E)\to\neg A)$ 为 T,则 $\neg A\to(B\vee C)$, $D\vee E, (D\vee E)\to\neg A$ 均为 T.由 $D\vee E, (D\vee E)\to\neg A$ 均为 T,得 $\neg A$ 为 T.又由 $\neg A\to(B\vee C)$ 为 T,得 $B\vee C$ 为 T.

3) 假设后件为 F,推出前件也为 F

例3 证明 $(P\to Q)\wedge(Q\to R)\Rightarrow P\to R$.

证 设 $P\to R$ 为 F,则 P 为 T 且 R 为 F.下面按 Q 的取值分两种情况讨论:

(1) 若 Q 为 T,则 $Q\to R$ 为 F;

(2) 若 Q 为 F,则 $P\to Q$ 为 F.

故 $(P\to Q)\wedge(Q\to R)$ 为 F.

例 4 证明 $((A\wedge B)\to C)\wedge\neg D\wedge(\neg C\vee D)\Rightarrow\neg A\vee\neg B$.

证法 1（假设前件为 T，推出后件也为 T）

假设前件 $((A\wedge B)\to C)\wedge\neg D\wedge(\neg C\vee D)$ 为 T，则

$$(A\wedge B)\to C, \neg D, \neg C\vee D$$

均为 T.

因为 $\neg D$ 为 T，所以 D 为 F.

由 $\neg C\vee D$ 为 T，得 $\neg C$ 为 T，即 C 为 F.

又由 $(A\wedge B)\to C$ 为 T，得 $A\wedge B$ 为 F.

而 $\neg A\vee\neg B\Leftrightarrow\neg(A\wedge B)$，所以，$\neg A\vee\neg B$ 为 T.

证法 2（假设后件为 F，推出前件也为 F）

假设后件 $\neg A\vee\neg B$ 为 F，则 A 与 B 均为 T. 下面按 C 的取值分两种情况讨论：

(1) 若 C 为 F，则 $(A\wedge B)\to C$ 为 F，所以前件 $((A\wedge B)\to C)\wedge\neg D\wedge(\neg C\vee D)$ 为 F.

(2) 若 C 为 T，则再按 D 的取值分两种情况讨论：

(a) 若 D 为 T，则 $\neg D$ 为 F，所以前件 $((A\wedge B)\to C)\wedge\neg D\wedge(\neg C\vee D)$ 为 F.

(b) 若 D 为 F，则 $\neg C\vee D$ 为 F，所以前件 $((A\wedge B)\to C)\wedge\neg D\wedge(\neg C\vee D)$ 为 F.

综上得证.

4) 归谬赋值法：假设待证的蕴含式不是重言式，即假设前件为 T，后件为 F，由此推出矛盾.

利用方法 4 可以重新证明例 2：

例 2 证法 2 假设前件为 T，后件 $B\vee C$ 为 F. 由 $B\vee C$ 为 F 和 $\neg A\to(B\vee C)$ 为 T，得 $\neg A$ 为 F. 又由 $(D\vee E)\to\neg A$ 为 T，得 $D\vee E$ 为 F. 这与 $D\vee E$ 为 T 矛盾. 故假设不成立，从而题设蕴含式成立.

2 常用的逻辑蕴含式

我们将常用的逻辑蕴含式列在表 2-7-2 中，该表中所列的蕴含式均可用上述方法证明.

表 2-7-2 常用的逻辑蕴含式

1	$P\wedge Q\Rightarrow P, P\wedge Q\Rightarrow Q$	合取消去（化简）
2	$P\Rightarrow P\vee Q, Q\Rightarrow P\vee Q$	析取引入（附加）
3	$\neg P\Rightarrow P\to Q, Q\Rightarrow P\to Q$	附加的应用
4	$\neg(P\to Q)\Rightarrow P, \neg(P\to Q)\Rightarrow\neg Q$	化简的应用
5	$P\wedge(P\to Q)\Rightarrow Q$	蕴含消去、假言推理

续表

6	$\neg Q \wedge (P \to Q) \Rightarrow \neg P$	蕴含否后、拒取式或反证法
7	$\neg P \wedge (P \vee Q) \Rightarrow Q$ $\neg Q \wedge (P \vee Q) \Rightarrow P$	析取消去、析取三段论、选言推理或排除法
8	$(P \to Q) \wedge (Q \to R) \Rightarrow P \to R$	假言三段论
9	$(P \leftrightarrow Q) \wedge (Q \leftrightarrow R) \Rightarrow (P \leftrightarrow R)$	等价三段论
10	$(P \to R) \wedge (Q \to R) \wedge (P \vee Q) \Rightarrow R$ $(P \to R) \wedge (Q \to S) \wedge (P \vee Q) \Rightarrow (R \vee S)$ $(P \to Q) \wedge (P \to R) \wedge (\neg Q \vee \neg R) \Rightarrow \neg P$ $(P \to R) \wedge (Q \to S) \wedge (\neg R \vee \neg S) \Rightarrow \neg P \vee \neg Q$	二难推理、假言选言推理 简单构成式 复杂构成式 简单破坏式 复杂破坏式
11	$P, Q \Rightarrow P \wedge Q$	合取引入
12	$P \to Q \Rightarrow (P \vee R) \to (Q \vee R)$ $P \to Q \Rightarrow (P \wedge R) \to (Q \wedge R)$	前件附加
13	$P \wedge Q \to R \Rightarrow (P \wedge \neg R) \to \neg Q$ $P \wedge Q \to R \Rightarrow (Q \wedge \neg R) \to \neg P$	反三段论
14	$P \to Q, P \to \neg Q \Rightarrow \neg P$	归谬法
15	$(P \to Q) \wedge (P \to R) \Rightarrow P \to Q \wedge R$	后件合取
16	$(P \to R) \wedge (Q \to R) \Rightarrow P \vee Q \to R$	前件析取

下面给出表 2-7-2 中蕴含式的一些应用.

应用一　　　　　　　　　　　一条蛇抽一烟斗

在第二次世界大战中,巴西也是战胜国,而且还真刀真枪地与德军和意大利军打过仗,并取得了胜利.1944 年 7 月 6 日,巴西远征军的第一梯队在意大利的那不勒斯登陆,随后,第二和第三梯队相继到达意大利,全部官兵约 5 万人.

就在巴西远征军出国之前,德国的宣传机构大放厥词,说什么巴西军队都是些令人作呕的、胆小怕死的劣等人种的代表,还嘲笑说:"如果巴西军队有能力在欧洲作战,那么一条蛇也能抽一斗烟."

巴西远征军深知他们代表着祖国和人民,因此,在战场上士气高昂,取得了一次又一次胜利,多次受到盟国领导人的嘉奖和亲临慰问.更有趣的是,远征军的全体官兵在战斗打响后不久,为了回答德国法西斯的嘲笑,一律换戴了一种颇为罕见的肩章,肩章上的图案是:一条蛇在抽一烟斗.巴西远征军在战斗中取得了辉煌的战绩,仅俘虏的敌军就达 2 万多人,1945 年 4 月接受了德军第 148 榴弹炮师和几个残存意大利师的投降.一直到 1945 年 7 月,巴西远征军才高奏凯歌班师回国.

请分析:德国宣传机构是如何嘲讽巴西远征军的?巴西军队又是如何反驳的?

解析 德国法西斯宣传机构狂妄自负,对巴西的军队进行了诬蔑.他们的嘲讽使用了这样一个判断:"如果巴西军队有能力在欧洲作战,那么一条蛇也能抽一烟斗".

此判断之所以具有讽刺的效果,是因为它实际上可看作省略了另一个前提和结论的蕴含否后推理:

　　如果巴西军队有能力在欧洲作战,那么一条蛇也能抽一烟斗,
　　<u>而一条蛇不能抽一烟斗,</u>
　　所以,巴西军队没有能力在欧洲作战.

而巴西军队则针锋相对,用事实驳斥了德国法西斯的诽谤,他们的反驳使用了下面的蕴含消去推理:

　　如果巴西军队有能力在欧洲作战,那么一条蛇也能抽一烟斗,
　　<u>巴西军队有能力在欧洲作战,</u>
　　所以一条蛇能抽一烟斗.

应用二　　　　　　　　　　慧眼识奸

宋朝的一位丞相张昇在润州做官时,得知一位妇人的丈夫外出数日不归.一日,忽然听说妇人的菜园井中有死人,但不知是谁.张昇即刻带人前往察看,发现周边看热闹的人都在议论纷纷.因为井中的死人只露了后背,根本看不出是男人还是女人,更看不到脸.但这时,只听那妇人在井旁号哭:"井中之人乃我丈夫!"

张昇顿生疑窦,派人叫来当地官吏及妇人的邻居,问他们能否辨认井中之人.大家异口同声地答道:"禀大人,这井深不见底,看不清尸体,无法辨认."张昇听后厉声问那妇人:"大家都说无法辨认井中死者是何人,为何唯独你认定他就是你的丈夫?"

说完,他立即吩咐手下把妇人押回审问.经审理,果然是那妇人行为不轨,与人通奸被丈夫发现后,唯恐奸情暴露,乃与奸夫合谋,将其丈夫勒死并抛尸井中.

请分析:丞相张昇是如何推理得出妇人是杀害丈夫的凶手的?

解析 丞相张昇明察秋毫、慧眼识奸的思维过程用了一个蕴含否后推理:

　　如果此妇人没有参与作案,那她无法辨认深井中的死者是谁,
　　<u>此妇人知道深井中的死者为自己丈夫,</u>
　　所以,此妇人参与了作案.

应用三　　　　　　　　　　马王堆一号汉墓女尸

马王堆一号汉墓女尸被考古队挖掘出后,考古专家发表了一篇题为"马王堆一号汉墓女尸研究的几个问题"的论文.其中有这样一段:女尸年龄约在 50 岁左右,皮下脂肪丰满,并无高度衰老现象,不可能是自然老死.经仔细检查,也未见任何暴力造成的致死创伤,故推测当是病死.但女尸营养状况良好,皮肤未见久卧病床常见的褥疮,也未见慢性消耗性疾病的证据,而且消化道内还见到甜瓜子.这些情况表明,墓主人当系因某种急性病或慢性病急性发作,在进食甜瓜之后不久死的.

请分析：科学工作者运用了什么推理形式？

解析　科学工作者在得出结论时连用了两个选言推理：

墓主人系自然老死，或是暴力致死，或是病死，
墓主人不是自然老死，也不是暴力致死，
所以，墓主人系病死．

墓主人或因慢性病而死，或因急性病而死，或因某种慢性病急性发作而死，
墓主人不是因慢性病而死，
所以，墓主人系急性病或慢性病急性发作而死．

应用四　　　　　　　　竹竿进城

古代有一个笑话：有一个人带了一根很长的竹竿要进城．由于城门低矮，竖着拿不进去，而城门又很窄，横着也拿不进去．正巧县官路过这里，询问发生了何事．

人们告诉他有一人拿着竹竿横竖进不了城门，正在想办法．县官一听大骂："笨蛋，把竹竿锯断不就过去了吗？"

请分析：县官的做法可取吗？

解析　县官作了这样的选言推理：

或者横着，或者竖着，或者锯断把竹竿拿进去，
横着不行，竖着也不行，
所以应该把竹竿锯断后拿进去．

他的推理遗漏了最简单可行的办法：将竹竿头朝前拿进去．笨县官竟然还说别人是笨蛋！选言推理要特别注意，选言支要选择充分，不能遗漏．

应用五　　　　　　　　骑士还是无赖

在中世纪，欧洲某地有个村庄．这个村庄里住了两种人：一种是总说真话的骑士，另一种是总说假话的无赖．这两种人的衣着、神态等并没有多大的区别，因而从外表上是无法断定他们各是哪一种人的．

有一天，一位学者途经这个村庄，看见大树下有甲、乙两人在休息．他很想知道他俩到底是什么人．于是，他就向甲提出了一个问题："你俩中有一个是骑士？"甲回答："没有．"

学者听了甲的回答，稍微想了想，就推出了甲和乙各是什么人．

请问：甲和乙各是什么人？这位学者是怎样从甲的回答中弄清楚他们各自的身份的？

解析　该学者是这样推理的：

① 假言三段论

如果甲是骑士，那么他总是说真话的．
如果甲总是说真话，那么他对问题"你俩中有一个是骑士？"应回答"有"．
如果甲是骑士，那么他应回答"有"．

② 蕴含否后

如果甲是骑士,那么他应回答"有".
甲回答"没有".
甲不是骑士,而是无赖.

③ 假言三段论

如果甲是无赖,那么他总说假话,
如果甲总说假话,那么两人中一定有一人是骑士,
如果甲是无赖,那么两人中一定有一人是骑士.

④ 蕴含消去

如果甲是无赖,那么两人中一定有一人是骑士,
甲是无赖,
两人中一定有一人是骑士.

⑤ 选言推理

或者甲是骑士,或者乙是骑士,
甲不是骑士,
乙是骑士.

应用六　　　　　　　　**上帝是万能的吗?**

中世纪宗教神学盛行,一些无神论者为了驳斥"上帝是万能的"的论点,曾巧妙地向神学家提出一个问题:"上帝能不能创造一块连他自己都举不起的石头?"

无神论者提问的巧妙之处在于,对方无论做出什么样的回答,总会陷入两难之境.请分析原因.

解析　推理过程如下:

如果上帝能造出一块他自己举不起的石头,那么上帝不是万能的,因为有一块石头他举不起来.
如果上帝不能造出一块他自己举不起的石头,那么上帝也不是万能的,因为有一块石头他创造不出来.
上帝或者能造出一块他自己举不起的石头,或者不能造出一块他自己举不起的石头.
总之,上帝不是万能的.

以上推理运用了二难推理的简单构成式.

3　等价关系与蕴含关系间的联系

定理 2-7-1　设 P, Q 为任意两个命题, $P \Leftrightarrow Q$ 的充分必要条件是 $P \Rightarrow Q$ 且 $Q \Rightarrow P$.

证　若 $P \Leftrightarrow Q$,则 $P \leftrightarrow Q$ 为重言式.因为

$$P \leftrightarrow Q \Leftrightarrow (P \rightarrow Q) \wedge (Q \rightarrow P),$$

故 $P \rightarrow Q$ 和 $Q \rightarrow P$ 皆为 T,即 $P \Rightarrow Q$ 且 $Q \Rightarrow P$.

反之,若 $P \Rightarrow Q$ 且 $Q \Rightarrow P$,则 $P \rightarrow Q$ 和 $Q \rightarrow P$ 皆为 T,从而 $P \leftrightarrow Q$ 为 T,即 $P \Leftrightarrow Q$.

该定理可看作两个公式等价的第二种定义.

4 蕴含式的性质

蕴含式有以下几条常用的性质:

性质 1 若 $A \Rightarrow B$ 且 A 是重言式,则 B 必是重言式.

证 由 $A \Rightarrow B$,则 $A \rightarrow B$ 为永真式.所以,当 A 为永真时,B 必为永真.

性质 2 若 $A \Rightarrow B$ 且 $B \Rightarrow C$,则 $A \Rightarrow C$.

证 由 $A \Rightarrow B, B \Rightarrow C$,则 $A \rightarrow B, B \rightarrow C$ 为永真式,从而 $(A \rightarrow B) \wedge (B \rightarrow C)$ 亦为永真式.由常用蕴含式 $(A \rightarrow B) \wedge (B \rightarrow C) \Rightarrow A \rightarrow C$ 及性质 1,可得 $A \rightarrow C$ 是永真式,亦即 $A \Rightarrow C$.

性质 3 若 $A \Rightarrow B$ 且 $A \Rightarrow C$,则 $A \Rightarrow B \wedge C$.

证 由 $A \Rightarrow B, A \Rightarrow C$,则 $A \rightarrow B, A \rightarrow C$ 为永真式,从而 $(A \rightarrow B) \wedge (A \rightarrow C)$ 亦为永真式.由常用蕴含式 $(A \rightarrow B) \wedge (A \rightarrow C) \Rightarrow A \rightarrow B \wedge C$ 及性质 1,可得 $A \rightarrow B \wedge C$ 是永真式,亦即 $A \Rightarrow B \wedge C$.

性质 4 若 $A \Rightarrow B$ 且 $C \Rightarrow B$,则 $A \vee C \Rightarrow B$.

证 由 $A \Rightarrow B, C \Rightarrow B$,则 $A \rightarrow B, C \rightarrow B$ 为永真式,从而 $(A \rightarrow B) \wedge (C \rightarrow B)$ 亦为永真式.由常用蕴含式 $(A \rightarrow B) \wedge (C \rightarrow B) \Rightarrow A \vee C \rightarrow B$ 及性质 1,可得 $A \vee C \rightarrow B$ 是永真式,亦即 $A \vee C \Rightarrow B$.

回到本节开头的"泄密的波斯猫"的故事.指挥官们的推断可以归结为以下一些推理:

① 蕴含否后

如果是野猫,那么不会有那么规律的活动,
<u>这只猫每天早上晒太阳,</u>
所以,这只猫不是野猫.

② 析取消去

所有的猫要么是野猫,要么是家猫,
<u>这只猫不是野猫,</u>
所以,它是家猫.

③ 蕴含消去

凡是有家猫的地方就有人居住,
<u>这只猫在坟地上晒太阳,</u>
所以,那里一定有人居住.

④ 析取消去

　　人要么住在地上,要么住在地下,
　　<u>坟地上没人居住,</u>
　　所以,那里的人一定住在地下.

⑤ 蕴含消去

　　在这样的前沿阵地,只有军事指挥所才会设在地下,
　　<u>那里的人居住在地下,</u>
　　所以,那里有军事指挥所.

⑥ 蕴含消去

　　只有高级指挥官才能在前沿阵地养名贵的波斯猫,
　　<u>那里有名贵的波斯猫,</u>
　　所以,那里有高级指挥官.

第 8 节　推理理论

在逻辑学中把从所谓前提的一些命题出发,依据公认的推理规则,推导出所谓结论的一个命题的过程,称为有效推理或形式证明,所得结论叫作有效结论.

定义 2-8-1　设 A 和 C 是两个命题公式,当且仅当 $A \rightarrow C$ 为一重言式,即 $A \Rightarrow C$,称 C 是 A 的有效结论或 C 可由 A 逻辑推出.

注意:上述定义中的 C 不一定是正确结论. 比如,"如果猪会飞,那么太阳从西边出来"是重言式,而命题"太阳从西边出来"的真值为 F.

定义 2-8-1 可推广到有 n 个前提的情形:

定义 2-8-2　设 $H_1, H_2, \cdots, H_n$ 和 C 是命题公式,当且仅当 $H_1 \land H_2 \land \cdots \land H_n \Rightarrow C$,称 C 是一组前提 $H_1, H_2, \cdots, H_n$ 的有效结论,有时可记为

$$H_1, H_2, \cdots, H_n \Rightarrow C.$$

判别有效结论的过程称为论证过程,基本的论证方法有以下几种:

(1) 真值表法;

(2) 直接证明法;

(3) 间接证明法:反证法和 CP 规则.

下面分别介绍这些论证方法.

1　真值表法

要证明 $H_1 \land H_2 \land \cdots \land H_n \Rightarrow C$ 成立,使用真值表有两种方法:

方法 1　对于每一个 $H_1, H_2, \cdots, H_n$ 真值均为 T 的行,C 的真值也为 T(前件为真,

后件也为真).

方法 2 对于每一个 C 的真值为 F 的行,$H_1,H_2,\cdots,H_n$ 的真值中至少有一个为 F(后件为假,前件也为假).

例 1 对以下论述构造证明:一份统计表格的错误或者是由于材料不可靠,或者是由于计算有错误;这份统计表格的错误不是由于材料不可靠,所以这份统计表格是由于计算有错误.

解 设 P:统计表格的错误是由于材料不可靠,
  Q:统计表格的错误是由于计算有错误.

则据题意,要证明 $\neg P \land (P \lor Q) \Rightarrow Q$.

列出真值表:

P	Q	$\neg P$	$P \lor Q$
T	T	F	T
T	F	F	T
F	T	T	T
F	F	T	F

由真值表可见:当 $\neg P$ 和 $P \lor Q$ 的真值都为 T 时(在第三行),Q 也为 T,所以 $\neg P \land (P \lor Q) \Rightarrow Q$.

或者当 Q 的真值为 F 时(在第二行和第四行),$\neg P$ 和 $P \lor Q$ 至少有一个为 F,所以 $\neg P \land (P \lor Q) \Rightarrow Q$.

例 2 如果张老师来了,这个问题可以得到解答;如果李老师来了,这个问题也可以得到解答.总之,张老师或李老师来了,这个问题就可以得到解答.

解 设 P:张老师来了,
  Q:李老师来了,
  R:这个问题可以得到解答.

则据题意,即要证明 $(P \to R) \land (Q \to R) \land (P \lor Q) \Rightarrow R$.

列出真值表:

P	Q	R	$P \to R$	$Q \to R$	$P \lor Q$
T	T	T	T	T	T
T	T	F	F	F	T
T	F	T	T	T	T
T	F	F	F	T	T
F	T	T	T	T	T
F	T	F	T	F	T
F	F	T	T	T	F
F	F	F	T	T	F

由真值表可见：当 $P \to R, Q \to R$ 和 $P \vee Q$ 的真值都为 T 时(在第一、三、五行)，R 也为 T，所以 $(P \to R) \wedge (Q \to R) \wedge (P \vee Q) \Rightarrow R$.

2　直接证明法

直接证明法就是由一组前提，利用一些公认的推理规则，根据已知的等价公式或蕴含公式，推演得到有效的结论．公认的推理规则包括：

(1) P 规则(前提引入)：前提在推导过程中的任何时候都可以引入；

(2) T 规则(结论引用)：在推导中，如果有一个或多个公式重言蕴含着公式 S(结论)，则公式 S 可以引入推导之中．

常用的等价公式和蕴含公式如表 2-4-1 和表 2-7-2 所示．

形式推理的具体操作可在包含 3 列的一张表上进行：

(1) 第一列是序号，将各次操作按先后排序；

(2) 第二列是断言或命题公式，内容可以是前提、中间结论或最终结论；

(3) 第三列是推理注释或根据，表明所引用的推理规则(P 或 T)和与之有关的行的编号，以及推理依据(若依据是某条蕴含公式，就用"I"表示；若依据是某条等价公式，就用"E"表示．不必写明具体哪个公式)．

例 3　证明 $\neg(P \wedge \neg Q), \neg Q \vee R, \neg R \Rightarrow \neg P$.

证　(1) $\neg R$　　　　　　　　P
　　(2) $\neg Q \vee R$　　　　　　P
　　(3) $\neg Q$　　　　　　　　T(1)(2), I
　　(4) $\neg(P \wedge \neg Q)$　　　　P
　　(5) $\neg P \vee Q$　　　　　　T(4), E
　　(6) $\neg P$　　　　　　　　T(3)(5), I

例 4　证明 $(P \vee Q) \wedge (P \to R) \wedge (Q \to S) \Rightarrow R \vee S$.

证　(1) $P \vee Q$　　　　　　P
　　(2) $\neg P \to Q$　　　　　T(1), E
　　(3) $Q \to S$　　　　　　P
　　(4) $\neg P \to S$　　　　　T(2)(3), I
　　(5) $\neg S \to P$　　　　　T(4), E
　　(6) $P \to R$　　　　　　P
　　(7) $\neg S \to R$　　　　　T(5)(6), I
　　(8) $S \vee R$　　　　　　T(7), E

例 5　证明 $W \vee R \to V, V \to C \vee S, S \to U, \neg C \wedge \neg U \Rightarrow \neg W$.

证　(1) $\neg C \wedge \neg U$　　　　P
　　(2) $\neg U$　　　　　　　T(1), I

(3) $S \rightarrow U$　　　　　　　　P
(4) $\neg S$　　　　　　　　　T(2)(3),I
(5) $\neg C$　　　　　　　　　T(1),I
(6) $\neg C \wedge \neg S$　　　　　　T(4)(5),I
(7) $\neg(C \vee S)$　　　　　　T(6),E
(8) $W \vee R \rightarrow V$　　　　　P
(9) $V \rightarrow C \vee S$　　　　　P
(10) $W \vee R \rightarrow C \vee S$　　T(8)(9),I
(11) $\neg(W \vee R)$　　　　　T(7)(10),I
(12) $\neg W \wedge \neg R$　　　　　T(11),E
(13) $\neg W$　　　　　　　　T(12),I

3　间接证明法

有两种间接证明方法：反证法和 CP 规则.

3.1　反证法

定义 2-8-3　设 $P_1, P_2, \cdots, P_m$ 是出现于前提 $H_1, H_2, \cdots, H_n$ 中的全体命题变元. 对于 $P_1, P_2, \cdots, P_m$ 的一些真值指派，如果能使 $H_1 \wedge H_2 \wedge \cdots \wedge H_n$ 的真值为 T，则称公式 $H_1, H_2, \cdots, H_n$ 是相容的. 如果 $P_1, P_2, \cdots, P_m$ 的每一组真值指派，都使得 $H_1 \wedge H_2 \wedge \cdots \wedge H_n$ 的真值为 F，则称公式 $H_1, H_2, \cdots, H_n$ 是不相容的.

反证法的基本思想：要证 $H_1 \wedge H_2 \wedge \cdots \wedge H_n \Rightarrow C$，记作 $S \Rightarrow C$，即 $S \rightarrow C$ 或 $\neg S \vee C$ 为 T，故 $S \wedge \neg C$ 为 F，即 S 与 $\neg C$ 不相容. 因此要证 $H_1 \wedge H_2 \wedge \cdots \wedge H_n \Rightarrow C$，只要证 $H_1, H_2, \cdots, H_n$ 与 $\neg C$ 是不相容的.

例 6　证明 $A \rightarrow B, \neg(B \vee C) \Rightarrow \neg A$.

证　利用反证法，即证 $A \rightarrow B, \neg(B \vee C)$ 与 $\neg(\neg A)$ 不相容.

(1) A　　　　　　　　　　P(附加前提)
(2) $A \rightarrow B$　　　　　　　　P
(3) B　　　　　　　　　　T(1)(2),I
(4) $\neg(B \vee C)$　　　　　　P
(5) $\neg B \wedge \neg C$　　　　　　T(4),E
(6) $\neg B$　　　　　　　　　T(5),I
(7) $B \wedge \neg B$(矛盾)　　　　T(3)(6),I

下面利用反证法，给出例 5 的第二种证法.

例 5 的证明（反证法）

(1) W　　　　　　　　　　P(附加前提)

(2) $W \vee R$	T(1),I
(3) $W \vee R \to V$	P
(4) $V \to C \vee S$	P
(5) $W \vee R \to C \vee S$	T(3)(4),I
(6) $C \vee S$	T(2)(5),I
(7) $\neg C \wedge \neg U$	P
(8) $\neg C$	T(7),I
(9) S	T(6)(8),I
(10) $S \to U$	P
(11) U	T(9)(10),I
(12) $\neg U$	T(7),I
(13) $U \wedge \neg U$(矛盾)	T(11)(12),I

3.2 CP 规则

CP(Conditional Proof)规则的基本思想：要证 $H_1 \wedge H_2 \wedge \cdots \wedge H_n \Rightarrow (R \to C)$，将 $H_1 \wedge H_2 \wedge \cdots \wedge H_n$ 记作 S，即要证 $S \Rightarrow (R \to C)$，即 $S \to (R \to C)$ 为 T．而 $S \to (R \to C) \Leftrightarrow (S \wedge R) \to C$，从而将证明 $S \Rightarrow (R \to C)$ 转化为证明 $(S \wedge R) \Rightarrow C$．这里的 R 称为附加前提．

例 7 证明 $A \to (B \to C), \neg D \vee A, B \Rightarrow D \to C$．

证 （利用 CP 规则）

(1) D	P(附加前提)
(2) $\neg D \vee A$	P
(3) A	T(1)(2),I
(4) $A \to (B \to C)$	P
(5) $B \to C$	T(3)(4),I
(6) B	P
(7) C	T(5)(6),I
(8) $D \to C$	CP

例 8 对下面的论述构造一个证明：

如果李明来苏州大学，若王军不生病，则王军一定去看望李明．如果李明出差到苏州，那么李明一定来苏州大学．王军没有生病．所以，如果李明出差到苏州，王军一定去看望李明．

证 设 P：李明出差到苏州，Q：李明来苏州大学，R：王军生病，S：王军去看望李明，则问题归结为证：

$$Q \to (\neg R \to S), P \to Q, \neg R \Rightarrow P \to S.$$

列表证明如下：

(1) P	P(附加前提)

(2) $P \to Q$　　　　　　　　　　P
(3) Q　　　　　　　　　　　　T(1)(2), I
(4) $Q \to (\neg R \to S)$　　　　　P
(5) $\neg R \to S$　　　　　　　　T(3)(4), I
(6) $\neg R$　　　　　　　　　　　P
(7) S　　　　　　　　　　　　 T(5)(6), I
(8) $P \to S$　　　　　　　　　　CP

批判性思维案例分析

[例1] 签订技术转让合同必须遵守国家的法律,符合国家政策的要求,否则,即使是当事人双方自愿签订的合同,非但不能受到法律保护,还要根据情况依法追究法律责任.

以下说法中,与以上论述等值的是　　　　　　　　　　　　　　　　（　　）

A. 如果双方当事人的行为都是自愿的,就会受到法律的保护.

B. 如果双方当事人的行为都是自愿的,就要承担法律责任.

C. 只有双方当事人的行为合法,才能产生预期的法律后果,受到法律的保护.

D. 如果双方当事人的行为合法,就会产生预期的法律后果,受到法律的保护.

【解析】 此题考查的是假言命题的用法,主要是充分条件和必要条件的区别. 题干的意思是:在合法的前提下,双方自愿签订的合同才会受到法律保护,双方当事人的行为合法是合同受到法律保护的必要条件. 若没有行为合法这一前提,双方签订的合同不受法律保护,但也不一定需要承担法律责任,因而 A、B 两项不对. 选项 D 的意思是双方当事人的行为合法是合同受到法律保护的充分条件,也不对. 选项 C 与题干的意思一致,所以,正确答案为 C.

[例2] 国家领导机构所做的公众报告都强调了公民更好地理解国际事务的极大必要性. 如果一个国家要在国际竞争时代保持主导地位,这种必要性就是无可辩驳的. 如果需要公民对国际事务更好地理解,那么我们所有的新教师都必须按国际方向来准备和教授他们的课程.

如果段落中所有的陈述都是正确的,下面哪一条也一定是正确的?　　（　　）

A. 如果一个国家要在国际竞争时代保持主导地位,那么新教师必须按国际方向来准备和教授他们的课程.

B. 如果新老师按国际方向来准备和教授他们的课程,那么这个国家在国际竞争时代就能保持主导地位.

C. 如果公民能更好地理解国际事务,那么这个国家在国际竞争时代就能保持主导地位.

D. 如果一个国家要在国际竞争时代保持主导地位,那么就不需要公民们对国际事务有较好的理解.

【解析】 此题考查假言命题的用法和有关假言三段论的推理.题干包含两个必要条件假言命题"一个国家要在国际竞争时代保持主导地位,需要公民更好地理解国际事务""如果需要公民更好地理解国际事务,那么我们所有的新教师都必须按国际方向来准备和教授他们的课程".根据假言三段论可以推出必要条件假言命题"如果一个国家要在国际竞争时代保持主导地位,那么新教师必须按国际方向来准备和教授他们的课程",因此,选项 A 正确.B、C 两项都误把必要条件当成了充分条件.选项 D 与题干的意思矛盾.所以,正确答案为 A.

[例 3] 某法院对某刑事案件有以下四种说法:① 有证据表明赵刚没有作案;② 作案者或者是赵刚,或者是王强,或者是李明;③ 也有证据表明王强没有作案;④ 电视画面显示,案发时李明在远离案发现场的一个足球赛的观众席上.

以下哪项是关于这四种说法的正确描述?   (   )

A. 从上述说法中可以推出,只有一个人作案.

B. 上述说法中至少有一个是假的.

C. 从这些说法中可以推出,表明王强没有作案的证据是假的.

D. 李明肯定不在该足球赛的观众席上.

【解析】 本题考查包含三个命题的选言推理(排除法),即列出各种可能情况构成一选言命题,然后根据所给信息,运用"否定肯定式"排除其他可能,最后得出确定的结论.而题干指出三个人都有证据表明自己没有作案,而他们又至少一个人作案,那么说明是有矛盾的,说明 4 句话中至少有一个是假的.所以,正确答案为 B.

[例 4] 粮食可以在收割前在期货市场进行交易.如果预测水稻产量不足,水稻期货价格就会上升;如果预测水稻丰收,水稻期货价格就会下降.假设今天早上,气象学家们预测从明天开始水稻产区会有适量降雨.因为充分的潮湿对目前水稻的生长非常重要,所以今天的水稻期货价格会大幅下降.

下面哪一项如果正确,会最严重地削弱以上的观点?   (   )

A. 农业专家们今天宣布,一种水稻病菌正在传播.

B. 本季度水稻期货价格的波动比上季度更加剧烈.

C. 气象学家们预测明天的降雨估计很可能会延伸到谷物产区以外.

D. 在关键的授粉阶段没有接受足够潮湿的谷物不会取得丰收.

【解析】 本题考查假言命题.题干指出"预测水稻丰收"是"水稻期货价格会下降"的充分条件,文中观点指出潮湿对水稻生长有利,从而会影响期货价格,D 项指出潮湿不是水稻丰收的充分条件,所以能够削弱文中观点.所以,正确答案为 D.

[例 5] 在印度发现了一群不平常的陨石,它们的构成元素表明,它们只可能来自水星、金星或火星.由于水星离太阳最近,它的物质只可能被太阳吸引而不可能落到地球上;这些陨石也不可能来自金星,因为金星表面的任何物质都不可能摆脱它和太阳

的引力而落到地球上.因此,这些陨石很可能是某次巨大的碰撞后从火星落到地球上的.

上述论证方式和以下哪些最为类似?　　　　　　　　　　　　　　　　(　　)

A. 这起谋杀或是财杀,或是仇杀,或是情杀.但作案现场并无财物丢失;死者家庭关系和睦,夫妻恩爱,并无情人.因此,最大的可能是仇杀.

B. 如果张某是作案者,那么必有作案动机和作案时间.张某确有作案动机,但没有作案时间.因此,张某不可能是作案者.

C. 此次飞机失事的原因,或是人为破坏,或是设备故障,或是操作失误.被发现的黑匣子显示,事故原因确是设备故障.因此,可以排除人为破坏和操作失误.

D. 任一三角形或是直角三角形,或是钝角三角形,或是锐角三角形.这个三角形有两个内角之和小于 90 度.因此,这个三角形是钝角三角形.

【解析】　本题要求找出与题干具有相同推理形式的选项.题干中的推理是包含三个命题的选言推理(排除法),即列出各种可能情况构成一选言命题,然后根据所给信息,运用"否定肯定式"排除其他可能,最后得出确定的结论.其推理形式为:或者 P,或者 Q,或者 R;非 P,非 Q;所以 R.各选项中只有 A 项与题干推理形式一致.所以,正确答案为 A.

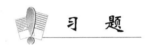

习　题

(一) 知识巩固

1. 判断下列语句是否是命题,若是命题,则指出其真值:

(1) 逻辑学是一门研究思维形式及其规律的科学.

(2) 公历 4 月 5 日是愚人节.

(3) 请把门关上.

(4) 今天去上课了吗?

(5) 公园的景色好美啊!

(6) $a+b=6$.

(7) $11+111=1010$.

(8) 明天会下雨.

(9) 火星上存在生命.

(10) 这句话是错的.

2. 设 P 表示"明天下雨",Q 表示"我们明天上课",R 表示"我们明天参加运动会",符号化下列命题:

(1) 如果明天不下雨且我们停课,那么我们去参加运动会.

(2) 只有明天不下雨且我们停课,我们才去参加运动会.

(3) 无论明天下雨与否,我们照常上课.

(4) 我们明天参加运动会当且仅当不下雨.

3. 用真值表法证明以下等价公式:

(1) $\neg P \Leftrightarrow P \uparrow P$;

(2) $P \wedge Q \Leftrightarrow (P \uparrow Q) \uparrow (P \uparrow Q)$;

(3) $P \vee Q \Leftrightarrow (P \uparrow P) \uparrow (Q \uparrow Q)$.

4. 用等价公式法判别下列命题公式的类型:

(1) $P \vee \neg (P \wedge Q)$;

(2) $P \wedge Q \wedge \neg (P \vee Q)$;

(3) $\neg (P \vee Q) \vee (\neg P \wedge Q)$.

*5. 用真值表法求下列命题公式的主析取范式和主合取范式:

(1) $(\neg P \to R) \wedge (P \to Q)$;

(2) $(P \to Q) \to \neg R$.

*6. 用等价公式法求第5题中各命题公式的主析取范式和主合取范式.

7. 符号化下列命题,并用推理规则证明其结论.

(1) 如果没有课,那么我就去机房上机或去图书馆查资料.如果机房没有空机器,那么我没法上机.今天我没课,机房也没有空机器.所以,我去图书馆查资料了.

(2) 只有没有其他事情做或者需要查资料,我才会去图书馆.我有其他事情做.我不去公园或者我去图书馆.所以,我不去公园或者我需要查资料.

(二) 批判性思维训练

1. 下列推理正确的是 (　　)

A. 只有开启电源开关,电脑才会运行;这台电脑没运行,可见没有开启电源开关.

B. 翻译要学好外语,我又不当翻译,所以,我无须学好外语.

C. 如果公路被冰雪覆盖,汽车就不会按时回来.果然汽车没有按时回来,可见,公路被冰雪覆盖了.

D. 只有天不下雨,我才会晒衣服,我晒衣服了,所以,天不下雨.

2. 提出一个问题往往比解决问题更重要,因为解决问题也许是一个数学上或试验上的技能而已.而提出新问题,则需要有创造性和想象力,而且标志着科学的真正进步.由此可知 (　　)

A. 提出问题比解决问题更难.

B. 善于提出问题的人更善于解决问题.

C. 只有提出问题才标志科学的进步.

D. 缺乏创造性和想象力的人不善于提出问题.

3. "草原酒家"是大草原上一家远近闻名的老字号饭店,但它有一些不成文的"规矩":如果"草原酒家"在某一天既卖红焖羊肉,又卖羊杂碎汤,那么它也一定卖烤全羊;该饭店星期天从不卖烤全羊.人们都熟悉这些"规矩",也习以为常.此外,我们还知道,只有当卖红焖羊肉时,王老板才去"草原酒家"吃饭.

如果上述断定是真的,那么以下哪项也一定是真的?　　　　　　　　　　(　　)

A. 星期天王老板不会去"草原酒家"吃饭.

B. 如果"草原酒家"在星期天卖红焖羊肉,那么这天它一定不卖羊杂碎汤.

C. "草原酒家"在星期天不卖羊杂碎汤.

D. "草原酒家"只有星期天不卖红焖羊肉.

4. 只有具备足够的资金投入和技术人才,一个企业的产品才能拥有高科技含量. 而这种高科技含量,对于一个产品长期稳定地占领市场是必不可少的.

以下哪项情况如果存在,最能削弱以上断定?　　　　　　　　　　　　(　　)

A. 苹果牌电脑拥有高科技含量并长期稳定地占领着市场.

B. 西子洗衣机没能长期稳定地占领市场,但该产品并不缺乏高科技含量.

C. 长江电视机没能长期稳定地占领市场,因为该产品缺乏高科技含量.

D. 清河空调长期稳定地占领着市场,但该产品的厂家缺乏足够的资金投入.

5. 世界级的马拉松选手每天跑步都不超过 6 小时. 一名选手每天跑步超过 6 小时,因此他不是一名世界级马拉松选手.

以下哪项与上文推理形式相同?　　　　　　　　　　　　　　　　　　(　　)

A. 跳远运动员每天早晨跑步. 如果某人早晨跑步,那么他是跳远运动员.

B. 如果每日只睡 4 小时,对身体不利. 研究表明,最有价值的睡眠都发生在入睡后的第 5 个小时.

C. 家长和小孩做游戏时,小孩更高兴. 因此,家长应该多和小孩做游戏.

D. 如果某汽车早晨能启动,那么晚上也能启动. 我们的车早晨通常能启动,同样,它晚上通常也能启动.

E. 油漆 3 小时内都不会干. 某涂料在 3 小时内干了,所以它不是油漆.

逻辑的应用

——电影《控方证人》的论辩分析

一、影片简介

1954 年的伦敦,美国人伦纳德被控谋杀富有的情妇弗伦奇太太以取得其巨额遗产. 著名的刑案辩护律师威尔弗莱德不顾健康问题接办此案. 在法庭上,伦纳德的妻子克莉丝汀竟然做了控方证人,指出伦纳德的确杀了

人. 在最后关头,大律师接到一位神秘妇人的来电,她表示握有克莉丝汀写给情夫的信件. 案情急转直下,伦纳德被判无罪. 然而,真相却更令人震惊. 原来得以重获自由的伦纳德其实就是真正谋害弗伦奇太太的凶手,那个神秘妇人竟是克莉丝汀本人装扮的……

二、精彩论辩

(一) 克莉丝汀的证词

控方律师:你曾经对警方声称,弗伦奇太太被杀当晚伦纳德·沃尔是在七点半离家,9点25分回到家,他确实是在9点25分回来的吗?

克莉丝汀:不是,他是10点10分回来的.

控方律师:你说伦纳德·沃尔是在10点10分到家,然后呢?

克莉丝汀:他气喘吁吁,非常激动. 他脱下外衣看了看袖口,然后他叫我把袖口洗一洗. 上面有血迹.

控方律师:说下去.

克莉丝汀:我问,伦纳德你做了什么?

控方律师:犯人怎么答?

克莉丝汀:他说,我杀了她.

控方律师:当犯人说"我杀了她"的时候,你可知他说的是谁?

克莉丝汀:就是他经常去见的那个女人.

控方律师:你向上帝起誓所言属实?

克莉丝汀:所言属实.

(二) 威尔弗莱德律师的询问

威尔弗莱德律师:赫尔姆太太,你是否清楚你现在仍需谨遵誓言?

克莉丝汀:是的.

威尔弗莱德律师:你认不认识一个叫马克斯的人?

克莉丝汀:我不明白你的意思.

威尔弗莱德律师:这是个很简单的问题,你是否认识一个叫马克斯的人?

克莉丝汀:马克斯,应该不认识.

威尔弗莱德律师:这是个很普通的名字,难道叫马克斯的人你一个也不认识?

克莉丝汀:在德国也许认识,不过那是很久以前的事了.

威尔弗莱德律师:我不要你回忆那么久以前的事,几星期前就够了——今年10月20日.

克莉丝汀:你手里是什么?

威尔弗莱德律师:一封信. 我想10月20日那天你写了一封信.

克莉丝汀:我不知道你在说什么.

威尔弗莱德律师:给一个叫作马克斯的男人.

克莉丝汀:我没做过这种事.

威尔弗莱德律师：这只是你写给这个男人的一系列信件中的一封.

克莉丝汀：谎言,一派谎言.

威尔弗莱德律师：你似乎,嗯这么说吧,你似乎与那个男人关系亲密.

克莉丝汀：你怎么敢说出这种话,这不是真的.

威尔弗莱德律师：我对这些信件所表明的关系不感兴趣,但有一封信不同,"我心爱的马克斯,发生了一件绝妙的事.我相信我们的难题就要迎刃而解了."

克莉丝汀：我不准备站在这里听你的谎话连篇.这封信是伪造的,这根本不是我的信纸.

威尔弗莱德律师：不是吗？

克莉丝汀：不是.我的信都是写在蓝色小信纸上的,信纸上有我的姓名缩写.

威尔弗莱德律师：就像这些？这张是我的裁缝为我做百慕大短裤的账单.好,赫尔姆太太,感谢你费心为我们辨认出你的信纸.现在如果需要的话,我可以请一位专家来鉴定你的笔迹.

克莉丝汀：你见鬼！

法官：威尔弗莱德爵士,你现在能不能向陪审团宣读一下你提到的那封信？

威尔弗莱德律师：我心爱的马克斯,发生了一件奇妙的事,我们的难题就要迎刃而解了.伦纳德涉嫌杀害了我跟你说过的那个老太太,由我为他提供不在场证明是他现在唯一的指望.想想吧,我可以作证说案发当时他并不在家,而且回家的时候袖子上有血迹,并亲口向我承认他杀了老太太.真是奇怪,他总说我决不能离他而去,可是现在如果能成功的话他就会离我而去,因为他们会让他永远一去不回.而我就自由了,我将成为你的人.亲爱的,我时刻盼望着我们相聚的那一天,克莉丝汀.

法官：赫尔姆太太请你回证人席好吗？

威尔弗莱德律师：我再问你一遍,克莉丝汀·赫尔姆.在回答问题之前,赫尔姆太太,我想先警告你,在我们国家对于伪证罪的处罚是很严厉的.如果你已经在法庭上犯下了伪证罪,我强烈建议你不要罪上加罪.不过,如果这些信确实不是你写的,现在你也应该予以澄清.

克莉丝汀：信是我写的.

威尔弗莱德律师：法官大人,辩方传讯到此为止.

思 考

1. 从命题逻辑的角度分析威尔弗莱德律师是如何反驳克莉丝汀的证词的.

2. 从命题逻辑的角度分析,克莉丝汀是如何通过假扮神秘妇人给威尔弗莱德律师提供反驳自己的证据,从而帮丈夫脱罪的.

3. 结合人物的身份、职业和社会背景,谈谈你对威尔弗莱德律师和克莉丝汀的看法和评价.

阅读材料

数理逻辑的创始人——莱布尼茨

莱布尼茨生于德国莱比锡,祖父以上三代均在萨克森政府供职,父亲是莱比锡大学的道德哲学教授.莱布尼茨6岁丧父,自幼聪颖好学,利用父亲的丰富藏书,8岁自学拉丁文,14岁自学希腊文,15岁入莱比锡大学研习法律,并博览了历史、文学和哲学等方面的书籍,17岁以哲学论文《论个体原则方面的形而上学争论》获得学士学位.1666年,他写出博士论文《论组合术》,但莱比锡大学因其太年轻(时年20岁)而拒绝授予学位.纽伦堡郊外的阿尔特多夫大学接受了这篇论文,授予他哲学博士学位,并聘请他到该校任教,他予以回绝.此后,他再也没有担任过任何一个学术职位,而是更为关注政治活动.1667年,通过纽伦堡的一个炼金术士团体,他结识政界人物博因堡男爵,经后者推荐,他先任美因茨选帝侯的法律顾问的助手,随后担任上诉法院陪审法官.1672年,受美因茨选帝侯委派,他带着自己拟订的一个计划,作为一名外交官出使巴黎,试图游说法国国王路易十四把进攻尼德兰和德国的兴趣转移到其他目标(如非洲的埃及)上去,但始终未能与法王见面.这次外交活动以失败告终,他却因此留居巴黎4年,结交了科学界和哲学界的许多著名人士.例如,他与原已通信的詹森派神学家和哲学家阿尔诺建立了较密切的联系,又结识了荷兰大科学家惠更斯和笛卡尔派哲学家马勒伯朗士等人.1673年1月,他到伦敦斡旋英国和荷兰之间的争执未果,却趁此机会见到了已通信3年的英国皇家学会秘书奥尔登堡,以及著名科学家胡克、波义耳等人.此期间,他把自己设计制造的一台比帕斯卡计算机性能更好的计算机献给了英国皇家学会.1673年4月,他被推选为该会会员.在留居巴黎期间,他曾在惠更斯的帮助下从事高等数学研究,终于在1676年完成微积分的发明.1676年10月,他接受汉诺威的布伦瑞克公爵的任命,担任公爵府参议职务,后兼任图书馆馆长.在离巴黎去汉诺威途中,特地绕道荷兰,会见了科学家列文虎克,并使用显微镜第一次观察了细菌、原生动物和精子,还会见了哲学家斯宾诺莎,阅读了后者未发表的《伦理学》部分手稿.此后40年,他一直定居汉诺威,长期担任宫廷议员,在社会上声名显赫,生活富裕,与许多重要人物频繁地书信往来,据说有600多位通信伙伴;广泛研究哲学和各种科学技术问题,哲学思想逐渐走向成熟;从事多方面的学术文化和社会政治活动,多次到欧洲各地(主要是柏林、维也纳和罗马)旅行;屡次劝说一些国家(如奥地利、俄国、中国)的君主建立科学院,在其推动下,普鲁士国王于1700年建立柏林科学院,他被任命为第一任院长.1716年11月14日,莱布尼茨因痛风和胆结石去世.莱布尼茨终生未婚,晚年失宠于宫廷,平时从不进教堂,教会对其去世不予理睬,宫廷也不过问,由他的私人秘书和几名工人将他葬于一个无名墓地,只有法兰西科学院给他题写了

一篇悼词以示敬意. 不过, 后人于 1793 年在汉诺威为他建立了纪念碑, 于 1883 年在莱比锡的一个教堂附近为他竖起了一座立式个人雕像, 于 1983 年在汉诺威照原样重修了被毁于第二次世界大战的"莱布尼茨故居". 2006 年, 在其 360 周年诞辰之际, 德国汉诺威大学改名为汉诺威莱布尼茨大学.

莱布尼茨博学多识, 几乎在所有的知识领域都作出了杰出贡献, 是 17 世纪堪与亚里士多德相媲美的百科全书式学者. 他的兴趣多得简直令人难以置信. 他既是哲学家、神学家、外交家、数学家和逻辑学家, 也是物理学家、化学家、历史学家和图书馆学家. 除此之外, 他还从事技术研究, 研制计算机、钟表、风车和液压机, 他发明的一种水泵, 在哈尔茨山的采矿中得到应用; 在矿山上, 他还作为地质学者和工程师工作. 他自己曾在一封信中写道: "我在档案室里开始了研究工作, 搬来了古旧的书籍, 并收集了一些未经刊印的文稿. 我收到许多信件, 也不停地给人写回信. 但是, 在数学方面我有许多新的想法, 在哲学方面我也有很多新的思想, 在文学方面我也有许多新的观点, 我常常不知道应该做什么." 他的主要工作是作为国家法学者和历史学者服务于汉诺威的选帝侯, 经过多年的资料研究之后, 为布伦瑞克家族编写了一部家谱, 这可能是他那个时代最好的历史著作之一. 作为数学家, 他独立于牛顿创立了微积分, 为此设计了一套比牛顿更好的符号体系, 并为微积分的发明权与牛顿进行过一场激烈论战; 他还在拓扑学方面作出过重要贡献. 作为哲学家, 他发表了《新的自然体系》《单子论》《自然与神恩的体系》《人类理解新论》等论著, 建立了以"单子论"和"先定和谐说"为核心的哲学体系. 不过, 有这样一种说法: 除非能够带来名声和实惠, 莱布尼茨不发表自认尚不成熟的手稿. 所以, 他的著述在其生前大多没有发表.

在逻辑学领域, 早在他 20 岁写成的博士论文《论组合术》中, 莱布尼茨就提出了这样的思想: 把所有推理化归于计算, 使推理的错误成为计算的错误, 以至于哲学争论也可以通过计算来解决. 他后来认识到, 实现这一目标需要做两件事: 一是发明一套普遍语言, 即一种符号化语言, 用它们可以表示我们所有简单的和复杂的观念; 二是构造一套理性演算, 用严格的规则去指导和控制我们的观念之间的变换与推移. 他自己在这方面的工作时断时续, 可分为三个阶段, 但似乎从未对它们满意过, 所以其结果当时都没有发表. 据说他从中国的阴阳八卦中获得启发, 提出了二进制计算法, 并创制了一台手摇计算机, 其性能比先前的帕斯卡计算机优越, 不仅能做加法运算, 还能做乘法和除法运算. 特别是他充分认识到计算机的重要性: "这是十分有价值的, 把计算交给机器去做, 可以使优秀人才从繁重的计算中解脱出来." 他还预言: "我所说的关于该机器的建造和未来应用, 将来一定会更完善, 并且我相信, 对于将来能见到它的人来说, 这一点会变得更清楚." 他还在发展和完善亚里士多德的词项逻辑方面做了许多工作. 他把矛盾律和充足理由律作为人类思维的两个根本原则, 并用它们去区分推理的真理(必然真理)和事实的真理(偶然真理). 他提出了著名的"可能世界"观念, 认为现实世界是上帝在众多的可能世界中所选择的一个最好的世界, 并用"可能世界"去定义和刻画必然性、可能性、偶然性和不可能性等模态概念, 为在 20 世纪逻辑学和哲学中很重要的可能世界语义学奠定了基础.

　　莱布尼茨所提出的创立数理逻辑和计算机的理想,激励一代又一代后来者前仆后继地为之奋斗,直至 20 世纪终成现实.德国逻辑史家肖尔兹指出:"人们提起莱布尼茨的名字就好像是谈到日出一样.他使亚里士多德逻辑开始了'新生',这种新生的逻辑在今天最完美的表现,就是采用逻辑斯蒂形式的现代精确逻辑.……这种新东西是什么呢?它就是把逻辑加以数学化的伟大思想."

思 考

1. 莱布尼茨在逻辑学领域有哪些重要贡献?

2. 结合莱布尼茨的人生际遇、学术背景和主要贡献等,谈谈你对莱布尼茨的看法和评价.

第 3 章 谓词逻辑

第 1 节 谓词逻辑概述

命题逻辑主要研究命题和命题演算，研究的基本单位是原子命题，并认为原子命题不能再分解．但进一步研究发现，某些推理无法用命题逻辑表示，比如著名的"苏格拉底三段论"：所有的人都是要死的，苏格拉底是人，所以苏格拉底是要死的．虽然直觉判断该推理是正确的，但在命题逻辑中无法解决．故必须对原子命题的成分、结构和命题间的共同属性等做进一步分析．

为了在命题演算中反映命题的内在联系，常常要将简单命题分解成客体、谓词、量词等，并对它们的形式结构及逻辑关系加以研究，总结出正确的推理形式和规则，这就是本章谓词逻辑要研究的内容．

1 客体与谓词

命题作为反映判断的句子，由主语和谓语两部分组成，这里分别称为客体和谓词．在原子命题中所描述的对象称为客体，它既可以是具体的事物，如李明、3，也可以是抽象的概念，如唯物主义．用以描述客体性质或客体间关系的部分称为谓词，如：

① 王林是个大学生．
② 24 大于 3．
③ 点 A 在 B 和 C 之间．

在上述命题中，"……是个大学生""……大于……""……在……和……之间"等都是谓词．第一个是描述客体性质的谓词，后两个是描述客体间关系的谓词．

特定的客体称为客体常量，用小写字母 $a,b,c,\cdots$ 表示．泛指的客体称为客体变元，用 $x,y,z,\cdots$ 表示．客体变元的取值范围，称为个体域，又称论域．个体域可以是有限的，也可以是无限的．宇宙间的一切事物组成的个体域称为全总个体域．

表示具体性质或关系的谓词称为谓词常量，表示抽象的或泛指的性质或关系的谓词称为谓词变元．谓词常量和谓词变元都用大写字母 $A,B,C,\cdots$ 表示．"客体变元 x 具

有性质 A"可表示为 $A(x)$,这类谓词称为一元谓词;"客体变元 x,y 具有关系 B"可表示为 $B(x,y)$,这类谓词称为二元谓词;"客体变元 x,y,z 具有关系 C"可表示为 $C(x,y,z)$,这类谓词称为三元谓词,依此类推. 二元以上谓词称为多元谓词.

单独一个 n 元谓词不是完整的命题,客体变元取特定的常量后所得的式子才成为一个命题,称为谓词填式. 若 $A(x_1,x_2,\cdots,x_n)$ 为 n 元谓词,$a_1,a_2,\cdots,a_n$ 是客体常量,则谓词填式 $A(a_1,a_2,\cdots,a_n)$ 就成为一个命题.

例如,设 $A(x)$ 表示"x 是个大学生",b 表示"王林",c 表示"李明",则 $A(b)$ 表示命题"王林是个大学生",$A(c)$ 表示命题"李明是个大学生".

又如,若 $B(x,y)$ 表示"x 大于 y",则 $B(2,1)$ 表示真命题"2 大于 1",$B(1,2)$ 表示假命题"1 大于 2".

这种讨论问题的方式类似于"函数"概念,n 元谓词也称为命题函数.

2 命题函数

定义 3-1-1 由一个谓词和一些客体变元组成的表达式称为简单命题函数.

定义 3-1-2 由一个或 n 个简单命题函数以及逻辑联结词($\neg,\wedge,\vee,\rightarrow,\leftrightarrow$ 等)组合而成的表达式称为复合命题函数.

这里逻辑联结词的意义与命题演算中的解释相同. 例如,设 $P(x)$ 表示"x 会唱歌",$Q(x)$ 表示"x 会跳舞",则:

(1) $\neg P(x)$ 表示"x 不会唱歌";

(2) $P(x)\wedge Q(x)$ 表示"x 既会唱歌又会跳舞";

(3) $P(x)\vee Q(x)$ 表示"x 或者会唱歌或者会跳舞";

(4) $P(x)\rightarrow Q(x)$ 表示"若 x 会唱歌,则 x 一定会跳舞";

(5) $P(x)\leftrightarrow Q(x)$ 表示"x 会唱歌当且仅当 x 会跳舞".

命题函数不是命题. 只有客体变元取特定的常量时,才能成为一个命题. 例如,$Q(x,y)$ 表示"x 比 y 重",当 x,y 指特定的人或物时,它是一个命题;但当 x,y 指特定的实数时,就不是一个命题.

个体域对命题函数的真值有影响. 例如,$A(x)$ 表示"x 是个大学生",当 x 的个体域是某大学的一个班级时,$A(x)$ 为永真;当 x 的个体域是某中学的一个班级时,$A(x)$ 为永假;而当 x 的个体域是一个剧场中的观众时,$A(x)$ 有真有假.

个体域之于命题函数,类似于定义域之于函数.

3 量词

考虑以下问题:

例 1 符号化以下两个命题:

① 所有的人都是要死的.

② 有的人活到百岁以上.

符号化例1中的命题,光有"客体""谓词"等概念还不够,需要引入量词来描述"所有的""存在一些"等概念.引入全称量词($\forall$)表示"对所有的,每一个,对任意一个",引入存在量词($\exists$)表示"存在一些,至少有一个,对于一些".$(\forall x)F(x)$表示"个体域中所有个体具有性质F".$(\exists x)F(x)$表示"存在着个体域中某个个体具有性质F".

让我们回到例1的求解.设$F(x)$:x是要死的,$G(x)$:x活到百岁以上.首先考虑第一种情况:个体域为人类集合,则命题①可符号化为

$$(\forall x)F(x),$$

命题②可符号化为

$$(\exists x)G(x).$$

然后考虑第二种情况:个体域为全总个体域,则以上两个命题可叙述如下:

① 对所有个体而言,如果它是人,则它是要死的.

② 存在着个体,它是人并且活到百岁以上.

引入一个新的谓词$M(x)$:x是人,则命题①可符号化为

$$(\forall x)(M(x)\to F(x)),$$

命题②可符号化为

$$(\exists x)(M(x)\wedge G(x)).$$

在全总个体域的情况下,为了指定某个个体变元的范围,需要另外引入新的谓词,这样的谓词称为特性谓词.例1中的$M(x)$就是一个特性谓词.一般地,对全称量词,特性谓词常作蕴含前件;对存在量词,特性谓词常作合取项.

例2 在谓词逻辑中符号化下列命题:

(1) 对所有的x,均有$x^2-1=(x+1)(x-1)$.(个体域为自然数集)

(2) 存在x,使得$x+5=2$.(个体域为自然数集)

(3) 凡偶数均能被2整除.

(4) 存在着偶素数.

(5) 没有不犯错误的人.

(6) 发光的不都是金子.

(7) 一切人都不一样高.

(8) 每个自然数都有后继数.

(9) 有的自然数无先驱数.

(10) 有的有理数是整数.(个体域为实数集)

解 (1) 设$F(x)$:x满足$x^2-1=(x+1)(x-1)$,则命题符号化为

$$(\forall x)F(x).$$

(2) 设$G(x)$:x满足$x+5=2$,则命题符号化为

$$(\exists x)G(x).$$

(3) 引入特性谓词 $F(x)$：x 是偶数，并设 $G(x)$：x 能被 2 整除，则命题符号化为
$$(\forall x)(F(x) \to G(x)).$$

(4) 引入特性谓词 $F(x)$：x 是偶数，并设 $G(x)$：x 是素数，则命题符号化为
$$(\exists x)(F(x) \land G(x)).$$

(5) 引入特性谓词 $F(x)$：x 是人，并设 $G(x)$：x 犯错误，则命题符号化为
$$\neg(\exists x)(F(x) \land \neg G(x)).$$

(6) 引入特性谓词 $F(x)$：x 是发光的东西，并设 $G(x)$：x 是金子，则命题符号化为
$$\neg(\forall x)(F(x) \to G(x)).$$

(7) 引入特性谓词 $F(x)$：x 是人，并设 $L(x,y)$：x 与 y 一样高，$H(x,y)$：x 与 y 不是同一个人，则命题符号化为
$$(\forall x)(\forall y)(F(x) \land F(y) \land H(x,y) \to \neg L(x,y)).$$

(8) 引入特性谓词 $F(x)$：x 是自然数，并设 $H(x,y)$：y 是 x 的后继数，则命题符号化为
$$(\forall x)(F(x) \to (\exists y)(F(y) \land H(x,y))).$$

(9) 引入特性谓词 $F(x)$：x 是自然数，并设 $H(x,y)$：y 是 x 的先驱数，则命题符号化为
$$(\exists x)(F(x) \land (\forall y)(F(y) \to \neg H(x,y))).$$

(10) 引入特性谓词 $F(x)$：x 是有理数，并设 $G(x)$：x 是整数，则命题符号化为
$$(\exists x)(F(x) \land G(x)).$$

第 2 节　谓词公式

1　谓词公式的概念

定义 3-2-1　不出现逻辑联结词和量词的命题函数，称为原子谓词公式.

例如，$A(x_1, x_2, \cdots, x_n)$，其中 $x_1, x_2, \cdots, x_n$ 为客体变元或常量.

由原子谓词公式、量词、联结词和括号按一定规则构成的字符串称为谓词演算的合式公式（谓词公式），定义如下.

定义 3-2-2　谓词演算的合式公式（谓词公式）规定为：

(1) 原子谓词公式是合式公式；

(2) 若 A 是合式公式，则 $\neg A$ 是合式公式；

(3) 若 A 和 B 是合式公式，则 $(A \land B)$，$(A \lor B)$，$(A \to B)$，$(A \leftrightarrow B)$ 都是合式公式；

(4) 若 A 是合式公式，x 是 A 中出现的客体变元，则 $(\forall x)A$ 和 $(\exists x)A$ 是合式公式；

(5) 当且仅当能够有限次地应用(1)—(4)生成的公式是合式公式.

和命题公式的要求类似,最外层括号可以省略.若量词后面接原子谓词公式,则括号省略,如$(\forall x)(P(x))$总是写为$(\forall x)P(x)$.若量词后面接非原子谓词公式,则括号不能省略,如$(\forall x)(P(x) \lor Q(x))$不能写为$(\forall x)P(x) \lor Q(x)$.

例1 用谓词公式表示下列命题:

(1) 尽管有人聪明,但未必一切人都聪明.

(设$M(x)$: x是人, $P(x)$: x聪明.)

(2) 在数学分析中极限定义为:任给小正数ε,则存在一个正数δ,使得当$0 < |x-a| < \delta$时有$|f(x)-b| < \varepsilon$. 此时即称
$$\lim_{x \to a} f(x) = b.$$

(3) 对每两个点,有且仅有一条直线通过该两点.(设$P(x)$: x是一个点, $L(x)$: x是一条直线, $R(x,y,z)$: z通过x和y, $E(x,y)$: $x=y$.)

解 (1) 命题可符号化为
$$(\exists x)(M(x) \land P(x)) \land \neg((\forall x)(M(x) \to P(x))).$$

(2) 设$P(x,y)$: x大于y,则极限$\lim_{x \to a} f(x) = b$的定义可符号化为
$$(\forall \varepsilon)(P(\varepsilon, 0) \to (\exists \delta)(P(\delta, 0) \land (\forall x)(P(|x-a|, 0) \land$$
$$P(\delta, |x-a|) \to P(\varepsilon, |f(x)-b|))))$$

或
$$(\forall \varepsilon)(\exists \delta)(\forall x)(P(\varepsilon, 0) \to (P(\delta, 0) \land (P(|x-a|, 0) \land$$
$$P(\delta, |x-a|) \to P(\varepsilon, |f(x)-b|)))).$$

(3) 命题可符号化为
$$(\forall x)(\forall y)((P(x) \land P(y) \land \neg E(x,y)) \to (\exists ! z)(L(z) \land R(x,y,z))).$$

此处,符号"$\exists !$"表示"有且仅有一个". $(\exists ! x)P(x)$表示"存在唯一的x使$P(x)$为真".

2 变元的约束

定义 3-2-3 把$\forall x$或$\exists x$中的变元x叫作相应量词的指导变元(或作用变元).

定义 3-2-4 把紧跟在$\forall x$或$\exists x$后面并用圆括号括起来的公式,或者没有用圆括号括着的原子公式,称为相应量词的作用域(或辖域).

比如,$(\forall x)(P(x) \lor Q(x))$中指导变元$x$的作用域是$P(x) \lor Q(x)$,而$(\forall x)P(x) \lor Q(x)$中指导变元$x$的作用域则是$P(x)$.

定义 3-2-5 在量词作用域中出现的、与指导变元相同的变元称为约束变元. 相应变元的出现称为约束出现.

定义 3-2-6 除约束变元外的一切变元称为自由变元. 相应变元的出现称为自由出现.

比如,在公式$(\forall x)(\forall y)(P(x,y) \land Q(y,z)) \land (\exists x)P(x,y)$中, $(\forall x)$和$(\forall y)$的作

用域是 $P(x,y) \wedge Q(y,z)$，其中 x,y 是约束变元，x 有一次约束出现，y 有两次约束出现。z 是自由变元，z 有一次自由出现。$(\exists x)$ 的作用域是 $P(x,y)$，其中 x 是约束变元，x 有一次约束出现，y 是自由变元，y 有一次自由出现。

在有些公式中，一个变元既是自由变元又是约束变元。比如，在公式 $(\forall x)P(x) \vee Q(x)$ 中，$P(x)$ 内的 x 是约束变元，而 $Q(x)$ 内的 x 是自由变元。这样容易引起混淆，可能在含义上被误认为 $(\forall x)(P(x) \vee Q(x))$。可以有两种方式来避免这样的混淆：(1) 约束变元的换名；(2) 自由变元的代入。

2.1 约束变元的换名

对一个公式中的约束变元进行换名，必须遵循以下规则：

(1) 若要换名，则该变元在量词的指导变元及其作用域中的所有出现均需一起改变，其余部分不变。

(2) 换名时所选用的符号必须是量词作用域内未出现的符号，最好是公式中未出现的符号。

例 2 对下列谓词公式中的约束变元进行换名：

(1) $(\forall x)P(x) \vee Q(x)$；

(2) $(\forall x)(P(x) \vee Q(x,y)) \wedge R(x) \vee S(z)$.

解 (1) $(\forall x)P(x) \vee Q(x) \Leftrightarrow (\forall y)P(y) \vee Q(x)$.

(2) $(\forall x)(P(x) \vee Q(x,y)) \wedge R(x) \vee S(z) \Leftrightarrow (\forall w)(P(w) \vee Q(w,y)) \wedge R(x) \vee S(z)$.

注意：$(\forall x)(P(x) \vee Q(x,y)) \wedge R(x) \vee S(z)$ 不能换名为 $(\forall y)(P(y) \vee Q(y,y)) \wedge R(x) \vee S(z)$.

2.2 自由变元的代入

为了避免一个变元既是自由变元又是约束变元可能产生的混淆，除了对公式中的约束变元换名外，还可以对自由变元改名，称为代入。

自由变元的代入必须遵循以下规则：

(1) 代入时需要对公式中出现该自由变元的每一处进行代入。

(2) 用以代入的变元与原公式中所有变元的名称不能相同。

例 3 对下列谓词公式中的自由变元进行代入：

(1) $((\exists y)A(x,y) \rightarrow (\forall x)B(x,z)) \wedge (\exists x)(\forall z)C(x,y,z)$；

(2) $((\forall y)P(x,y) \wedge (\exists z)Q(x,z)) \vee (\forall x)R(x,y)$.

解 (1) $((\exists y)A(x,y) \rightarrow (\forall x)B(x,z)) \wedge (\exists x)(\forall z)C(x,y,z) \Leftrightarrow$
$((\exists y)A(u,y) \rightarrow (\forall x)B(x,v)) \wedge (\exists x)(\forall z)C(x,w,z)$.

(2) $((\forall y)P(x,y) \wedge (\exists z)Q(x,z)) \vee (\forall x)R(x,y) \Leftrightarrow$
$((\forall y)P(u,y) \wedge (\exists z)Q(v,z)) \vee (\forall x)R(x,w)$.

3 谓词公式的赋值

定义 3-2-7 谓词公式常由命题变元和客体变元组成. 当客体变元由确定的客体所取代、命题变元由确定的命题所取代时,就称作对谓词公式赋值.

定义 3-2-8 一组使谓词公式成为具有确定真值的命题的确定的客体(在一定的个体域上)和命题,称为谓词公式的指派.

若个体域是有限集,如 $D=\{a_1,a_2,\cdots,a_n\}$,则
$$(\forall x)A(x) \Leftrightarrow A(a_1) \wedge A(a_2) \wedge \cdots \wedge A(a_n),$$
$$(\exists x)A(x) \Leftrightarrow A(a_1) \vee A(a_2) \vee \cdots \vee A(a_n).$$

例 4 设个体域是集合 $\{a,b,c\}$,试消去下面公式中的量词:

(1) $(\forall x)P(x)$;

(2) $(\forall x)R(x) \wedge (\forall x)S(x)$;

(3) $(\forall x)R(x) \wedge (\exists x)S(x)$.

解 (1) $(\forall x)P(x) \Leftrightarrow P(a) \wedge P(b) \wedge P(c)$.

(2) $(\forall x)R(x) \wedge (\forall x)S(x) \Leftrightarrow R(a) \wedge R(b) \wedge R(c) \wedge S(a) \wedge S(b) \wedge S(c)$.

(3) $(\forall x)R(x) \wedge (\exists x)S(x) \Leftrightarrow R(a) \wedge R(b) \wedge R(c) \wedge (S(a) \vee S(b) \vee S(c))$.

例 5 求下列谓词公式的真值:

(1) $(\forall x)(P(x) \vee Q(x))$,其中,$P(x):x=1,Q(x):x=2$,个体域为 $\{1,2\}$.

(2) $(\forall x)(P \to Q(x)) \vee R(a)$,其中,$P:2>1,Q(x):x \leqslant 3,R(x):x>5,a=5$,个体域为 $\{-2,3,6\}$.

解 (1) $(\forall x)(P(x) \vee Q(x)) \Leftrightarrow (P(1) \vee Q(1)) \wedge (P(2) \vee Q(2))$
$$\Leftrightarrow (T \vee F) \wedge (F \vee T)$$
$$\Leftrightarrow T \wedge T$$
$$\Leftrightarrow T.$$

(2) $(\forall x)(P \to Q(x)) \Leftrightarrow (P \to Q(-2)) \wedge (P \to Q(3)) \wedge (P \to Q(6))$
$$\Leftrightarrow (T \to T) \wedge (T \to T) \wedge (T \to F)$$
$$\Leftrightarrow T \wedge T \wedge F$$
$$\Leftrightarrow F.$$

又 $R(a)$ 为 F,所以
$$(\forall x)(P \to Q(x)) \vee R(a) \Leftrightarrow F \vee F \Leftrightarrow F.$$

第 3 节　谓词演算的等价式与蕴含式

1　谓词公式的等价和蕴含

定义 3-3-1　给定任意谓词公式 A，其个体域为 E，如果对于 A 的所有赋值，
(1) A 都为真，则称 A 有效或永真；
(2) A 都为假，则称 A 不可满足或永假；
(3) A 至少在一种赋值下为真，则称 A 可满足.

定义 3-3-2　任意给定两个谓词公式 wff A 和 wff B，设它们有共同的个体域 E. 若对 A 和 B 的任一组变元进行赋值，所得命题的真值相同，则称谓词公式 A 和 B 在 E 上是等价的，并记作 $A \Leftrightarrow B$.

定义 3-3-3　任意给定两个谓词公式 wff A 和 wff B，设它们有共同的个体域 E. 若 $A \rightarrow B$ 为永真，则称 A 蕴含 B，记作 $A \Rightarrow B$.

下面介绍谓词演算中一些常见的等价式和蕴含式.

2　谓词演算中常见的等价式

2.1　命题公式的推广

我们知道在命题演算中，任一永真公式，其中同一命题变元用同一公式取代时，其结果也是永真公式. 这个结论可以推广到谓词公式中，即命题演算中任一永真公式的同一变元用同一谓词公式代替，所得的谓词公式必为有效公式. 故命题演算中的等价公式（表 2-4-1）和蕴含公式（表 2-7-2）都可推广到谓词演算中使用. 例如，

$$(\forall x)(P(x) \rightarrow Q(x)) \Leftrightarrow (\forall x)(\neg P(x) \vee Q(x)),$$
$$(\forall x)P(x) \vee (\exists y)R(x,y) \Leftrightarrow \neg(\neg(\forall x)P(x) \wedge \neg(\exists y)R(x,y)),$$
$$(\exists x)H(x,y) \wedge \neg(\exists x)H(x,y) \Leftrightarrow F.$$

2.2　量词否定等价式（量词转化律）

$$\neg(\forall x)P(x) \Leftrightarrow (\exists x)\neg P(x),$$
$$\neg(\exists x)P(x) \Leftrightarrow (\forall x)\neg P(x).$$

出现在量词之前的否定，不是否定该量词，而是否定被量化了的整个命题. 因而，将量词前面的 ¬ 移到量词的后面去时，存在量词必须改为全称量词，全称量词必须改为存在量词.

下面看一个应用实例：

实例 1 设 $P(x)$ 表示"x 数学考试及格了",则:"不是所有学生数学考试都及格了"与"存在一些学生数学考试不及格"这两个语句有相同的意义;"不存在一些学生数学考试及格"与"所有学生数学考试都不及格"这两个语句也有相同的意义.

量词转化律可以在有限个体域上证明:

设个体域中的客体变元为 $a_1,a_2,\cdots,a_n$,则

$$\neg(\forall x)P(x) \Leftrightarrow \neg(P(a_1) \wedge P(a_2) \wedge \cdots \wedge P(a_n))$$
$$\Leftrightarrow \neg P(a_1) \vee \neg P(a_2) \vee \cdots \vee \neg P(a_n)$$
$$\Leftrightarrow (\exists x)\neg P(x).$$

量词转化律在无穷个体域上的证明较为复杂,本书不做介绍了.

2.3 量词作用域的扩张与收缩等价式

量词的作用域中,常有合取或析取项,若其中一个为命题,则可将该命题移至该量词作用域之外. 例如,

$$(\forall x)(A(x) \vee B) \Leftrightarrow (\forall x)A(x) \vee B, \tag{1}$$
$$(\forall x)(A(x) \wedge B) \Leftrightarrow (\forall x)A(x) \wedge B, \tag{2}$$
$$(\exists x)(A(x) \vee B) \Leftrightarrow (\exists x)A(x) \vee B, \tag{3}$$
$$(\exists x)(A(x) \wedge B) \Leftrightarrow (\exists x)A(x) \wedge B. \tag{4}$$

量词的作用域中有自由变元时,也有类似的扩张或收缩. 比如,若以上四式中的 B 换成 $B(y)$,等价式依然成立.

由上述(1)—(4)式可推得下列等价式也成立:

$$(\forall x)(A(x) \rightarrow B) \Leftrightarrow (\exists x)A(x) \rightarrow B, \tag{5}$$
$$(\forall x)(B \rightarrow A(x)) \Leftrightarrow B \rightarrow (\forall x)A(x), \tag{6}$$
$$(\exists x)(A(x) \rightarrow B) \Leftrightarrow (\forall x)A(x) \rightarrow B, \tag{7}$$
$$(\exists x)(B \rightarrow A(x)) \Leftrightarrow B \rightarrow (\exists x)A(x). \tag{8}$$

下面仅证明(5)、(6)两式,(7)、(8)两式类似可证.

例 1 证明 $(\forall x)(A(x) \rightarrow B) \Leftrightarrow (\exists x)A(x) \rightarrow B$.

证 $(\forall x)(A(x) \rightarrow B) \Leftrightarrow (\forall x)(\neg A(x) \vee B)$
$$\Leftrightarrow (\forall x)(\neg A(x)) \vee B$$
$$\Leftrightarrow \neg(\exists x)A(x) \vee B$$
$$\Leftrightarrow (\exists x)A(x) \rightarrow B.$$

例 2 证明 $(\forall x)(B \rightarrow A(x)) \Leftrightarrow B \rightarrow (\forall x)A(x)$.

证 $(\forall x)(B \rightarrow A(x)) \Leftrightarrow (\forall x)(\neg B \vee A(x))$
$$\Leftrightarrow \neg B \vee (\forall x)A(x)$$
$$\Leftrightarrow B \rightarrow (\forall x)A(x).$$

2.4 量词分配等价式

量词 $\forall$ 对 $\wedge$、$\exists$ 对 $\vee$ 满足以下分配等价式:

$$(\forall x)(A(x) \land B(x)) \Leftrightarrow (\forall x)A(x) \land (\forall x)B(x) \quad (\forall 对 \land 的分配),$$
$$(\exists x)(A(x) \lor B(x)) \Leftrightarrow (\exists x)A(x) \lor (\exists x)B(x) \quad (\exists 对 \lor 的分配).$$

但 $\forall$ 对 $\lor$、$\exists$ 对 $\land$ 不存在分配等价式.

下面看一个应用实例:

实例 2 设 $A(x)$ 表示"x 数学考试及格了",$B(x)$ 表示"x 语文考试及格了",则:"所有学生数学和语文考试都及格了"与"所有学生数学都及格了并且所有学生语文考试都及格了"这两个语句有相同的意义;"有些学生数学或语文考试及格了"与"有些学生数学考试及格了或者有些学生语文考试及格了"这两个语句也有相同的意义.

例 3 证明 $(\exists x)(A(x) \to B(x)) \Leftrightarrow (\forall x)A(x) \to (\exists x)B(x)$.

证
$$(\exists x)(A(x) \to B(x)) \Leftrightarrow (\exists x)(\neg A(x) \lor B(x))$$
$$\Leftrightarrow (\exists x)(\neg A(x)) \lor (\exists x)B(x)$$
$$\Leftrightarrow \neg(\forall x)A(x) \lor (\exists x)B(x)$$
$$\Leftrightarrow (\forall x)A(x) \to (\exists x)B(x).$$

2.5 多个量词的使用

不妨考虑两个量词的情况,多个量词的使用方法可以类推.考虑二元谓词公式 $A(x,y)$,假设在该公式前有两个量词,则有以下 8 种可能的组合:

$$(\forall x)(\forall y)A(x,y), \qquad (\forall y)(\forall x)A(x,y),$$
$$(\exists x)(\exists y)A(x,y), \qquad (\exists y)(\exists x)A(x,y),$$
$$(\forall x)(\exists y)A(x,y), \qquad (\exists y)(\forall x)A(x,y),$$
$$(\exists x)(\forall y)A(x,y), \qquad (\forall y)(\exists x)A(x,y).$$

这些公式中只有以下两组公式是等价的:

$$(\forall x)(\forall y)A(x,y) \Leftrightarrow (\forall y)(\forall x)A(x,y),$$
$$(\exists x)(\exists y)A(x,y) \Leftrightarrow (\exists y)(\exists x)A(x,y).$$

下面看一个应用实例:

实例 3 设 $A(x,y)$ 表示"x 和 y 有相同的兴趣爱好",x 的论域是甲班的学生,y 的论域是乙班的学生,则:"甲班与乙班所有的学生都有相同的兴趣爱好"与"乙班与甲班所有的学生都有相同的兴趣爱好"这两个语句有相同的意义;"甲班与乙班有学生有相同的兴趣爱好"与"乙班与甲班有学生有相同的兴趣爱好"这两个语句有相同的意义.

3 谓词演算中常见的蕴含式

前面 2.4 中提到的有些量词和命题联结词之间的组合情况,分配等价式不成立,但蕴含式能成立.常见的有以下公式:

$$(\forall x)A(x) \lor (\forall x)B(x) \Rightarrow (\forall x)(A(x) \lor B(x)), \tag{1}$$
$$(\exists x)(A(x) \land B(x)) \Rightarrow (\exists x)A(x) \land (\exists x)B(x), \tag{2}$$

$$(\forall x)(A(x) \to B(x)) \Rightarrow (\forall x)A(x) \to (\forall x)B(x), \quad (3)$$
$$(\forall x)(A(x) \leftrightarrow B(x)) \Rightarrow (\forall x)A(x) \leftrightarrow (\forall x)B(x). \quad (4)$$

下面看一个应用实例：

实例 4 设 $A(x)$ 表示"x 数学考试及格了"，$B(x)$ 表示"x 语文考试及格了"，则："所有学生数学考试都及格了或者所有学生语文考试都及格了"可以推出"所有学生数学或语文考试都及格了"，但反之不成立；"有些学生数学和语文考试都及格了"可以推出"有些学生数学考试及格了并且有些学生语文考试及格了"，但反之也不成立.

可以利用这些公式证明其他一些蕴含式.

例 4 证明 $(\exists x)A(x) \to (\forall x)B(x) \Rightarrow (\forall x)(A(x) \to B(x))$.

证 $(\exists x)A(x) \to (\forall x)B(x) \Leftrightarrow \neg(\exists x)A(x) \lor (\forall x)B(x)$
$$\Leftrightarrow (\forall x)(\neg A(x)) \lor (\forall x)B(x)$$
$$\Rightarrow (\forall x)(\neg A(x) \lor B(x))$$
$$\Leftrightarrow (\forall x)(A(x) \to B(x)).$$

前面 2.5 中提到的两个量词的很多组合互相之间不等价，但蕴含关系成立. 常见的有以下公式：

$$(\forall x)(\forall y)A(x,y) \Rightarrow (\exists y)(\forall x)A(x,y), \quad (5)$$
$$(\exists y)(\forall x)A(x,y) \Rightarrow (\forall x)(\exists y)A(x,y), \quad (6)$$
$$(\forall x)(\exists y)A(x,y) \Rightarrow (\exists y)(\exists x)A(x,y). \quad (7)$$

下面看一个应用实例：

实例 5 设 $A(x,y)$ 表示"x 和 y 有相同的兴趣爱好"，x 的论域是甲班的学生，y 的论域是乙班的学生，则："甲班与乙班所有的学生都有相同的兴趣爱好"可以推出"有个乙班学生与所有的甲班学生都有相同的兴趣爱好"，但反之不成立；"有个乙班学生与所有的甲班学生都有相同的兴趣爱好"可以推出"对每个甲班学生，都有一个乙班学生与他有相同的兴趣爱好"，但反之不成立；"对每个甲班学生，都有一个乙班学生与他有相同的兴趣爱好"可以推出"有个甲班学生与一个乙班学生有相同的兴趣爱好"，但反之也不成立.

两个量词的 8 种组合情况的相互关系如图 3-3-1 所示.

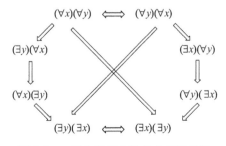

图 3-3-1 两个量词 8 种组合相互关系

*第 4 节　前束范式

在命题逻辑中,为了规范命题公式,需要引入命题公式的"范式"这一概念. 在谓词逻辑中,也有类似的"范式"的概念.

定义 3-4-1　一个公式,如果量词均在全式的开头,它们的作用域延伸到整个公式的末尾,则该公式叫作前束范式.

前束范式可记为下述形式:
$$(\Box v_1)(\Box v_2)\cdots(\Box v_n)A,$$
其中□是量词∀或∃, $v_i (i=1,2,\cdots,n)$ 是客体变元, A 是没有量词的谓词公式.

例 1　判断下面公式哪些是前束范式.

(1) $(\forall x)(\forall y)(F(x) \wedge G(y) \to H(x,y))$;

(2) $(\forall x)(F(x) \to (\exists y)(G(y) \wedge H(x,y)))$;

(3) $(\forall x)(\forall y)(\exists z)(F(x) \wedge G(y) \wedge H(z) \to L(x,y,z))$;

(4) $(\exists x)(F(x) \wedge (\forall y)(G(y) \to H(x,y)))$.

解　(1)、(3)式是前束范式,(2)、(4)式不是前束范式.

定理 3-4-1　任意一个谓词公式,均和一个前束范式等价.

任一谓词公式可按以下步骤表示成前束范式:

(1) 消去多余量词;

(2) 消去多余联结词:将公式中出现的联结词都化为"∧""∨""¬";

(3) 否定符紧贴:利用对合律、德·摩根律及量词转化律将公式中的否定字符(¬)深入到谓词字母前;

(4) 更名:利用换名和代入规则使所有约束变元均不相同,并且使自由变元也与约束变元不同;

(5) 扩域:利用量词作用域的扩张和收缩,扩大量词的作用域至整个公式.

例 2　求下面公式的前束范式:

(1) $(\forall x)F(x) \wedge \neg(\exists x)G(x)$;

(2) $(\forall x)F(x) \vee \neg(\exists x)G(x)$;

(3) $(\exists x)F(x) \to (\forall x)G(x)$.

解　(1) $(\forall x)F(x) \wedge \neg(\exists x)G(x)$

$\Leftrightarrow (\forall x)F(x) \wedge (\forall x)\neg G(x)$

$\Leftrightarrow (\forall x)(F(x) \wedge \neg G(x))$.

(2) $(\forall x)F(x) \vee \neg(\exists x)G(x)$

$\Leftrightarrow (\forall x)F(x) \vee (\forall x)\neg G(x)$

$\Leftrightarrow (\forall x)F(x) \vee (\forall y)\neg G(y)$

$\Leftrightarrow (\forall x)(F(x) \vee (\forall y)\neg G(y))$

$\Leftrightarrow (\forall x)(\forall y)(F(x) \lor \neg G(y)).$

注意以下解法是错误的：

$(\forall x)F(x) \lor \neg(\exists x)G(x)$
$\Leftrightarrow (\forall x)F(x) \lor (\forall x)\neg G(x)$
$\Leftrightarrow (\forall x)(F(x) \lor \neg G(x)).$

(3) $(\exists x)F(x) \rightarrow (\forall x)G(x)$
$\Leftrightarrow \neg(\exists x)F(x) \lor (\forall x)G(x)$
$\Leftrightarrow (\forall x)\neg F(x) \lor (\forall x)G(x)$
$\Leftrightarrow (\forall x)\neg F(x) \lor (\forall y)G(y)$
$\Leftrightarrow (\forall x)(\neg F(x) \lor (\forall y)G(y))$
$\Leftrightarrow (\forall x)(\forall y)(\neg F(x) \lor G(y)).$

例 3 将谓词公式$((\forall x)P(x) \lor (\exists y)R(y)) \rightarrow (\forall x)F(x)$化为前束范式.

解 $((\forall x)P(x) \lor (\exists y)R(y)) \rightarrow (\forall x)F(x)$
$\Leftrightarrow \neg((\forall x)P(x) \lor (\exists y)R(y)) \lor (\forall x)F(x)$
$\Leftrightarrow ((\exists x)\neg P(x) \land (\forall y)\neg R(y)) \lor (\forall x)F(x)$
$\Leftrightarrow ((\exists x)\neg P(x) \land (\forall y)\neg R(y)) \lor (\forall z)F(z)$
$\Leftrightarrow (\exists x)(\forall y)(\forall z)((\neg P(x) \land \neg R(y)) \lor F(z)).$

定义 3-4-2 一个谓词公式如果具有如下形式，则称为前束合取范式：

$$(\Box v_1)(\Box v_2)\cdots(\Box v_n)[(A_{11} \lor A_{12} \lor \cdots \lor A_{1l_1}) \land$$
$$(A_{21} \lor A_{22} \lor \cdots \lor A_{2l_2}) \land \cdots \land (A_{m1} \lor A_{m2} \lor \cdots \lor A_{ml_m})],$$

其中$\Box$是量词$\forall$或$\exists$，$v_i(i=1,2,\cdots,n)$是客体变元，A_{ij}是原子公式或其否定.

定理 3-4-2 任意一个谓词公式，都可转化为一个与其等价的前束合取范式.

定义 3-4-3 一个谓词公式如果具有如下形式，则称为前束析取范式：

$$(\Box v_1)(\Box v_2)\cdots(\Box v_n)[(A_{11} \land A_{12} \land \cdots \land A_{1l_1}) \lor$$
$$(A_{21} \land A_{22} \cdots \land A_{2l_2}) \lor \cdots \lor (A_{m1} \land A_{m2} \land \cdots \land A_{ml_m})],$$

其中$\Box$是量词$\forall$或$\exists$，$v_i(i=1,2,\cdots,n)$是客体变元，A_{ij}是原子公式或其否定.

定理 3-4-3 任意一个谓词公式，都可转化为一个与其等价的前束析取范式.

第5节 谓词演算的推理理论

命题演算的推理方法可以推广到谓词演算中. 命题演算的推理规则(如 P 规则、T 规则、CP 规则等)也适用于谓词演算的推理. 只是某些前提和结论可能受量词限制，所以在推理过程中必须有消去和添加量词的规则，才能使谓词演算的推理以类似于命题演算的推理方式进行. 谓词演算的推理的一般步骤为：

(1) 将给定的命题符号化(如果给定的命题是自然语言)；

(2) 用有关的规则消去量词;

(3) 运用命题逻辑自然推理的规则,求得不带量词的结论;

(4) 用有关规则给结论添上量词.

下面介绍相应的消去和添加量词的规则.

1) **全称指定规则** (US, Universal Specification)

$$\frac{(\forall x)P(x)}{\therefore P(c)} \tag{1}$$

$$\frac{(\forall x)P(x)}{\therefore P(y)} \tag{2}$$

其中,P 是谓词,c 为个体域中的任意一个个体常量,y 为不在 $P(x)$ 中约束出现的任意个体变元.

该规则表示:若结论 $(\forall x)P(x)$ 成立,则对个体域中的任意一个个体常量 c,命题 $P(c)$ 都成立,并且对于不在 $P(x)$ 中约束出现的任意个体变元 y,$P(y)$ 也成立.

2) **全称推广规则** (UG, Universal Generalization)

$$\frac{P(x)}{\therefore (\forall x)P(x)}$$

该规则表示:若对个体域中任意一个客体 x,$P(x)$ 都成立,则结论 $(\forall x)P(x)$ 成立.

3) **存在指定规则** (ES, Existential Specification)

$$\frac{(\exists x)P(x)}{\therefore P(c)}$$

其中 P 是谓词,c 为个体域中使 P 为真的特定的个体常量.

该规则表示:若结论 $(\exists x)P(x)$ 成立,则个体域中至少存在一个客体 c,使 $P(c)$ 成立.

4) **存在推广规则** (EG, Existential Generalization)

$$\frac{P(c)}{\therefore (\exists x)P(x)}$$

该规则表示:若对个体域中某个客体 c,$P(c)$ 成立,则结论 $(\exists x)P(x)$ 成立.

关于 US、UG、ES、EG 规则的用法有以下几点需要说明:

(1) US 和 ES 规则又叫删除量词规则,其作用是在推导中删除量词.一旦删除了量词,就可用命题演算的各种规则与方法进行推导.

(2) UG 和 EG 规则的作用则是在推导过程中添加量词,使结论呈量化形式.

(3) 全称量词与存在量词的基本差别也突出地体现在删除和添加量词规则的使用中.例如,ES 中 $P(c)$ 的 c 取特定值,而 US 中 $P(c)$ 的 c 可取任意值.在 UG 规则使用中更要注意这方面的分析才不会引出错误的结论.

例1 证明苏格拉底三段论:"所有的人都是要死的,苏格拉底是人,所以苏格拉底是要死的."

证 设 $H(x)$:x 是人,$M(x)$:x 是要死的,s:苏格拉底,则该推理可符号化为

$$(\forall x)(H(x) \to M(x)) \wedge H(s) \Rightarrow M(s).$$

列表证明如下：

(1) $(\forall x)(H(x) \to M(x))$　　　　　P
(2) $H(s) \to M(s)$　　　　　　　　　US(1)
(3) $H(s)$　　　　　　　　　　　　　P
(4) $M(s)$　　　　　　　　　　　　　T(2)(3),I

例 2　构造下面推理的证明：任何自然数都是整数，存在着自然数，所以存在着整数.（这里，个体域为实数集 **R**）

证　先将原子命题符号化. 设 $F(x): x$ 是自然数，$G(x): x$ 为整数，则前提为
$$(\forall x)(F(x) \to G(x)),\ (\exists x)F(x),$$
结论为 $(\exists x)G(x)$.

列表证明如下：

(1) $(\exists x)F(x)$　　　　　　　　　P
(2) $F(c)$　　　　　　　　　　　　　ES(1)
(3) $(\forall x)(F(x) \to G(x))$　　　　P
(4) $F(c) \to G(c)$　　　　　　　　　US(3)
(5) $G(c)$　　　　　　　　　　　　　T(2)(4),I
(6) $(\exists x)G(x)$　　　　　　　　　EG(5)

注意以下解法是错误的：

(1) $(\forall x)(F(x) \to G(x))$　　　　P
(2) $F(c) \to G(c)$　　　　　　　　　US(1)
(3) $(\exists x)F(x)$　　　　　　　　　P
(4) $F(c)$　　　　　　　　　　　　　ES(3)
(5) $G(c)$　　　　　　　　　　　　　T(2)(4),I
(6) $(\exists x)G(x)$　　　　　　　　　EG(5)

错误的原因是：(2)和(4)中的 c 可能不一定是同一个客体. 换句话说，若先用 US 规则得到 $F(c) \to G(c)$，则再用 ES 规则时不一定得到 $F(c)$，对应的客体应用其他字母表示，比如写成 $F(d)$，所以无法进一步推证.

一般来说，当既有含存在量词的前提，又有含全称量词的前提时，在证明中应先引入带存在量词的前提. 当有多个含存在量词的前提时，对每个前提使用 ES 规则所引入的变元应与以前不同.

例 3　构造下面推理的证明：

前提：$(\forall x)(F(x) \to G(x)),\ (\exists x)(F(x) \wedge H(x))$；

结论：$(\exists x)(G(x) \wedge H(x))$.

证　列表证明如下：

(1) $(\exists x)(F(x) \wedge H(x))$　　　　P

(2) $F(c) \wedge H(c)$ ES(1)
(3) $(\forall x)(F(x) \rightarrow G(x))$ P
(4) $F(c) \rightarrow G(c)$ US(3)
(5) $F(c)$ T(2),I
(6) $G(c)$ T(4)(5),I
(7) $H(c)$ T(2),I
(8) $G(c) \wedge H(c)$ T(6)(7),I
(9) $(\exists x)(G(x) \wedge H(x))$ EG(8)

例 4 构造下面推理的证明(个体域为实数集合)：不存在能表示成分数的无理数，有理数都能表示成分数. 因此，有理数都不是无理数.

证 先将原子命题符号化. 设 $F(x)$：x 是无理数，$G(x)$：x 为有理数，$H(x)$：x 能表示成分数，则

前提：$\neg(\exists x)(F(x) \wedge H(x))$，$(\forall x)(G(x) \rightarrow H(x))$；

结论：$(\forall x)(G(x) \rightarrow \neg F(x))$.

列表证明如下：

(1) $\neg(\exists x)(F(x) \wedge H(x))$ P
(2) $(\forall x)(\neg F(x) \vee \neg H(x))$ T(1),E
(3) $\neg F(y) \vee \neg H(y)$ US(2)
(4) $H(y) \rightarrow \neg F(y)$ T(3),E
(5) $(\forall x)(G(x) \rightarrow H(x))$ P
(6) $G(y) \rightarrow H(y)$ US(5)
(7) $G(y) \rightarrow \neg F(y)$ T(4)(6),I
(8) $(\forall x)(G(x) \rightarrow \neg F(x))$ UG(7)

例 5 证明：$(\forall x)(C(x) \rightarrow W(x) \wedge R(x)) \wedge (\exists x)(C(x) \wedge Q(x)) \Rightarrow (\exists x)(Q(x) \wedge R(x))$.

证 列表证明如下：

(1) $(\exists x)(C(x) \wedge Q(x))$ P
(2) $C(a) \wedge Q(a)$ ES(1)
(3) $(\forall x)(C(x) \rightarrow W(x) \wedge R(x))$ P
(4) $C(a) \rightarrow W(a) \wedge R(a)$ US(3)
(5) $C(a)$ T(2),I
(6) $W(a) \wedge R(a)$ T(4)(5),I
(7) $Q(a)$ T(2),I
(8) $R(a)$ T(6),I
(9) $Q(a) \wedge R(a)$ T(7)(8),I
(10) $(\exists x)(Q(x) \wedge R(x))$ EG(9)

例 6 证明：$(\forall x)(P(x) \to Q(x)) \Rightarrow (\forall x)P(x) \to (\forall x)Q(x)$.

证 使用 CP 规则，列表证明如下：

(1) $(\forall x)P(x)$ P(附加前提)
(2) $P(y)$ US(1)
(3) $(\forall x)(P(x) \to Q(x))$ P
(4) $P(y) \to Q(y)$ US(3)
(5) $Q(y)$ T(2)(4),I
(6) $(\forall x)Q(x)$ UG(5)
(7) $(\forall x)P(x) \to (\forall x)Q(x)$ CP

例 7 证明：$(\forall x)(P(x) \lor Q(x)) \Rightarrow (\forall x)P(x) \lor (\exists x)Q(x)$.

证法 1 注意到 $(\forall x)P(x) \lor (\exists x)Q(x) \Leftrightarrow \neg(\forall x)P(x) \to (\exists x)Q(x)$，可用 CP 规则来证明.

(1) $\neg(\forall x)P(x)$ P(附加前提)
(2) $(\exists x)\neg P(x)$ T(1),E
(3) $\neg P(c)$ ES(2)
(4) $(\forall x)(P(x) \lor Q(x))$ P
(5) $P(c) \lor Q(c)$ US(4)
(6) $Q(c)$ T(3)(5),I
(7) $(\exists x)Q(x)$ EG(6)
(8) $\neg(\forall x)P(x) \to (\exists x)Q(x)$ CP

证法 2 使用反证法证明：

(1) $\neg((\forall x)P(x) \lor (\exists x)Q(x))$ P(附加前提)
(2) $\neg(\forall x)P(x) \land \neg(\exists x)Q(x))$ T(1),E
(3) $(\exists x)\neg P(x) \land (\forall x)\neg Q(x)$ T(2),E
(4) $(\exists x)\neg P(x)$ T(3),I
(5) $\neg P(c)$ ES(4)
(6) $(\forall x)\neg Q(x)$ T(3),I
(7) $\neg Q(c)$ US(6)
(8) $\neg P(c) \land \neg Q(c)$ T(5)(7),I
(9) $\neg(P(c) \lor Q(c))$ T(8),E
(10) $(\forall x)(P(x) \lor Q(x))$ P
(11) $P(c) \lor Q(c)$ US(10)
(12) $\neg(P(c) \lor Q(c)) \land (P(c) \lor Q(c))$ T(9)(11),I

矛盾

第6节　关系推理理论

1　关系命题

一元谓词 $A(x)$ 表示"客体变元 x 具有性质 A",在传统词项逻辑中将可用一元谓词表示的命题称为直言命题或性质命题.而多元谓词表示多个客体间的关系.例如,二元谓词 $B(x,y)$ 表示"客体变元 x,y 具有关系 B",三元谓词 $C(x,y,z)$ 表示"客体变元 x,y,z 具有关系 C",传统词项逻辑将可用 n 元谓词($n \geqslant 2$)表示的命题称为关系命题,对应的关系称为 n 元关系.二元关系是最为常见和典型的 n 元关系.

2　二元关系的性质及其推理

若客体 x,y 有二元关系 R,则记为 $\langle x,y \rangle \in R$ 或 xRy;否则,记为 $\langle x,y \rangle \notin R$ 或 $x \neg R y$.二元关系具有一些重要的性质,如:

(1) 对称性;

(2) 反对称性;

(3) 传递性;

(4) 反传递性.

这些性质可以作为推理的依据.

2.1　关系的对称性及其推理

定义 3-6-1　设 R 是集合 A 上的一个二元关系,若对任意 $x,y \in A$,只要 xRy,就有 yRx,则称 R 是 A 上的对称关系.

对称关系的定义可以符号化为

$$R 在 A 上对称 \Leftrightarrow (\forall x)(\forall y)(x \in A \land y \in A \land xRy \to yRx).$$

数学中很多关系是对称关系.比如,平面上三角形集合中三角形的相似关系是对称的,因为若三角形 A 相似于三角形 B,则三角形 B 也必相似于三角形 A.同理,三角形的全等关系、集合的相等关系、整数的同余关系等也是对称关系.现实生活中也有很多对称关系,如"朋友""同桌""姐妹""配偶""邻居"等.

定义 3-6-2　依据对称关系的逻辑性质进行的推理称为对称关系推理.

对称关系推理的推理形式可表示为 $xRy \to yRx$.

例 1　因为某甲和某乙一起回家,所以某乙和某甲一起回家.

例 2　因为教师甲和教师乙是同事,所以教师乙和教师甲是同事.

例1、例2的推理依据是"一起回家""同事"这两个关系都是对称关系.

2.2 关系的反对称性及其推理

定义 3-6-3 若对任意 $x,y\in A$，只要 $x\neq y$ 且 xRy，必有 $y\neg Rx$，则称 R 是反对称的.

反对称关系的定义可以符号化为

R 在 A 上反对称 $\Leftrightarrow (\forall x)(\forall y)(x\in A \wedge y\in A \wedge x\neq y \wedge xRy \to y\neg Rx)$.

反对称关系可以有如下等价定义：

定义 3-6-3* 若对任意 $x,y\in A$，只要 xRy 且 yRx，必有 $x=y$，则称 R 是反对称的.

该定义可符号化为：

R 在 A 上反对称 $\Leftrightarrow (\forall x)(\forall y)(x\in A \wedge y\in A \wedge xRy \wedge yRx \to x=y)$.

数学中很多关系是反对称关系. 比如，集合的包含关系是反对称的，因为若集合 A 包含集合 B 且 B 也包含 A，则必有集合 A 与 B 相等；换句话说，若集合 A 包含集合 B 且 B 与 A 不是同一个集合，则 B 必不包含 A. 同理，集合的真包含关系，整数的小于等于、小于、大于等于、大于、整除关系等也是反对称关系. 现实生活中也有很多反对称关系，如"父子""母女""师生"等.

定义 3-6-4 依据反对称关系的逻辑性质进行的推理称为反对称关系推理.

反对称关系推理的推理形式可表示为

$$xRy \wedge x\neq y \to y\neg Rx.$$

例 3 因为学生甲比学生乙成绩好，所以学生乙的成绩不比学生甲好.

例 4 因为教师甲是学生乙的导师，所以学生乙不是教师甲的导师.

例 3、例 4 的推理依据是"比……成绩好""是……的导师"这两个关系都是反对称关系.

注意：一个关系不是对称的，不一定就是反对称的，这样的关系称为非对称关系.

定义 3-6-5 若对任意 $x,y\in A$，当 xRy 时，可能 yRx，也可能 $y\neg Rx$，则称 R 是非对称的.

例 5 某甲认识某乙，但某乙可能认识某甲，也可能不认识.

例 6 某甲信任某乙，但某乙可能信任某甲，也可能不信任.

例 5、例 6 的推理依据是"……认识……""……信任……"这两个关系都是非对称关系.

2.3 关系的传递性及其推理

定义 3-6-6 若对任意 $x,y,z\in A$，只要 xRy 且 yRz，就有 xRz，则称 R 是传递的.

传递关系的定义可以符号化为

R 在 A 上是传递的 $\Leftrightarrow (\forall x)(\forall y)(\forall z)(x\in A \wedge y\in A \wedge z\in A \wedge xRy \wedge yRz \to xRz)$.

数学中很多关系是传递关系. 比如, 集合的包含关系是传递的, 因为若集合 A 包含集合 B 且集合 B 包含集合 C, 则必有集合 A 包含集合 C. 同理, 集合的真包含关系、相等关系, 整数的小于等于、小于、大于等于、大于、相等关系、整除关系、同余关系, 三角形的相似关系、全等关系等也是传递关系. 现实生活中也有很多传递关系, 如"姐妹""兄弟""同事"等.

定义 3-6-7　依据传递关系的逻辑性质进行的推理称为传递关系推理.

传递关系推理的推理形式可表示为

$$xRy \wedge yRz \to xRz.$$

例 7　因为某甲与某乙住同一个小区, 某乙与某丙住同一个小区, 所以某甲与某丙也住同一个小区.

例 8　因为教师甲比教师乙工龄长, 教师乙比教师丙工龄长, 所以教师甲也比教师丙工龄长.

例 7、例 8 的推理依据是"……与……住同一个小区""比……工龄长"这两个关系都是传递关系.

2.4　关系的反传递性及其推理

定义 3-6-8　若对任意 $x, y, z \in A$, 只要 xRy 且 yRz, 就有 $x \neg Rz$, 则称 R 是反传递的.

反传递关系的定义可以符号化为

$$R \text{ 在 } A \text{ 上是反传递的} \Leftrightarrow (\forall x)(\forall y)(\forall z)(x \in A \wedge y \in A \wedge$$
$$z \in A \wedge xRy \wedge yRz \to x \neg Rz).$$

现实生活中诸如"父子""母女"等关系是反传递的, 因为若某甲是某乙的父亲(母亲), 某乙是某丙的父亲(母亲), 则某甲一定不是某丙的父亲(母亲), 而应该是祖父(祖母).

定义 3-6-9　依据反传递关系的逻辑性质进行的推理称为反传递关系推理.

反传递关系推理的推理形式可表示为

$$xRy \wedge yRz \to x \neg Rz.$$

例 9　甲比乙大 3 岁, 乙比丙大 3 岁, 但甲一定不比丙大 3 岁.

例 10　在同一平面内, 直线 a 垂直于直线 b, 直线 b 垂直于直线 c, 但直线 a 必不垂直于直线 c.

例 9、例 10 的推理依据是"比……大 3 岁""在同一平面内……垂直于……"这两个关系都是反传递关系.

注意: 一个关系不是传递的, 不一定就是反传递的, 这样的关系称为非传递关系.

定义 3-6-10　若对任意 $x, y \in A$, 当 xRy 且 yRz 时, 可能 xRz 也可能 $x \neg Rz$, 则称 R 是反传递的.

例 11　在同一平面内, 当直线 a 平行于直线 b, 直线 b 平行于直线 c 时, 直线 a 可能平行于直线 c, 也可能不平行于直线 c, 而是与直线 c 重合.

例 12 某甲是某乙的朋友,某乙是某丙的朋友,某甲可能是某丙的朋友也可能不是.

例 11、例 12 的推理依据是"平行""朋友"这两个关系都是非传递关系.

实际推理过程中,若碰到关于二元关系的问题,应先从对称性、反对称性、传递性、反传递性这几个方面分析该二元关系的性质,再根据分析结果进行推理.

例 13 某学术会议正举行分组会议.某一组有八个人出席,组长问大家原来各自认识与否,结果全组中仅有一人认识小组中的三个人,有三人认识小组中的两个人,有四人认识小组中的一个人.

若以上统计属实,则最能得出以下哪项结论?   ( )

A. 组长认识小组中的人最多,其他的人相互认识的少.

B. 此类学术会议是第一次举行,大家都是生面孔.

C. 有些成员所说的认识可能仅是电视上或报告会上见过而已.

D. 虽然会议成员原来的熟人不多,但原来认识的都是至交.

E. 通过这次会议小组成员都相互认识了,以后见面就能直呼其名了.

由例 13 的题干可知,任一与会者只可能是以下三种情况之一:只认识三个人、只认识两个人或只认识一个人.由此可知,题干中所说的认识是一种非对称关系,即当甲认识乙时,乙可能认识也可能不认识甲.所以正确答案是选项 C.其余选项均无法从题干中得出.

例 14 甲和乙任何一人都比丙、丁高.

如果上述断定为真,再加上以下哪项可得出"戊比丁高"的结论?   ( )

A. 乙比甲高.   B. 乙比甲矮.

C. 戊比丙高.   D. 戊比乙高.

由例 14 的题干可知,甲比丙高、甲比丁高、乙比丙高、乙比丁高.因为"……比……高"是传递关系,所以为了通过传递关系推理得出"戊比丁高"的结论,需要增加"戊比甲高"或"戊比乙高"作为前提.所以正确答案是选项 D.

例 15 赵、钱、孙、李四个人比谁的体重最重.已知:赵、钱的体重之和与孙、李的体重之和相等,当将钱、李互换后,赵、李的体重之和大于钱、孙的体重之和,钱的体重大于赵、孙的体重.

如果上述情况属实,以下哪项为真?   ( )

A. 赵的体重最重.   B. 钱的体重最重.

C. 孙的体重最重.   D. 李的体重最重.

从例 15 的题干可得关系命题:赵+钱=孙+李,赵+李>孙+钱,由此可知李>钱.又由题干可得钱>赵、钱>孙,而"……比……重"是一种传递关系,所以李>赵、李>孙.所以李是最重的,正确答案是选项 D.

批判性思维案例分析

[例1] 命题"所有能被 2 整除的整数都是偶数"的否定是 （　　）

A. 所有不能被 2 整除的整数都是偶数.

B. 所有能被 2 整除的整数都不是偶数.

C. 存在一个不能被 2 整除的整数是偶数.

D. 存在一个能被 2 整除的整数不是偶数.

【解析】 此题考查的是全称量词和存在量词的用法. 全称量词（$\forall$）表示"对所有的,每一个,对任意一个",存在量词（$\exists$）表示"存在一些,至少有一个,对于一些". $(\forall x)F(x)$ 表示"个体域中所有个体具有性质 F". $(\exists x)F(x)$ 表示"存在着个体域中某个个体具有性质 F".

设 $P(x)$：x 能被 2 整除，$Q(x)$：x 是偶数，个体域为整数集，则题干中的命题可符号化为

$$(\forall x)(P(x) \to Q(x)),$$

该命题的否定为

$$\neg(\forall x)(P(x) \to Q(x))$$
$$\Leftrightarrow (\exists x)(\neg(P(x) \to Q(x)))$$
$$\Leftrightarrow (\exists x)(\neg(\neg P(x) \lor Q(x)))$$
$$\Leftrightarrow (\exists x)(P(x) \land \neg Q(x)).$$

所以,正确答案是 D.

[例2] 所有纺织工都是工会成员；部分梳毛工是女工；部分纺织工是女工；所有工会成员都投了健康保险；没有一个梳毛工投了健康保险.

下列结论从上述假设中推不出来的是 （　　）

A. 所有纺织工都投了健康保险.

B. 有些女工投了健康保险.

C. 有些女工没有健康保险.

D. 工会的部分成员没有投健康保险.

【解析】 此题考查的是谓词演算的推理理论. 由"所有工会成员都投了健康保险"而"所有纺织工都是工会成员"可推出"所有纺织工都投了健康保险"，即选项 A 正确. 推理过程如下：设 $P(x)$：x 是纺织工，$Q(x)$：x 是工会成员，$R(x)$：x 投了健康保险，则该推理可符号化为

$$(\forall x)(P(x) \to Q(x)) \land (\forall x)(Q(x) \to R(x)) \Rightarrow (\forall x)(P(x) \to R(x)).$$

列表证明如下：

(1) $(\forall x)(P(x) \to Q(x))$　　　　　　P
(2) $P(y) \to Q(y)$　　　　　　　　　US(1)
(3) $(\forall x)(Q(x) \to R(x))$　　　　　　P
(4) $Q(y) \to R(y)$　　　　　　　　　US(3)
(5) $P(y) \to R(y)$　　　　　　　　　T(2)(4),I
(6) $(\forall x)(P(x) \to R(x))$　　　　　　UG(5)

又由"所有纺织工都投了健康保险",而"部分纺织工是女工"可以推出"有些女工投了健康保险",即选项 B 正确. 推理过程如下: 设 $P(x)$: x 是纺织工, $Q(x)$: x 投了健康保险, $R(x)$: x 是女工, 则该推理可符号化为

$$(\forall x)(P(x) \to Q(x)) \land (\exists x)(P(x) \land R(x)) \Rightarrow (\exists x)(R(x) \land Q(x)).$$

列表证明如下:

(1) $(\exists x)(P(x) \land R(x))$　　　　　　P
(2) $P(c) \land R(c)$　　　　　　　　　ES(1)
(3) $P(c)$　　　　　　　　　　　　　T(2),I
(4) $R(c)$　　　　　　　　　　　　　T(2),I
(5) $(\forall x)(P(x) \to Q(x))$　　　　　　P
(6) $P(c) \to Q(c)$　　　　　　　　　US(5)
(7) $Q(c)$　　　　　　　　　　　　　T(3)(6),I
(8) $R(c) \land Q(c)$　　　　　　　　　T(4)(7),I
(9) $(\exists x)(R(x) \land Q(x))$　　　　　　EG(8)

由"没有一个梳毛工投了健康保险",而"部分梳毛工是女工"可以推出"有些女工没有健康保险",即选项 C 正确. 推理过程如下: 设 $P(x)$: x 是梳毛工, $Q(x)$: x 投了健康保险, $R(x)$: x 是女工, 则该推理可符号化为

$$\neg(\exists x)(P(x) \land Q(x)) \land (\exists x)(P(x) \land R(x)) \Rightarrow (\exists x)(R(x) \land \neg Q(x)).$$

列表证明如下:

(1) $(\exists x)(P(x) \land R(x))$　　　　　　P
(2) $P(c) \land R(c)$　　　　　　　　　ES(1)
(3) $P(c)$　　　　　　　　　　　　　T(2),I
(4) $R(c)$　　　　　　　　　　　　　T(2),I
(5) $\neg(\exists x)(P(x) \land Q(x))$　　　　　P
(6) $(\forall x)(\neg P(x) \lor \neg Q(x))$　　　　T(5),E
(7) $\neg P(c) \lor \neg Q(c)$　　　　　　　US(6)
(8) $\neg Q(c)$　　　　　　　　　　　T(3)(7),I
(9) $R(c) \land \neg Q(c)$　　　　　　　　T(4)(8),I
(10) $(\exists x)(R(x) \land \neg Q(x))$　　　　EG(9)

选项 D 与题干中的陈述"所有工会成员都投了健康保险"矛盾,所以答案是 D.

[例3] 在一次选举中,统计显示,有人投了所有候选人的赞成票.
如果统计是真实的,那么下列哪项也必定是真实的?　　　　　　　　　(　)

A. 对每个候选人来说,都有选民投了他的赞成票.

B. 对所有候选人都投赞成票的不止一人.

C. 有人没有投所有候选人的赞成票.

D. 不可能所有的候选人都当选.

【解析】 此题考查的是谓词演算中多个量词的使用问题. 设 $P(x,y)$: x 给候选人 y 投了票,题干的命题可符号化为
$$(\exists x)(\forall y)P(x,y).$$
根据蕴含式 $(\exists x)(\forall y)P(x,y) \Rightarrow (\forall y)(\exists x)P(x,y)$ 可知,选项 A 正确. 其余选项没法由题干推出. 所以正确答案是 A.

[例4] 丈夫或妻子至少一个是中国人的夫妻中,中国女性比中国男性多两万人.
如果上述断定为真,则以下哪项一定真?　　　　　　　　　　　　　　(　)

(1) 恰有两万中国女性嫁给了外国人.

(2) 在与中国人结婚的外国人中,男性多于女性.

(3) 在与中国人结婚的人中,男性多于女性.

A. 只有(1).　　　　　　　　　B. 只有(2).

C. 只有(3).　　　　　　　　　D. 只有(2)和(3).

E. (1)、(2)和(3).

【解析】 此题考查的是关系的对称性及其推理. "……与……结婚"是一个对称关系. 由题干知,与中国人结婚的外国人中男性多于女性,因此(2)成立. 又与中国人结婚的人包括中国人和外国人两部分,而与中国人结婚的中国人中男性和女性一样多. 所以,与中国人结婚的人中男性多于女性,即(3)成立. 所以,正确答案是 D.

[例5] M 城位于 E 湖边,C 城位于 M 城西边,S 城在 C 城的东边,D 城在 R 城的东边,又在 S 城与 C 城的西边,那么最靠西的城市是　　　　　　(　)

A. M 城.　　　　　　　　　　B. D 城.

C. C 城.　　　　　　　　　　D. R 城.

【解析】 此题考查的是关系的传递性及其推理. 将关系 "x 城位于 y 城西边" 记为 $x<y$. 由题干可得以下关系命题:$C<M, C<S, R<D, D<S, D<C$,而"……位于……西边"是一种传递关系,由 $R<D, D<C$ 可得 $R<C$,由 $R<D, D<S$ 可得 $R<S$,由 $R<C, C<M$ 可得 $R<M$. 因此位于最西边的城市应该是 R 城. 所以,正确答案是 D.

习 题

(一) 知识巩固

1. 在谓词逻辑中符号化下列命题:
(1) 1 不是素数.
(2) 李丽学过唱歌和跳舞.
(3) 小王或小李去参加比赛.
(4) 除非我有事,否则我一定会去图书馆借书的.
(5) 9 大于 8 当且仅当 9 大于 7.
(6) 每个人都爱某个人.
(7) 有个人人都爱的人.
(8) 没有人爱所有的人.
(9) 有个不爱任何人的人.
(10) 每个人都爱自己.

2. 对下列谓词公式中的约束变元进行换名:
(1) $(\forall x)(P(x) \to Q(x,y)) \lor R(x)$;
(2) $(\forall x)P(x,y) \to (\exists y)Q(x,y)$;
(3) $(\forall x)(\exists y)(P(x,y) \land Q(y,z)) \lor (\exists z)R(x,y,z)$.

3. 对第 2 题中各谓词公式中的自由变元进行代入.

4. 设 x,y 的个体域为集合 $\{a,b,c\}$,试消去下面公式中的量词:
(1) $(\forall x)(\exists y)(P(x) \land Q(y))$;
(2) $(\forall x)P(x) \to (\forall y)Q(y)$.

5. 设谓词公式 $P(x,y): x > y$,x 和 y 的个体域都是集合 $\{1,2,3\}$,求下列谓词公式的真值:
(1) $(\exists x)P(x,1)$;   (2) $(\forall y)P(1,y)$;
(3) $(\forall x)(\forall y)P(x,y)$;   (4) $(\forall x)(\exists y)P(x,y)$;
(5) $(\exists x)(\forall y)P(x,y)$;   (6) $(\exists x)(\exists y)P(x,y)$.

*6. 求谓词公式 $(\forall x)P(x) \to (\exists y)Q(x,y)$ 的前束析取范式和前束合取范式.

7. 符号化下列命题,并用推理规则证明其结论.
(1) 每个喜欢步行的人都不喜欢骑自行车;每个人或者喜欢骑自行车或者喜欢乘汽车;有的人不喜欢乘汽车.所以有的人不喜欢步行.(个体域为全体人类集合)
(2) 每个大学生不是文科学生就是理工科学生;郑丽不是理工科学生.因此,如果郑丽是大学生,则她一定是文科生.
(3) 这个班的学生不是男生就是女生;班上每个男生都喜欢踢足球;每个学生若不

喜欢踢足球,则一定是女生.(个体域为这个班的所有学生集合)

(二) 批判性思维训练

1. 命题"对任意的 $x \in \mathbf{R}, x^3 - x^2 + 1 \leqslant 0$"的否定是 （　）

  A. 不存在 $x \in \mathbf{R}, x^3 - x^2 + 1 \leqslant 0$.　　B. 存在 $x \in \mathbf{R}, x^3 - x^2 + 1 \geqslant 0$.

  C. 存在 $x \in \mathbf{R}, x^3 - x^2 + 1 > 0$.　　D. 对任意的 $x \in \mathbf{R}, x^3 - x^2 + 1 > 0$.

2. 这个班所有的学生都来上课了；这个班部分学生是党员.从上述假设中可推出以下哪个结论？ （　）

  A. 所有党员都来上课了.　　B. 所有党员都没来上课.

  C. 有些党员来上课了.　　D. 有些党员没来上课.

3. 在 LH 公司,从董事长、总经理、总会计师到每个普通员工,没有人信任所有的人.董事长信任总经理.总会计师不信任董事长.总经理信任所有信任董事长的人.

如果上述断定为真,则以下哪项不可能为真？ （　）

  Ⅰ. 总经理不信任董事长.

  Ⅱ. 总经理信任总会计师.

  Ⅲ. 所有的人都信任董事长.

  A. 只有Ⅰ.　　B. 只有Ⅱ.

  C. 只有Ⅲ.　　D. Ⅱ和Ⅲ.

  E. Ⅰ、Ⅱ和Ⅲ.

4. 没有人爱每一个人；牛郎爱织女；织女爱每一个爱牛郎的人.

如果以上陈述为真,则下列哪项不可能为真？ （　）

  (1) 每一个人都爱牛郎.

  (2) 每一个人都爱一些人.

  (3) 织女不爱牛郎.

  A. 仅(1).　　B. 仅(2).

  C. 仅(3).　　D. 仅(1)和(2).

5. 已知有甲、乙、丙、丁四个数,甲、乙之和大于丙、丁之和,甲、丁之和大于乙、丙之和,乙、丁之和大于甲、丙之和.根据以上断定可推得 （　）

  A. 甲最小.　　B. 丙最小.

  C. 乙最小.　　D. 丁最小.

第4章 传统词项逻辑

"白马非马"论

公孙龙,战国时期赵国人。"白马非马"是公孙龙提出的一个逻辑问题,出自《公孙龙子·白马论》。

有一天,公孙龙牵着一匹白马出关。当时不让马出城,因为马既是战略物资,也是身份象征。守城的士兵就把他拦住了。

公孙龙跟守关的士兵说:"我的白马不是马啊。"守关的士兵争辩不过他,就让他牵着马出关去了。

听说了公孙龙以"白马非马"的理由出关以后,经常有人找公孙龙辩论。一天,来了一位远道而来的客人,找到了他。寒暄过后,主客之间就"白马非马"论展开了一场争论。

客方:可以说白马不等于马吗?

公孙龙:可以。

客方:为什么?

公孙龙:"马"是对物"形"方面的规定,"白马"则是对马"色"方面的规定,对"色"方面的规定与对"形"方面的规定自然是不同的。所以说,对不同的概念加以不同规定的结果,白马与马也是不同的。

客方:有白马,不可以说是没有马。既然不可以说是没有马,那么白马不就是马了?既然有白马称为有马,那么为什么白色的马就不是马呢?

公孙龙:如果要求得到"马",黄马、黑马都可以满足要求;如果要求得到"白马",黄马、黑马就不能满足要求了。假使白马就是马,那么要求得到马与要求得到白马便完全一样了。但是,如果要求得到马与要求得到白马没有区别,那么,为什么黄马、黑马有时对应有马而不可以对应有白马呢? 既然可以对应有马而不可以对应有白马,这就明显地说明要求得到"马"与要求得到"白马"是完全不同的.所以同样,一匹黄马或黑马可以对应有马,而不可以对应有白马.这就是说明原来"白马乃马"的假设是不能成立的.所以,"白马区别于马",这是清楚不过的事理.

客方:照您的意思看来,马有了颜色就不同于马了.可是世界上没有无颜色的马,那么,能说世界上有颜色的马都不算是马了吗?

公孙龙:马本来有颜色,所以有白马.假使马没有颜色,就只有"马"而已,怎能称它为白马? 但是,规定马是白色的马就与"马"有区别了.所谓白马,是马限定于白色的,限定于白色的马自然与马是有区别的,所以说白马非马.

客方:马,是不受"白"限定的马;白,是不受"马"限定的白.把白与马两个概念结合起来而相互限定,变成一个新的概念来称呼不受限定的概念,这当然是不可以的.所以,认为白马不是马,是不对的.

公孙龙:照您看来,有白马就是有马,但是,能够说"有白马就是有黄马"了吗?

客方:当然不可以那样说.

公孙龙:既然承认了"有马区别于有黄马",就是把黄马与马区别开来了,这就是说黄马非马了;既然把黄马与马区别开来,反而要把白马与马等同起来,这不就像"叫飞鸟沉到水里飞翔,而让棺与椁各在西东"那样好笑吗? 这是十足的逻辑混乱.

公孙龙:认为有白马不能说是没有马,这是不去考虑"白马"而就马形来说的.但是,"白马"却是与马相结合而不能分开的概念,因此,作为白马的概念不能称为马.所以,称为"马"的,仅仅是以马形而称为马,而不能以白马称为马.因此,称为马的概念,是不能作为任何一匹具体有色之马的概念的.

白色并不限定于哪一种事物的白,具体事物对"白"来说并不妨碍作为"白"的本质,因而可以忽略不计.白马,则是限定于白色的马.限定于具体事物的白(如白马)是与抽象的、一般的"白"有区别的.同样的理由,"马",是不限定于哪一种颜色的,所以,黄马、黑马都可以算数;白马,只限定于白色的马,黄马、黑马都因具有与"白马"不同的颜色而不能算数.所以仅仅只有白马才能算数.换言之,只有白马才能对应"白马"的概念,黄马、黑马都不能对应"白马"的概念.不加限定的概念与加以限定的概念是有区别的.所以说白马与马是有区别的.

你是如何看待公孙龙的"白马非马"论的呢? 这个问题与关于词项的内涵与外延的认识有关.

第 1 节　传统词项逻辑概述

谓词逻辑通过分析简单命题内部的形式结构来研究简单命题之间的推理形式.它把逻辑推理符号化,即变成像数学演算一样的逻辑演算,推理结果的正确性很容易被判定.但形式化的谓词逻辑也有不足之处,很强的符号化程度使得它与人们的日常思维关系不明显,不便于人们在日常生活中直接使用.亚里士多德建立的传统词项逻辑恰在这方面具有优势.它使用自然语言来表示和描述简单命题及其推理形式和推理规则,判断推理形式的有效性只需直接对照推理规则即可,不必符号化,这比谓词逻辑更贴近思维实际,更易于理解和掌握.所以,我们在介绍完谓词逻辑后再介绍一下传统词项逻辑,这对于掌握谓词逻辑的相关内容具有重要的补充作用.

与谓词逻辑相似,传统词项逻辑也是通过分析简单命题内部的形式结构来研究简单命题之间的推理形式的.简单命题分为直言命题(性质命题)和关系命题两类:表示对象是否具有某种属性的简单命题称为直言命题,而表示对象之间是否具有某种关系的简单命题称为关系命题.谓词逻辑不区分这两类命题,能用相同的方法来处理它们.而传统词项逻辑只能处理由直言命题构成的推理.

传统词项逻辑以直言命题为对象,以三段论为核心.传统词项逻辑的研究方法是:将直言命题分解为更小的逻辑单位——词项(包括主项、谓项),并对词项的逻辑特征、词项间的逻辑关系以及由词项所组成的直言命题的形式结构加以研究,总结出正确的推理形式和规则.这也是本章的主要内容.

第 2 节　词　项

1　直言命题的结构

直言命题是断定对象是否具有某种性质的简单命题.例如,
① 所有商品都是有价值的.
② 所有的人都不是长生不老的.
③ 有些植物是常绿的.
④ 有的学生不是党员.
⑤ 张三是学生会成员.
⑥ 李四不是硕士研究生.
直言命题由主项、谓项、量项和联项四部分组成.
定义 4-2-1　表示断定对象的词,称为主项.

这里的主项相当于谓词逻辑中的客体.上例中的"商品""人""植物""学生""张三""李四"等都是主项.

定义 4-2-2 表示对象所具有或不具有的性质的词,称为谓项.

上例中的"有价值的""长生不老的""常绿的""党员""学生会成员""硕士研究生"等都是谓项.

定义 4-2-3 联结主项和谓项的词,称为联项.

联项分为肯定联项和否定联项两种:表示对象具有某性质的联项称为肯定联项,通常用"是"这个判断词;表示对象不具有某性质的联项称为否定联项,通常用"不是"这个判断词.在具体的语言表达中,有时可以省略肯定联项,如上例中命题①也可表述为:"所有商品都有价值."

这里的"联项+谓项"相当于谓词逻辑中的谓词.

定义 4-2-4 规定主项所表示的对象被断定的范围的词,称为量项.

对主项所表示的全部对象范围做了断定的量项称为全称量项,通常用"所有""一切""全部""凡是""任何"等来表示.仅对主项所表示的部分对象范围作了断定的量项称为特称量项,通常用"有些""有的""有"来表示.如果主项是一个单独词项,量项可以看作是"这个",称为单称量项.因为单独词项不存在是否断定全部外延的区别,所以单称量项一般省略,如上例中命题⑤、⑥就没有量项.这里的量项相当于谓词逻辑中的量词.全称量项和特称量项分别相当于全称量词和特称量词.

需要注意的是,逻辑学中的"有些S具有性质P"与自然语言中的情形不完全一致.自然语言中,往往指"有且仅有一些S具有性质P",即隐含着"还有一些S不具有性质P"的意思.而逻辑学中指"至少有一些S具有性质P",也包含"全部S都具有性质P"的情形.

在直言命题的这四个组成部分中,主项和谓项可以是各种不同的具体词,称为逻辑变项,可以用S,P,M等字母来表示;而联项和量项的意思是确定不变的,称为逻辑常项.一个直言命题是由逻辑变项和逻辑常项构成的.在直言命题中,能充当主项和谓项的词或词组称为词项.

2 词项的定义

税务官司与"大脑死亡"法

瑞典有一位名叫雷弗·斯登堡的企业主被税务所指控长时间不交税,因而被法庭传讯.但他却振振有词地援引一条瑞典的国家法令说:"一个人的心脏停止跳动以后,这个人即被认为已经死亡,死人是不纳税的.而我的心脏已停跳快一年了,我是借助于人工心脏生活的,所以,当然不在纳税人之列."律师和法院就此案件进行了辩论.只要这条法律不修改,法庭是无法判决这个逃税者有罪的.

我国脑死亡的立法

解决本问题的关键是,搞清"死亡"这一概念的含义及适用范围.一个概念的含义及适用范围就是词项的内涵和外延.

定义 4-2-5 能充当直言命题的主项和谓项的词或词组称为词项.

任何词项都有内涵和外延两个逻辑特征.

定义 4-2-6 词项所表达的概念称为词项的内涵.

概念是反映对象特有属性的,所以词项的内涵就是它所指称的对象所具有的并且已被人们认识到的特有属性.简单地讲,词项的内涵回答了"什么是词项"的问题.例如,"素数"这个词项的内涵是"只能被 1 和自身整除的大于 1 的正整数".

定义 4-2-7 词项指称的对象集合称为词项的外延.

对象集合中的每一个元素都属于这个词项的外延.简单地讲,词项的外延回答了"哪些对象属于词项"的问题.例如,"素数"这个词项的外延是 $\{2,3,5,\cdots\}$ 这个集合.2,3,5 等具体的素数都属于"素数"的外延.

回到开头的税务官司,我们来分析"死亡"这一词项的内涵和外延.我们通常认为,活人与死人是界限分明、极难混淆的.其实,如果认真思考何为活人、何为死人,恐怕没有多少人能够明确回答.古代,心脏被视为身体的中心,可以主宰人的一切,"心心相印""心领神会"等成语也说明了这一点.一直到 20 世纪的 60 年代,都是把心脏停止跳动,即心死作为死亡的标志.但是,到了 1970 年前后,随着医学科学的发展,死亡的心死标准受到了挑战.比如,心脏可以移植了,也就是说,这个心脏不行了,只要用一些设备让血液流动维持,人仍可以存活.现在,做过心脏移植手术或使用人工心脏的人可以存活 10 多年.这说明,心死并不等于人死.1968 年,国际医学科学组织委员会把死亡规定为:对环境失去一切反应,完全没有反射和肌肉张力,停止自发呼吸,动脉压陡降和脑电图平直.这是一种脑死亡标准.而瑞典法律以前是以心脏死亡为标准,碰到钻空子的人就被动了.谁让瑞典立法者在立法时,没有把死亡概念的内涵和外延搞清就通过了呢?

根据词项的内涵和外延的特点,可对词项进行分类.

3 词项的分类

祖国的希望

张三是一个小学生,他生性顽皮,不爱学习.班主任王老师家访时和他的爸爸谈起张三在学校的表现.

王老师说:"这样下去,真没希望."

这时,张三从房间里走出来冲王老师说:"少年儿童是早上八九点钟的太阳,是祖国的希望,我是少年儿童,你能说我没希望?"

"少年儿童是祖国的希望,也不说明你是祖国的希望啊?!"王老师反驳他.

"怎么?少年儿童是祖国的希望,我没有希望,那你就把我排除在少年儿童之外啦?"

王老师明知这是在狡辩,但又不知其中缘故,无法继续驳斥他.你能帮帮王老师吗?这个问题与关于集合词项和非集合词项的理解有关.

按照不同的划分标准,词项的分类有多种方式.一是按照词项的外延是否为唯一对象进行分类,把词项分为单独词项、普遍词项;二是按照词项指称的是"集合体"还是"类",把词项分为集合词项和非集合词项;三是按照词项指称某类事物,还是某类事物以外的事物,把词项分为正词项和负词项.

3.1 单独词项和普遍词项

定义 4-2-8 指称唯一对象的词项称为单独词项.

语言中的专名、摹状词以及表达一个事物类的词项都是单独词项.专名指人名、地名、机关团体名等,如"范仲淹""袁世凯"指称某个特定人物,"苏州""寒山寺"指称某个特定地点,"苏州大学""苏州市姑苏区区政府"则指称的是某个特定机关单位.摹状词是通过描述事物特有属性来指称特定事物的词组,如"苏州最高楼""2016年年薪最高的行业""世界最大淡水湖".表达一个事物类的词项如"人类""汉族".

定义 4-2-9 指称两个或两个以上对象的词项称为普遍词项.

普遍词项的外延是由两个或两个以上的对象组成的类或由两个或两个以上元素组

成的集合,如"国家""中国人""教师""内陆湖""自然数".

3.2 集合词项和非集合词项

定义 4-2-10 指称集合体的词项称为集合词项.

集合体是由同类个体组成的群体,如"森林""丛书""民族""工人阶级".一个集合体所具有的属性不一定为组成它的每一个个体所具有.比如,森林具有的性质并不一定被森林中的每棵树都具有,森林占地面积大并不意味着森林中每棵树的占地面积都大.

定义 4-2-11 指称同类个体组成的类的词项称为非集合词项.

比如"树""书""人""汉族人""工人"等都是集合词项.组成类的个体必定具有类的所有属性.比如,"山脉"与"大兴安岭山脉"之间就是类和个体的关系,"大兴安岭山脉"具有"山脉"的所有属性.

在日常思维中,有的词既可以在集合意义上使用,也可以在非集合意义上使用.换句话说,同一个词在不同的语境下,可以分别作为集合词项和非集合词项来使用.

例1 判断以下带下划线的词项是集合词项还是非集合词项.

(1) 国有企业是可以破产的.
(2) 国有企业一直控制着我国国民经济的命脉.
(3) 遵纪守法是公民应尽的基本义务.
(4) 教师是人类灵魂的工程师.

解 (1)中的"国有企业"是非集合词项,因为"可以破产"这种性质属于每个国企.

(2)中的"国有企业"是集合词项,因为"控制着我国国民经济的命脉"这个性质只为国企的整体具有.

(3)中的"公民"是非集合词项,因为遵纪守法是每个公民应尽的基本义务.

(4)中的"教师"是集合词项,因为"人类灵魂的工程师"是对教师的整体评价,并不一定是对每个教师的评价.

3.3 正词项和负词项

定义 4-2-12 指称具有某种属性的对象的词项称为正词项,又叫肯定词项.

比如"金属""正义战争""有性繁殖""有理数"等都是正词项.

定义 4-2-13 指称缺少某种属性的对象的词项称为负词项,又叫否定词项.

比如"非金属""非正义战争""无性繁殖""无理数"等都是负词项.

每个负词项都有一个对应的正词项,但不是每个正词项都有对应的负词项的,如"黑板""电脑"等词就没有负词项.

负词项与它对应的正词项处在一个特定的范围之内,这个范围就是二者的外延之和,逻辑上叫作"负词项的论域".这种论域也就是人们研究、讨论问题所涉及的范围,相当于集合中的全集.例如,"非正义战争"的论域是战争,"无性繁殖"的论域是繁殖方式,"无理数"的论域是实数.

回到开头,张三的狡辩可以概括如下:"少年儿童是祖国的希望,我是少年儿童,我也是祖国的希望",第一个命题中的"少年儿童"是集合词项,第二个命题中的"少年儿童"是非集合词项,张三犯了"偷换概念"的错误.

4 词项外延间的关系

下棋

明代文人冯梦龙的《笑府》中有这样一则故事:

一人自认为棋下得好.有一次与人下棋连输三局,第二天有人问他:"昨天与人下了几局?""三局.""胜负如何?"他回答说:"第一局我不曾赢,第二局他不曾输,第三局我要和,他不肯,罢了."

请问这人的回答属实吗? 这个问题与词项外延间的关系有关.

逻辑学所研究的词项间的关系是从外延这个角度考虑的,也就是说,研究的是词项外延间的关系.按照定义,词项的外延是词项指称的对象集合.所以词项 S 和 P 的外延间的关系,本质上可以看作是两个集合间的关系.根据这两个集合有无重合部分以及重合部分的多少,两个词项间的关系可以分为 5 种:全同关系、真包含于关系、真包含关系、交叉关系和全异关系.

若用两个圆分别表示 S 的外延和 P 的外延,就可以用图示的方法直观地表示两个词项外延间的关系.这种图称为欧拉图.

说明:为了表述方便和便于理解,本书将词项 S 的外延以相对应的斜体字母 S 表示.这样两个词项间的关系就可用其外延间的集合关系来表示.

下面分别介绍这 5 种关系.

4.1 全同关系

定义 4-2-14 若 $S=P$,则称词项 S 和 P 具有全同关系.

词项 S 和 P 具有全同关系是指 S 的外延中的每个对象都是 P 的外延中的对象,并且 P 的外延中的每个对象也都是 S 的外延中的对象.

例如,"江苏的省会"与"南京"、"等边三角形"与"等角三角形"就是全同关系.

全同关系可以用欧拉图(图 4-2-1)表示.

需要注意的是,应将具有全同关系的两个词项与等义词区别开来.具有全同关系的两个词项外延相同,但内涵却不完全相同.因为对同一类事物,我们可以从不同的角度抽象出不同的内涵,形成不同的概念.表达这些不同概念的词项就是全同词项.而两个等义词表达的是同一概念,不仅外延相同,而且内涵也相同,所以是同一个词项.例如,"番茄"和"西红柿"就是一对等义词.

图 4-2-1　全同关系

4.2　真包含于关系

定义 4-2-15　若 $S \subset P$,则称词项 S 真包含于 P.

词项 S 真包含于 P 是指 S 的外延中的每个对象都是 P 的外延中的对象,并且 P 的外延中存在对象不是 S 的外延中的对象.

例如,"直辖市"与"城市"、"数学书"与"书"就是真包含于关系.

真包含于关系可以用欧拉图(图 4-2-2)表示.

词项 S 和 P 之间的全同关系和真包含于关系都满足"词项 S 的外延中的每个对象都是词项 P 的外延中的对象"这一性质,这两种关系合称为包含于关系,记为 $S \subseteq P$.

图 4-2-2　真包含于关系

4.3　真包含关系

定义 4-2-16　若 $S \supset P$,则称词项 S 真包含 P.

词项 S 真包含 P 是指 P 的外延中的每个对象都是 S 的外延中的对象,并且 S 的外延中存在对象不是 P 的外延中的对象.

例如,"城市"与"直辖市"、"书"与"数学书"就是真包含关系.

真包含关系可以用欧拉图(图 4-2-3)表示.

词项 S 和 P 之间的全同关系和真包含关系都满足"词项 P 的外延中的每个对象都是词项 S 的外延中的对象"这一性质,这两种关系合称为包含关系,记为 $S \supseteq P$.

图 4-2-3　真包含关系

从集合论的角度来看,真包含关系与真包含于关系是相对的,对于 A, B 两个集合,"A 真包含于 B"等价于"B 真包含 A".在逻辑学中,关于词项 S 和 P 之间的真包含于关系和真包含关系统称为属种关系.具有属种关系的两个词项中,外延较大的词项称为属词项,外延较小的词项称为种词项.例如,"书"是"数学书"的属词项,"数学书"是"书"的种词项.可见属种关系也是相对的.例如,相对于"书"来说,"数学书"是种词项,但相对于"高等数学书"来说,"数学书"就成为属词项了.

4.4　交叉关系

定义 4-2-17　若 $S \cap P \neq \varnothing$,但 S 不包含于 P 且 P 也不包含于 S,则称词项 S 和 P

具有交叉关系.

词项 S 和 P 具有交叉关系是指 S 的外延中存在对象是 P 的外延中的对象,也存在对象不是 P 的外延中的对象,并且 P 的外延中也存在对象不是 S 的外延中的对象.

例如,"教师"与"家长"、"学生"与"党员"就是交叉关系.

交叉关系可以用欧拉图(图 4-2-4)表示.

以上四种关系的两个词项 S 和 P 有一个共同的特征,即它们的外延中至少有一个对象是相同的,因此这四种关系统称为相容关系.

图 4-2-4　交叉关系

4.5　全异关系

定义 4-2-18　若 $S\cap P=\varnothing$,则称词项 S 和 P 具有全异关系.

词项 S 和 P 具有全异关系是指 S 的外延中的所有对象都不是 P 的外延中的对象.

例如,"质数"与"合数"、"质数"与"非质数"就是全异关系.

全异关系可以用欧拉图(图 4-2-5)表示.

具有全异关系的两个词项 S 和 P,其外延中没有一个共同的对象,因此也称为不相容关系.

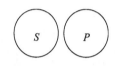

图 4-2-5　全异关系

定义 4-2-19　若词项 S 和 P 具有全异关系,并且有一个共同的邻近的属词项 G,则称 S 和 P 具有相关全异关系;否则,称为不相关全异关系.

相关全异关系又分为矛盾关系与反对关系两类.

定义 4-2-20　若词项 S 和 P 具有全异关系,即 $S\cap P=\varnothing$,且 $S\cup P=G$,则称词项 S 和 P 具有矛盾关系.

例如,"质数"与"非质数"就是矛盾关系,它们有一个共同的邻近的属词项——正整数.若一个正整数不是质数,则该数一定是非质数.

矛盾关系可以用欧拉图(图 4-2-6)表示.

如果词项 S 和 P 具有矛盾关系,那么 S 和 P 之间是非此即彼的关系,其中必定一个是正词项,另一个是与之相应的负词项.

图 4-2-6　矛盾关系

定义 4-2-21　若词项 S 和 P 具有全异关系,即 $S\cap P=\varnothing$,且 $S\cup P\subset G$,则称词项 S 和 P 具有反对关系.

例如,"质数"与"合数"就是反对关系.它们有一个共同的邻近的属词项——正整数.若一个正整数不是质数,则该数不一定就是合数,如 1 既不是质数也不是合数.

反对关系可以用欧拉图(图 4-2-7)表示.

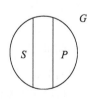

图 4-2-7　反对关系

回到本节开头的下棋故事.这位棋下得不怎么样,但小聪明倒还有点.在象棋中,"输"和"赢"这两种结果不是矛盾关系,而是反对关系,象棋结果除了"输"和"赢",还有"和"."第一局我不曾赢",那不一定是"输",也可能是"和";"第二局他不曾输",那也不一定是"赢",也可能是"和".第三局他用委婉的方式承认自己输了.这样,这人在保证自己不撒谎的前提下,巧妙地给人一种错误印象:他是两和一输.

5　明确词项的逻辑方法

有效的推理和论证是建立在正确使用命题的基础之上的,而命题是由更小的逻辑单位——词项构成的.因此,正确地进行推理和论证,首先要明确词项.明确词项的逻辑方法主要有限制和概括、定义以及划分三种.

5.1　限制和概括

戴眼镜的男人

一天,张勇的同学对他说:"张勇,有人找你."
"什么样的人?"
"一位戴眼镜的."
"男的还是女的?"
"男的."
"多大年龄?"
"20多岁."

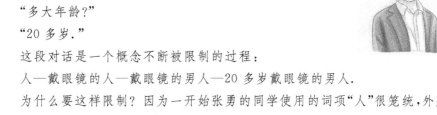

这段对话是一个概念不断被限制的过程:

人—戴眼镜的人—戴眼镜的男人—20多岁戴眼镜的男人.

为什么要这样限制?因为一开始张勇的同学使用的词项"人"很笼统,外延很广,因而无法了解此人的情况.通过对词项进行限制,"人"的外延逐渐缩小,内涵不断扩大,张勇对来人的认识也越来越具体.词项的限制对于准确使用词项有重要作用.

具有属种关系的词项内涵和外延间具有反变关系,即种词项比属词项内涵大、外延小;属词项比种词项内涵小、外延大.比如,"书"—"数学书"—"高等数学书"这三个词项构成一个具有属种关系的序列,相互之间的内涵和外延具有反变关系,内涵逐渐增大,外延逐渐变小.限制和概括这两种方法正是以这种反变关系为逻辑依据的.

定义 4-2-22　通过增加内涵使一个外延较大的属词项过渡到外延较小的种词项,称为词项的限制.

限制一般是通过增加附加语或限制词来实现的,如在名词前加定语,动词、形容词前加状语.比如,"茶杯"限制为"红色的茶杯","散步"限制为"安静地散步","红"限制为"粉红".

定义 4-2-23 通过减少内涵使一个外延较小的种词项过渡到外延较大的属词项,称为词项的概括.

概括一般是通过减少附加语或限制词来实现的.比如,"基本工资"概括为"工资","安静地吃饭"概括为"吃饭","浅蓝"概括为"蓝".

使用限制和概括方法需要注意以下几点:

(1) 限制和概括可以连续进行.例如,"杯子"可以限制为"酒杯","酒杯"可以进一步限制为"红色的酒杯";反之,"红色的酒杯"可以概括为"酒杯","酒杯"可以进一步概括为"杯子".

(2) 限制和概括仅适用于具有属种关系的词项.若使用限制和概括得到的词项间不是属种关系,这种限制和概括就是错误的.例如,"美丽的苏州"不能看成对"苏州"的限制,"苏州市"也不能看成对"苏州市民"的概括.

不当使用限制和概括方法容易犯以下两类逻辑错误:

1) **限制不当**

对概念进行限制时,应该恰当地使用限制词,否则就会犯"限制不当"的逻辑错误.例如,"我们要勤俭节约,杜绝不必要的浪费".

2) **随意概括**

用一个属词项去概括一系列的种词项时,使用的属词项应该能够恰当地包括所有的种词项,否则就会犯"随意概括"的逻辑错误.例如,2002年7月,广州一家媒体报道:进口涂料惊现致癌魔影.说广州入境检验检疫部门在进口涂料中检测出重金属、游离甲醛等,检测数据甚至超标几十倍.这一报道一下引起广州经营进口涂料的公司的激烈反应.9月5日,瑞典福乐阁涂料公司在北京举行媒体发布会,称:由于这篇报道,瑞典福乐阁涂料公司的涂料在深圳的销售额下降了近60%,广州的媒体应承担法律责任.广州这家媒体就犯了随意概括的逻辑错误.实际是具体某家公司的进口涂料有害物质超标,报道却笼统地概括为进口涂料,这就容易让人们误以为所有进口涂料质量都有问题,从而造成消费者恐慌.

5.2 定义

良臣和忠臣

唐朝时,唐太宗李世民登基后,拜魏徵为专门负责提意见的谏议大夫.魏徵为人正直,主持公道,得罪了不少人,经常遭到非议.

有一次,有人向唐太宗奏告说,魏徵私自提拔亲戚做官.唐太宗立即派御史温彦博调查此事,结果并无此事.但是,唐太宗还是派人转告魏徵:"今后要远避嫌疑,不要再惹出这样的麻烦."

魏徵就去见唐太宗,说:"我希望陛下让我做一个良臣,不要让我做忠臣."唐太宗听了很奇怪,就问魏徵"忠臣"和"良臣"有什么区别.魏徵答道:"像古之稷、契、咎陶就是良臣,像龙逢、比干就是忠臣.良臣以国事为重,公而忘私,使自己身获美名,使君主成为明君,子孙相继,福禄无疆;忠臣则不然,唯唯诺诺,只为个人打算,使自己身受杀戮,使君主沦为暴君,家国并丧,空有其名.以此而言,二者相去甚远."唐太宗觉得很有道理.

在这个故事中,魏徵就运用了定义这种明确词项的逻辑方法.他通过给"良臣"和"忠臣"这两个概念下定义,来揭示它们的本质属性和特有属性,从而明确了二者之间本质的区别.这种方法既简单又深刻,从而深深地打动了唐太宗.

定义 4-2-24 明确概念内涵的逻辑方法,即揭示概念所反映的事物的本质属性或特有属性的逻辑方法,称为定义.

例如,命题是具有确定真值的陈述句.

一个完整的定义由以下三部分组成:

(1) 被定义项:内涵有待明确的词项,通常用 D_S 表示.

上例中的"命题"就是被定义项.

(2) 定义项:用来明确被定义项内涵的词项,通常用 D_P 表示.

上例中的"具有确定真值的陈述句"就是定义项.

(3) 定义联项:联结被定义项和定义项的词项.

上例中的"是"就是定义联项.

定义结构的规范表示为:D_S 是 D_P.在自然语言中,定义还可以表示为"所谓 D_S,即(是指)D_P""D_P 叫作(称为)D_S"等句式.

种差是被定义项所指对象的某种特有属性.属加种差是一种常用的定义方法,其可用公式表示为

被定义项=邻近属词项+种差.

要给词项 D_S 下定义,可分为以下三个步骤:

第一步,找出被定义项 D_S 的邻近属词项 P(即对被定义项进行一次概括);

第二步,找出种差,即被定义项的特有属性,亦即被定义项 D_S 所反映的对象与包含在同一属词项 P 中其他对象的区别;

第三步，将种差与邻近属词项 P 构成一个偏正词组作为定义项 D_P，按照"D_S 是 D_P"这一形式把定义表述出来.

例如，给"命题"下定义，先确定命题的邻近属词项为"陈述句"，然后将命题与其他陈述句加以比较，找出它的特有属性（即种差）："具有确定真值"，将二者构成偏正词组："具有确定真值的陈述句"作为定义项，最后形成一个完整的定义："命题是具有确定真值的陈述句".

事物的特有属性是多方面的，因此揭示种差的方法也是多种多样的，这就形成了属加种差的以下几种类型：

① 性质定义：以某类事物的特有性质为种差的定义.

例如，命题是具有确定真值的陈述句.

② 发生定义：以某类事物产生或形成的原因或过程为种差的定义.

例如，彩虹是当太阳光照射到空气中的水滴时，光线被折射及反射，在天空上形成的拱形的七彩光谱.

③ 关系定义：以某类事物与它类事物间的特有关系为种差的定义.

例如，素数为在大于 1 的自然数中，除了 1 和它本身以外不再有其他因子的数.

④ 功用定义：以某类事物的特有功用为种差的定义.

例如，大学是指提供教学、研究条件和授权颁发学位的高等教育组织.

对一个词项做出正确的定义，必须满足以下定义的规则：

1) 定义必须相应相称

定义项的外延和被定义项的外延必须是全同关系. 违反该条规则就犯以下逻辑错误：

① 定义过宽：定义项的外延大于被定义项的外延，即把不属于被定义项所反映的对象纳入了定义项的外延之中.

例如，"命题是陈述句"犯了定义过宽的逻辑错误.

② 定义过窄：定义项的外延小于被定义项的外延，即把本因属于被定义项所反映的对象排除在定义项的外延之外.

例如，"命题是真值为真的陈述句"犯了定义过窄的逻辑错误.

2) 定义不能循环

定义项中不得直接或间接地包含被定义项. 违反该条规则会犯以下逻辑错误：

① 同语反复：定义项中直接包含被定义项.

例如，"悲观主义者就是悲观地对待生活的人"犯了同语反复的逻辑错误.

② 循环定义：定义项中间接包含被定义项.

例如，"直角是含有 90 度的角，1 度就是直角的 1/90"犯了循环定义的逻辑错误.

3) 定义项一般不能用否定句式或负概念

违反该条规则就不能揭示出对象的特有属性，会犯"否定定义"的逻辑错误.

例如，"晴天就是不下雨的日子"犯了否定定义的逻辑错误.

第 4 章 传统词项逻辑

需要注意的是,定义的这一规则是就一般情况而言的.在一些特殊情况下,如对于某些事物来说,缺乏某种属性正是它的特有属性或被定义项本身就是负概念,在下定义的时候,就可以用否定的语句形式或负概念.

例如,非婚生子女是指没有合法婚姻关系的男女所生的子女.

4) 定义必须明确

定义项必须用清楚确切的科学术语,不得有含混的词语,不能用比喻.违反该条规则会犯以下逻辑错误:

① 定义含混:定义项中使用的语言含混不清.

例如,"生命就是内在关系对外在关系的不断适应"犯了定义含混的逻辑错误.

② 以比喻代定义:定义项中运用了比喻.

例如,"建筑是凝固的音乐"犯了以比喻代定义的逻辑错误.

5.3 划分

为了能正确使用词项,不仅需要明确其内涵,而且需要明确其外延.当词项外延中的对象难以一一列举或没有必要列举时,可以用划分的方法来明确这类词项的外延.

定义 4-2-25 把词项外延分为若干小类以明确词项外延的逻辑方法,称为划分.

例如:

① 按照计算机的性能、用途和价格的不同,计算机可分为巨型计算机、大型计算机、小型计算机、个人计算机和嵌入式计算机.

② 按照网络所覆盖的地域范围不同,网络可分为局域网、城域网和广域网.

从结构上看,划分由母项、子项和划分的标准三部分构成.被划分的指称大类的词项,称为母项,如上例中的"计算机""网络".划分所得的指称小类的若干词项,称为子项,如上例中的"巨型计算机""大型计算机""小型计算机""个人计算机""嵌入式计算机"以及"局域网""城域网""广域网".划分所依据的某个或某组属性,称为划分的标准,如上例中的"性能、用途和价格"以及"网络所覆盖的地域范围".

划分和分解是不同的.分解是把整体分为部分,部分并不具有整体的属性.例如,"计算机包括中央处理器、内存储器、外存储器、输入/输出设备以及总线五部分"就是分解,而不是划分.

划分的方法主要有一次划分、连续划分等.依据一个标准把母项一次分为若干子项,称为一次划分.上述两例都是一次划分.有一种特殊的一次划分,即把母项分为两个具有矛盾关系的子项,称为二分法.例如,"命题分为简单命题和复合命题""实数分为有理数和无理数".对划分得到的子项再进行划分,直到满足需要为止,称为连续划分.例如,"任意两词项间的关系可分为相容关系和不相容关系(即全异关系)两类,而相容关系又可分为全同关系、真包含于关系、真包含关系和交叉关系"就是一个包含三个层次、进行了两次划分的连续划分.

对一个词项做出正确的划分,必须满足以下几种划分的规则:

1)划分必须相应相称

娜娜该排哪一队?

六年级小学生娜娜吃过自己12岁生日宴会上的蛋糕,第二天一早就开始肚子疼.这下可急坏了她的爸爸.爸爸急忙带着娜娜到了附近的一家医院.医院挂号处排了大长队,爸爸足足排了40多分钟,好不容易轮到了自己.挂号处的人问:

"您的小孩多大了?"

"刚刚12岁."

"那请到对面的窗口挂号,我们这里挂的是12岁以上的成年人."

没办法,爸爸只能调头来到写着"儿童挂号处"几个大字的窗口前,开始重新排队,这次排队的时间用了25分钟.

"孩子几岁了?"窗口里的人问.

"刚12岁."

"对不起,我们这里挂的是12岁以下的儿童,您的孩子要到成年人挂号处挂号."

"我刚刚在那里排了半天队,结果他们说上你这里挂号."

"对不起,这是我们医院的规定,请您配合."

爸爸只能掉头又来到成年人挂号处询问,结果还是没有挂上.这时,坐在一旁的娜娜肚子越来越疼,爸爸忍无可忍,情急之下直接找到了院长办公室.院长听了事情的原委后,一边连连道歉,一边直接把他带到成年人挂号处给娜娜挂了号,这件小事总算解决了.

请问:爸爸为什么挂不到娜娜的号?这个问题和医院挂号处对病人这个词项的划分方法有关.

各子项的外延之和必须等于母项的外延.违反该条规则会犯以下逻辑错误:

① 子项不全:子项的外延之和小于母项的外延,即将本应属于母项的子项遗漏.

例如,"按照网络所覆盖的地域范围不同,网络可分为局域网、城域网"犯了子项不全的逻辑错误.

② 多出子项:子项的外延之和大于母项的外延,即将本不属于母项的对象当作子项.

例如,"按照网络所覆盖的地域范围不同,网络可分为局域网、城域网、广域网和因特网"犯了多出子项的逻辑错误.

回到娜娜挂号的问题.关键在于该医院在制定有关规定时,没有对正好12岁,如12岁零几天或12岁零几个月的孩子,做出明确规定.这家医院把病人分为两大类,一类是12岁以上的成年人,另一类是12岁以下的未成年人,即通常所说的儿科病人.但是它没有考虑刚刚12岁的病人的归类,尤其是娜娜正好是12岁零几小时.

2)*每次划分的标准必须统一*

蝙蝠

老鹰办生日晚会,百鸟都来朝贺,唯独蝙蝠不去.老鹰责备它:"你也是飞禽家族的成员,按说你是我的下属,为何不参加我的生日晚会呢?"蝙蝠说:"我有四只脚,你是飞禽,但我是走兽,我为啥要参加你的生日晚会啊?"

过了几天,老虎又过生日,蝙蝠还是没有去.老虎也责备它.蝙蝠又说:"我有两个翅膀,你是走兽,我是飞禽,为什么我要参加你的生日晚会呢?"

后来,老虎和老鹰见了面,谈及蝙蝠,它们感叹道:"如今这世道,竟然还存在这种不是飞禽也不是走兽的东西,真是无可奈何啊!"

这个故事就涉及对"动物界"这个概念的划分.划分时对蝙蝠这个概念的归属的确出现过争论,有的学者把蝙蝠算作飞禽,有的把它算作兽类,它们依据的标准不同.当然,最后动物学家们结束争论,确定蝙蝠应属兽类,因为它具有兽类的特有属性,如"哺乳""四足"等.

每次划分的标准必须是同一个,不允许对一部分子项的划分采用一个标准,而对另一部分子项的划分采取其他标准.违反该条规则会犯"混淆划分标准"的逻辑错误.

例如,"网络可分为局域网、城域网、企业网和校园网"犯了混淆划分标准的逻辑错误.因为"局域网""城域网"这两个子项是按照网络所覆盖的地域范围不同划分的部分结果,而"企业网""校园网"这两个子项则是按照网络的使用范围和对象不同划分的部分结果.

3)*划分的各子项外延之间必须互不相容*

划分后所得的各子项外延之间必须是不相容的全异关系.只有这样,才能保证属于母项的对象不会同时划分到两个以上的子项中.违反该条规则会犯"子项相容"的逻辑错误.

例如,"网络可分为局域网、城域网、企业网和校园网"犯了子项相容的逻辑错误.因为"校园网""企业网"与"局域网"之间具有相容关系.

4) 划分不能越级

属种关系的若干种词项是有梯级层次的,不能混淆其层次、跨越其常规梯级进行划分.违反该条规则会犯"越级划分"的逻辑错误.

例如,"实数可以分为整数、分数和无理数"犯了越级划分的逻辑错误.

回到本节开头的"白马非马"论.这是中国哲学史上一个重要的命题,争论的关键是对"马"和"白马"的内涵与外延的认识.公孙龙认为,白马是个别,马是一般,个别属于一般,但不能说个别就是一般.白马和马是属种关系,马外延较大,是属词项,白马外延较小,是种词项.具有属种关系的词项内涵和外延间具有反变关系,即种词项比属词项内涵大、外延小.种词项属于属词项,但不能说种词项就是属词项.所以,公孙龙的观点是对的.

第 3 节　直言命题的种类及主谓项的周延性

270 号命令

苏联的二战历史上有一个著名的 270 号命令.苏联历史学家萨姆索诺夫有一次在接受《消息报》记者采访时曾谈到这个命令.这个命令是 1941 年 8 月 16 日斯大林签发的,苏联红军的许多领导人和主要将领也在上面签了字.

苏联红军第 270 号命令的具体内容是这样的:

"所有苏联战俘都是叛国者.成为战俘的指挥员和政工人员的家属都将被枪毙;成为战俘的战士的家属不再享受应有的特惠."

270 号命令本身充满了矛盾,同时这个命令也让当时苏联红军的许多部队陷入了困境.当时许多红军因各种原因成为战俘,这些作为战俘的红军无法接受 270 命令所规定的结局,因为他们当中绝大多数是勇敢的.成千上万的官兵家属蒙受了不白之冤,有些战俘即使跑了出来或被释放回来也不能幸免.

请从逻辑学角度分析 270 号命令的不合理性.这个问题与直言命题的种类及主谓项的周延性有关.

1 直言命题的种类

直言命题的具体形式以及各自不同的逻辑性质,都是由逻辑常项(量项和联项)决定的,而与一个命题的逻辑变项(主项和谓项)具体是什么无关.联项("是"和"不是")决定了命题的质,根据一个命题的联项是肯定的还是否定的,直言命题可以分为肯定命题和否定命题.量项("全称量项"和"特称量项")决定了命题的量,带有全称量项的命题叫作全称命题,带有特称量项的命题叫作特称命题,主项是单独词项(因而没有量项)的命题称为单称命题.

综合考虑"质"和"量"两方面,直言命题可以分为以下 6 类:

1) 全称肯定命题,简称 A 命题

其逻辑形式为"所有 S 是 P",也可简写为"SAP".断定 S 类事物全部具有 P 性质.它是对前述 S 与 P 的全同关系、真包含于关系的概括,如"所有商品都是有价值的".

2) 全称否定命题,简称 E 命题

其逻辑形式为"所有 S 不是 P",也可简写为"SEP".断定 S 类事物全部不具有 P 性质.它是对前述 S 与 P 的全异关系的概括,如"所有的人都不是长生不老的".

3) 特称肯定命题,简称 I 命题

其逻辑形式为"有 S 是 P",也可简写为"SIP".断定 S 类事物至少有一个具有 P 性质.它是对前述 S 与 P 的全同关系、真包含于关系、真包含关系、交叉关系的概括,如"有些植物是常绿的".

4) 特称否定命题,简称 O 命题

其逻辑形式为"有 S 不是 P",也可简写为"SOP".断定 S 类事物至少有一个不具有 P 性质.它是对前述 S 与 P 的真包含关系、交叉关系、全异关系的概括,如"有的学生不是党员".

5) 单称肯定命题,简称 a 命题

其逻辑形式为"(这个)S 是 P",它断定某一特定事物具有 P 性质,如"张三是学生会成员".

6) 单称否定命题,简称 e 命题

其逻辑形式为"(这个)S 不是 P",它断定某一特定事物不具有 P 性质,如"李四不是硕士研究生".

传统词项逻辑在研究直言命题的推理时往往只关心是否断定了某词项的全部外延,单称命题对主项的全部外延(只有唯一对象)做出了断定,在这一点上与全称命题相同,所以可把单称命题当作全称命题来处理.这样,直言命题就只有 A,E,I,O 这 4 种基本类型.这 4 种命题的情况汇总列在表 4-3-1 中.

表 4-3-1　直言命题的 4 种基本类型

名称	简称	逻辑形式	简式	命题断定的 S 与 P 之间可能具有的关系
全称肯定命题	A	所有 S 是 P	SAP	全同关系、真包含于关系
全称否定命题	E	所有 S 不是 P	SEP	全异关系
特称肯定命题	I	有 S 是 P	SIP	全同关系、真包含于关系、真包含关系、交叉关系
特称否定命题	O	有 S 不是 P	SOP	真包含关系、交叉关系、全异关系

2　直言命题主谓项的周延性

所谓词项的周延性，就是直言命题的主项或谓项的外延是否被全部断定的问题.

定义 4-3-1　如果直言命题对主项或谓项的全部外延做出了断定，则称该命题的主项或谓项是周延的；否则，称为不周延的.

例如，在"所有商品都是有价值的"这一命题中，主项"商品"的外延被全部断定，因此是周延的；而谓项"有价值的"的外延没有被全部断定，因此是不周延的.

不难发现，直言命题主谓项的周延性完全由命题的形式决定，与主项和谓项是哪个词无关. 换句话说，直言命题主谓项的周延性主要由命题的量项和联项决定.

命题的量项决定了主项的周延性. 全称命题（含单称命题）断定了主项的全部外延，因此其主项是周延的. 特称命题没有对主项的全部外延做出断定，因此其主项是不周延的. 例如，"所有导演都是演员"和"有些导演不是演员"这两个命题的主项都是导演，前一命题是全称命题，因而主项"导演"是周延的，而后一命题是特称命题，因而主项"导演"就不周延了.

命题的联项决定了谓项的周延性. 肯定命题没有对谓项的全部外延做出断定，其谓项是不周延的. 当我们断定某对象 S 是 P 的时候，并没有断定它是 P 的全部. 例如，"所有导演都是演员"，并没有断定"导演"是"演员"的全部，因此其谓项"演员"不周延. 否定命题断定了谓项的全部外延，因此其谓项是周延的. 当我们断定某对象 S 不是 P 的时候，实际上断定它被排斥在 P 的全部外延之外. 例如，"有的导演不是演员"这一命题断定了"导演"中有的导演不是任何"演员"，"演员"的全部外延被断定，因此是周延的.

其实，直言命题中主项 S 和谓项 P 的周延性与主谓项外延之间的关系有着内在联系，具体情况如表 4-3-2 所示.

表 4-3-2　周延性与主谓项外延之间的关系

主项 S 和谓项 P 外延之间的关系	S 的周延性	P 的周延性
全同关系（$S=P$）	周延	周延
真包含于关系（$S \subset P$）	周延	不周延
真包含关系（$S \supset P$）	不周延	周延

续表

主项 S 和谓项 P 外延之间的关系	S 的周延性	P 的周延性
交叉关系($S\cap P\neq\varnothing$)	周延	周延
全异关系($S\cap P=\varnothing$)	周延	周延

直言命题是对主、谓项外延之间的关系的概括,结合表 4-3-2,很容易得到 A,E,I,O 这 4 类命题中主谓项的周延性.例如,SAP 是对 S 与 P 的全同关系、真包含于关系的概括,在这两种关系中 S 都是周延的,所以主项 S 周延;而 P 在全同关系中周延,在真包含于关系中不周延,从概括性角度看,P 没有确定地被全部断定,所以谓项 P 不周延.类似地可以对其他三类命题加以分析,结果如表 4-3-3 所示.

表 4-3-3 各类命题中主谓项的周延性

命题类型和形式	命题断定的 S 与 P 之间可能具有的关系	S 的周延性	P 的周延性
全称肯定命题 SAP（所有 S 是 P）	全同关系、真包含于关系	周延	不周延
全称否定命题 SEP（所有 S 不是 P）	全异关系	周延	周延
特称肯定命题 SIP（有 S 是 P）	全同关系、真包含于关系、真包含关系、交叉关系	不周延	不周延
特称否定命题 SOP（有 S 不是 P）	真包含关系、交叉关系、全异关系	不周延	周延

在传统词项逻辑的推理中,许多推理规则涉及直言命题主谓项的周延性,所以正确地判定主谓项的周延性,对于学好传统词项逻辑的推理理论有着特别重要的意义.

回到本节开头的 270 号命令.造成苏联红军战俘及家属不幸的结局的因素有多种,我们无从考证,我们只从逻辑学角度给出分析.270 号命令背后源于这样一个直言命题:"所有苏联战俘都是叛国者",它是一个全称肯定命题,其主项"苏联战俘"是周延的,即对所有苏联战俘给出了判断.这样的判断是不对的.二战时,苏联红军很多部队陷入困境的时候可能有一部分战俘失节变为叛国者,但大多数都是勇敢的爱国者.因此,270 号命令不正确地使用了全称,事实上应是特称命题"有的战俘成了叛国者".

第 4 节　直言命题的直接推理

以一个直言命题为前提推出另一个直言命题的推理,称为直言命题的直接推理,包括对当关系推理和命题变形推理两类.

1 对当关系推理

1.1 直言命题的对当关系

直言命题的推理主要研究的是假设作为前提的直言命题为真时,作为结论的直言命题是否为真.而直言命题的真值完全是由其主项和谓项的外延间的关系决定的.

首先分析一下,A,E,I,O 这 4 类命题当主谓项的外延之间具有不同关系时的真值情况,如表 4-4-1 所示.

表 4-4-1 直言命题主谓项外延 5 种关系对应的真值情况

命题类型	关系				
	全同关系	真包含于关系	真包含关系	交叉关系	全异关系
全称肯定命题(A)	T	T	F	F	F
全称否定命题(E)	F	F	F	F	T
特称肯定命题(I)	T	T	T	T	F
特称否定命题(O)	F	F	T	T	T

从上表可知,具有相同主谓项的直言命题之间在真假值方面存在着必然的制约关系,这种关系称为直言命题的对当关系.设主项和谓项分别为 S 和 P,对当关系大致包括反对关系、差等关系、矛盾关系、下反对关系这 4 类.

1.1.1 反对关系

命题 SAP 和 SEP 的真值情况有以下特点:对应于每种关系的真值不能同真,但可以同假.我们把这类关系称为反对关系.

定义 4-4-1 两个直言命题之间不能同真、可以同假的关系,称为反对关系.

例如,"所有植物都是常绿的"和"所有植物都不是常绿的"之间就是反对关系.

1.1.2 差等关系

命题 SAP 和 SIP 的真值情况有以下特点:SAP 取值为真时 SIP 也为真,SIP 取值为假时 SAP 也为假.SEP 和 SOP 的真值情况之间也有这种特点.我们把这类关系称为差等关系.

定义 4-4-2 两个直言命题之间前者真后者必然真、后者假前者必然假的关系,称为差等关系.

例如,"所有植物都是常绿的"和"有些植物是常绿的"、"所有植物都不是常绿的"和"有些植物不是常绿的"之间就是差等关系.

1.1.3 矛盾关系

命题 SAP 和 SOP 的真值情况有以下特点：对应于每种关系的真值情况都不同，SEP 和 SIP 的真值情况之间也有这种特点．我们把这类关系称为矛盾关系．

定义 4-4-3　两个直言命题之间不能同真、不能同假的关系，称为矛盾关系．

例如，"所有植物都是常绿的"和"有些植物不是常绿的"、"所有植物都不是常绿的"和"有些植物是常绿的"之间就是矛盾关系．

1.1.4 下反对关系

命题 SIP 和 SOP 的真值情况有以下特点：对应于每种关系的真值不能同假但可以同真，我们把这类关系称为下反对关系．

定义 4-4-4　两个直言命题之间不能同假、可以同真的关系，称为下反对关系．

例如，"有些植物是常绿的"和"有些植物不是常绿的"之间就是下反对关系．

图 4-4-1　4 种对当关系逻辑方阵

为了便于记忆，以上 4 种对当关系可以统一表示于图 4-4-1 中．该图中的带对角线的正方形，称为逻辑方阵．

需要说明的是，在考察直言命题间的对当关系时，不能将单称命题归入全称命题，因为单称命题和全称命题满足的推理规则不完全相同．比如，SaP 与 SeP 不满足反对关系，而是矛盾关系，如"张三是学生会成员"与"张三不是学生会成员"不能同真，也不能同假．

涉及单称命题的对当关系简单列在表 4-4-2 中．

表 4-4-2　涉及单称命题的对当关系

反对关系	SAP 与 SeP，SEP 与 SaP
差等关系	SAP 与 SaP，SaP 与 SIP，SEP 与 SeP，SeP 与 SOP
矛盾关系	SaP 与 SeP
下反对关系	SeP 与 SIP，SaP 与 SOP

1.2　对当关系推理

根据直言命题的对当关系，可以由一个直言命题的真值情况推出与之有相同主、谓项的其他直言命题的真值情况．这种推理叫作对当关系推理．

1.2.1 反对关系推理

根据直言命题之间的反对关系，可以从一个直言命题为真推出与该直言命题具有反对关系的命题为假. 具体推理形式如下("⇒"表示推出关系)：

SAP⇒¬(SEP)　　　　　SEP⇒¬(SAP)
SAP⇒¬(SeP)　　　　　SeP⇒¬(SAP)
SEP⇒¬(SaP)　　　　　SaP⇒¬(SEP)

1.2.2 差等关系推理

根据直言命题之间的差等关系，对于两个具有差等关系的直言命题，可以从前一命题取值为真推出后一命题取值也为真，从后一命题取值为假推出前一命题取值也为假. 具体推理形式如下：

SAP⇒SIP　　　　　　　¬(SIP)⇒¬(SAP)
SEP⇒SOP　　　　　　　¬(SOP)⇒¬(SEP)
SAP⇒SaP　　　　　　　¬(SaP)⇒¬(SAP)
SaP⇒SIP　　　　　　　¬(SIP)⇒¬(SaP)
SEP⇒SeP　　　　　　　¬(SeP)⇒¬(SEP)
SeP⇒SOP　　　　　　　¬(SOP)⇒¬(SeP)

1.2.3 矛盾关系推理

根据直言命题之间的矛盾关系，可以从一个直言命题为真推出与该直言命题具有矛盾关系的命题取值为假，也可以从一个直言命题为假推出与该直言命题具有矛盾关系的命题取值为真. 即一个直言命题和与其具有矛盾关系的命题的否定之间可以互相推出. 具体推理形式如下("⇔"表示互相推出关系)：

$$SAP \Leftrightarrow \neg(SOP)$$
$$SOP \Leftrightarrow \neg(SAP)$$
$$SEP \Leftrightarrow \neg(SIP)$$
$$SIP \Leftrightarrow \neg(SEP)$$
$$SaP \Leftrightarrow \neg(SeP)$$
$$SeP \Leftrightarrow \neg(SaP)$$

1.2.4 下反对关系推理

根据直言命题之间的下反对关系，可以从一个直言命题为假推出与该直言命题具有下反对关系的命题为真. 具体推理形式如下：

¬(SIP)⇒SOP　　　　　¬(SOP)⇒SIP
¬(SeP)⇒SIP　　　　　¬(SIP)⇒SeP
¬(SaP)⇒SOP　　　　　¬(SOP)⇒SaP

2 命题变形推理

悲剧大师之死

古希腊有一位悲剧大师叫埃斯库罗斯,恩格斯曾经在文章提到过这个人,他于公元前 456 年逝世.作为剧作家,埃斯库罗斯很伟大,但传说他的死非常偶然.

埃斯库罗斯生活的地方盛产乌龟,而当地有一种飞鹰很爱吃乌龟肉,它们的吃法非常特别:当飞鹰在高空中发现地面爬行的龟时,就一个俯冲用双爪把它攫住带到空中,然后找一个有岩石的地方,像轰炸机扔炸弹一样把乌龟朝石头扔去,乌龟壳十有八九会被摔碎,这样,飞鹰就可以吃到乌龟肉了.

埃斯库罗斯是个秃顶,有一次一只飞鹰把他的秃顶当成了石头,于是将爪中的一头大乌龟向他的头上砸去,结果可想而知.

悲剧大师的一生以悲剧告终,这场悲剧是由一只飞鹰的一个"推理"造成的.请分析:这只飞鹰作了怎样的推理?它的推理正确吗?这个问题与换位推理有关.

直言命题的变形推理就是改变前提中直言命题的形式,从而推出结论.它包括换质推理、换位推理以及二者综合运用——换质位推理.

2.1 换质推理

定义 4-4-5 通过改变前提中直言命题的联项(质),即将"是"变为"不是"或将"不是"改为"是",从而推出结论的推理方法,称为换质推理.

换质推理通常又称"换一个说法".进行换质推理时,除了改变前提命题的联项外,还要把结论中的谓项变为前提中的谓项的矛盾词项.

A,E,I,O 四种直言命题的换质推理如下:

$$SAP \Leftrightarrow S\neg P$$
$$SEP \Leftrightarrow SA(\neg P)$$
$$SIP \Leftrightarrow SO(\neg P)$$
$$SOP \Leftrightarrow SI(\neg P)$$

例如：

① "所有商品都是有价值的"可以换质为"所有商品都不是没有价值的"；
② "所有事物都不是一成不变的"可以换质为"所有事物是会变化的"；
③ "有些植物是会开花的"可以换质为"有些植物不是不会开花的"；
④ "有的学生不是党员"可以换质为"有的学生是非党员"。

2.2 换位推理

定义 4-4-6 通过改变前提中直言命题的主项和谓项的位置，从而推出结论的推理方法，称为换位推理。

换位推理通常又称"倒过来说"。进行换位推理时，除了改变前提命题中主项和谓项的位置外，还需要注意在前提中不周延的词项在结论中也不能周延。

直言命题的换位推理如下：

$$SAP \Rightarrow PIS$$
$$SEP \Leftrightarrow PES$$
$$SIP \Leftrightarrow PIS$$

例如：

① "所有商品都是有价值的"可以换位为"有些有价值的是商品"；
② "所有事物都不是一成不变的"可以换位为"所有一成不变的都不是事物"，反之也成立；
③ "有些植物是会开花的"可以换质为"有些会开花的是植物"，反之也成立。

需要注意的是：

（1）全称肯定命题 SAP，通过换位只能推出一个特称肯定命题 PIS，不能推出 PAS。因为 P 作为 SAP 的谓项，是不周延的；如果推出 PAS，则 P 作为 PAS 的主项就周延了，违背了"在前提中不周延的词项在结论中也不能周延"的要求。

例如，从"所有商品都是有价值的"不能推出"所有有价值的都是商品"，因为有些有价值的物品不用于买卖，就不是商品。

（2）特称否定命题 SOP 不能换位，因为 S 作为 SOP 的主项，是不周延的；如果将其换位为 POS，则 S 作为 POS 的谓项就周延了，违背了"在前提中不周延的词项在结论中也不能周延"的要求。

例如，从"有的人不是学生"不能推出"有的学生不是人"。

2.3 换质位推理

定义 4-4-7 既改变前提命题的联项，又改变前提命题的主项和谓项的位置，从而推出结论的推理方法，称为换质位推理。

换质位推理通常是先对一个直言命题换质，再对换质的结论进行换位。

例如，"证人都必须是精神上没有缺陷的人"可以用换质位推理推出"精神上有缺陷的人都不能作为证人".具体过程是:前提命题先通过换质,得到"证人都不是精神上有缺陷的人",然后再进行换位得到结论.推理过程可以用公式表示为:

$$SAP \Rightarrow S \neg P \Rightarrow (\neg P)ES$$
换质　　　换位

回到本节开头的悲剧大师之死.这只飞鹰显然也是有推理能力的,它用的是换位推理.它的前提是:"石头都是很光的",它用换位法得出结论"很光的都是石头",从而将乌龟重重地砸向悲剧大师的秃顶.事实上,这个换位推理是错误的,结论中的谓项"很光的"是周延的,但它在前提中不周延,这违反了"在前提中不周延的词项在结论中也不能周延"的要求.

第5节　直言命题的三段论推理

日本著名作家夏目漱石的代表作《我是猫》里有这么一段论辩:

他(主人)说道:"你的说法新颖倒是很新颖,不过你要知道卡莱尔也是患胃病的呀."这是牛头不对马嘴的回答,那意思就好像是说:"既然卡莱尔都是胃病患者,那么自己患胃病也是光荣的."于是朋友反驳说:"即便卡莱尔患胃病,可患胃病的人却不一定能成为卡莱尔嘛."一句话说得主人哑口无言.

请分析:主人的话犯了什么逻辑错误?

主人的话可以归结为以下推理:

卡莱尔是胃病患者,
我是胃病患者,
我是卡莱尔.

该推理是由包含着一个共同词项(胃病患者)的两个直言命题,推出一个新的直言命题,这样的推理称为三段论.三段论是传统词项逻辑的主要内容,也是人们日常思维中运用最多的一种推理.

1　直言三段论结构

任何三段论都由三个直言命题组成,其中两个作为前提,第三个作为结论.任何三段论包含三个不同的词项,其中联系两个前提的词项叫中项,在前提中出现两次;在结论中充当谓项并且出现在其中一个前提中的词项叫大项;在结论中充当主项并且出现在另一个前提中的词项叫小项.

三段论的两个前提中,包含大项的前提叫大前提,包含小项的前提叫小前提.按照通常的习惯,大前提排在前面,小前提排在后面.但是,排列的顺序不是区分大、小前提的标准.区分大小前提,关键看它们是包含大项还是包含小项.中项在三段论中非常重要,它在大、小前提间起到桥梁和纽带作用,把两者很好地连接起来,从而推出结论.

上例中,"卡莱尔"是大项,"我"是小项,"胃病患者"是中项."卡莱尔是胃病患者"是大前提,"我是胃病患者"是小前提.

在三段论中,大项通常用字母 P 表示,小项用 S 表示,中项用 M 表示.例如,推理:

所有的人都是要死的,
<u>年轻人是人,</u>
年轻人总是要死的.

可以表示为以下一般公式:

所有 M 都是 P,
<u>所有 S 都是 M,</u>
所有 S 都是 P.

也可以写为

MAP
<u>SAM</u>
SAP

该公式是三段论最为重要的公式之一.

2 三段论公理

一切三段论推理都遵循这样一条公理:凡肯定或否定了全部,也就肯定或否定了部分和个别.这个公理称为三段论公理,可以用图 4-5-1 表示.

在图 4-5-1(a)中,P 类包含 M 类,则 P 类也包含 M 类的部分——S 类.在图 4-5-1(b)中,P 类和 M 类具有全异关系,则 P 类和 M 类的部分——S 类也具有全异关系.

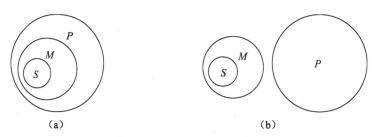

图 4-5-1 三段论公理示意图

三段论公理反映了客观事物中的一般和个别的关系,即属和种的包含关系,它是三段论推理的逻辑根据.

3 直言三段论的格与式

按照三段论的形式不同,可将三段论分为不同的格和式.

3.1 三段论的格

由于中项在大小前提中都既可能充当主项,也可能充当谓项,所以三段论的中项在前提中的位置就有 4 种情况.由中项在前提中位置的不同所形成的三段论形式,称为三段论的格.所以,三段论可分为 4 个不同的格:

第一格:中项充当大前提的主项和小前提的谓项.
第二格:中项充当大、小前提的谓项.
第三格:中项充当大、小前提的主项.
第四格:中项充当大前提的谓项和小前提的主项.
4 个格可分别用符号表示如下:

第一格	第二格	第三格	第四格
M——P	P——M	M——P	P——M
S——M	S——M	M——S	M——S
S——P	S——P	S——P	S——P

本节开始所提的例子就是第一格的三段论.

3.2 三段论的式

由大、小前提和结论的联项和量项的不同而形成的三段论形式,称为三段论的式.比如本节开始所提的例子中,三段论的大前提、小前提和结论均为 A 命题,所以该三段论称为 AAA 式.根据 A,E,I,O 四种命题在前提和结论的不同组合,可将三段论分为 64 个不同的式.

3.3 三段论的不同形式

三段论可以分为不同的格,而对于属于相同格的三段论,又可以进一步分为不同的式.根据前面的分析,共有 4 个不同的格,64 个不同的式,因而三段论共有 256 种不同的形式.例如,"玻璃不是金子,玻璃是发光的,有些发光的不是金子"这个三段论形式是第三格的 EAO 式,因为它的大前提是 MEP,小前提是 MAS,结论是 SOP.

需要注意的是,这 256 种形式并不都是有效的.事实上,其中只有很少一部分是有效式.为了判定一个三段论的有效性,需要借助三段论的规则.

4 三段论的规则及其应用

人们根据三段论公理,总结出三段论的一般推理规则,使之成为判定三段论是否有效的标准.三段论的一般规则共有 7 条,其中前 5 条是基本规则,后 2 条是导出规则.

4.1 三段论的基本规则

规则 1　有且只有三个不同的词项.

三段论的实质是借助前提中一个共同词项即中项作为媒介,使大、小项发生逻辑关系从而推出结论.如果一个三段论只有两个不同的词项,那么大、小项就找不到一个中项来建立关系从而推出结论.例如:

反映一类事物的概念是普遍概念,普遍概念是反映一类事物的概念,所以普遍概念是普遍概念.

上述推论仅有两个词项,造成了无意义的同语反复.

如果一个三段论包含 4 个不同的词项,那么就有可能大项和一个词项存在关系,小项和另一个词项存在关系,但找不到一个词项同时和大、小项存在关系.例如,

苏州园林不是一天能逛完的,

拙政园是苏州园林,

拙政园不是一天能逛完的.

上述推理是错误的.其中出现了两次"苏州园林",但表达的不是同一个概念,不是同一个词项.大前提中的"苏州园林"是集合词项,小前提中的"苏州园林"是非集合词项.即该推理中包含 4 个词项.这种表面上是 3 个词项,实质是 4 个词项的逻辑错误,称为"四词项"错误.

规则 2　中项至少要周延一次.

中项至少周延一次,才能保证它有确定的外延与小项和大项都发生联系.如果中项两次都不周延,那么可能中项的一部分外延和大项存在联系,另一部分外延和小项存在联系,这两部分没有交集,从而大项和小项没法通过中项作为媒介建立联系.例如,

领导干部是成年人,

研究生是成年人,

研究生是领导干部.

上述推理是错误的.其中中项"成年人"两个前提中都是肯定命题的谓项,都不周延,违反了规则 2.违反规则 2 的逻辑错误,称为"中项不周延"错误.

规则 3　在前提中不周延的词项,在结论中不得周延.

这条规则是对大项和小项而言的.三段论是一种必然性推理,它要求不能从部分推出全部.一个词项在前提中不周延,就是说前提只断定了该词项的部分外延,没有断定全部外延;如果它在结论中周延,那么结论就断定了它的全部外延.这样推理就不具有

必然性了.例如,

$$\text{黄河是河,}$$
$$\underline{\text{长江不是黄河,}}$$
$$\text{长江不是河.}$$

上述推理是错误的.其中大项"河"在大前提中是肯定命题的谓项,不周延,但在结论中却充当否定命题的谓项,是周延的.这种大项在前提中不周延,在结论中却周延的逻辑错误称为"大项不当周延"错误.

又如,

$$\text{张三不会唱歌,}$$
$$\underline{\text{张三是研究生,}}$$
$$\text{研究生都不会唱歌.}$$

上述推理是错误的.其中小项"研究生"在小前提中是肯定命题的谓项,不周延,但在结论中却充当全称命题的主项,是周延的.这种小项在前提中不周延,在结论中却周延的逻辑错误称为"小项不当周延"错误.

规则 4　两个否定前提推不出结论.

如果两个前提都是否定命题,那么大项、小项与中项的关系都是全异的,这样中项就不能起到联系大、小项的作用,因而没法从前提必然地推出结论.例如,

$$\text{小学生不是中学生,}$$
$$\underline{\text{中学生不是大学生,}}$$
$$\text{小学生？}$$

由上例中的前提不能推出任何必然性的结论,既不能推出"小学生不是大学生",也不能推出"小学生是大学生".

规则 5　如果有一个前提为否定命题,则结论必为否定的;如果结论为否定命题,则必有一个前提为否定的.

如果有一个前提是否定的,那么大项和小项之一必然同中项具有全异关系,所以在结论中大项和小项也必须具有全异关系,即结论必为否定的.反之,如果结论是否定的,那么在结论中大项和小项具有全异关系,所以在前提中大项和小项之一必定同中项具有全异关系,即必有一个前提是否定的.例如,

$$\text{自然数是整数,}$$
$$\underline{\text{整数不是无理数,}}$$
$$\text{自然数不是无理数.}$$

上例中的大前提是否定命题,小前提是肯定命题,结论是否定命题.该例中的推理是有效的.

规则 4 和规则 5 可以概括为"前提与结论中否定命题的数量必须相等".违反这两条规则的逻辑错误称为"否定命题的数目不相等"错误.

4.2 三段论的导出规则

以上述基本规则为依据还可以推导出以下两条常见的规则,我们称之为导出规则.

规则6 从两个特称命题不能必然得出结论.

两个前提都是特殊命题,则前提只有4种可能的组合情况:II,IO,OI和OO.下面可以用前述基本规则说明这4种情况都不能必然得出结论:

(1) II:没有一个词项是周延的,根据规则2,犯了"中项不周延"的错误.

(2) IO和OI:只有一个词项是周延的,根据规则2,中项至少要周延一次,所以这个周延的词项必须充当中项,这样大项在前提中就不周延了.但是因为有一个前提是否定命题,根据规则5,结论必然是否定的,所以大项在结论中是周延的,这就违反了规则3,犯了"大项不周延"的错误.

(3) OO:两个前提都是否定命题,违反了规则4,推不出正确的结论.

规则7 若前提中有一特称命题,则结论必为特称命题.

根据规则6,若前提中有一个是特称的,则另一个必须是全称的.因此,包含一个特称命题的两个前提无非是以下四种情况:AI,AO,EI,EO.下面可以用前述规则说明这四种情况下结论都必然是特称的:

(1) AI:只有一个周延的词项,即全称肯定命题的主项.根据规则2,这个唯一周延的词项必须充当中项,这样大、小项在前提中均不周延,根据规则3,大、小项在结论中也不得周延,所以结论必然是特称的.

(2) AO和EI:这两种情况下都分别有两个词项周延.另外,这两种情况下两个前提中都有一个是否定的,根据规则5,结论必定是否定的,所以大项在结论中必须周延,又根据规则3,大项在前提中也必须周延.再根据规则2,另一个周延的词项必须充当中项.这样,小项在前提中一定不周延.根据规则3,小项在结论中也不得周延.所以结论必然是特称的.

(3) EO:两个前提都是否定命题,违反了规则4,推不出正确的结论.

利用三段论的规则,既可以判定具体三段论的形式有效性,也可以判定三段论公式的有效性.需要指出的是,判定三段论形式是否有效时,规则6,7并不是必需的,因为凡是违反这两条规则的三段论,也必然违反三段论基本规则中的某一条.

4.3 利用基本规则判定三段论的有效性

如前所述,判定一个三段论推理的有效性需且只需看其是否符合5条基本规则.需要说明的是,要判定一个三段论形式无效,只要说明它违反某一条基本规则就行了;而要判定一个三段论形式有效,则必须证明它同时满足上述5条基本规则.

下面以一个具体的三段论为例,介绍判定三段论推理的有效性的具体步骤.例如,判定以下三段论的有效性:

计算机专业学生要学好计算机,
数学专业学生不是计算机专业学生,
数学专业学生不要学好计算机.

第一步:首先检查三段论中是否只含三个词项.若不是就违反规则1,犯了"同语反复"或"四词项"错误,推理无效.若只含三个词项,再进一步找出三段论的大项、中项和小项,确定大前提、小前提和结论,给出三段论的形式.

上例中没有违反规则1,仅含3个词项,其中大项为"学好计算机",中项为"计算机专业学生",小项为"数学专业学生",大前提为"计算机专业学生要学好计算机",小前提为"数学专业学生不是计算机专业学生",结论为"数学专业学生不要学好计算机".该三段论的形式如下:

$$MAP$$
$$\underline{SEM}$$
$$SEP$$

第二步:统计前提中否定命题的数量.若两个前提都是否定的,则违反规则4,推理无效;若有且仅有一个前提为否定的,则再看结论,若结论是肯定的,则违反规则5,推理无效;若两个前提都是肯定的,则再看结论,若结论是否定的,则违反规则5.

上例中,大前提是肯定的,小前提是否定的,结论是否定的.没有违反规则4和5.

第三步:判断各个词项的周延性.首先,若中项一次都不周延,则违反规则2,推理无效;再看在结论中大项或小项是否周延,若周延,则相应的大项或小项在前提中也必须周延,否则违反规则3,推理无效.

上例中,中项在大前提和小前提中都是周延的,没有违反规则2.结论中小项和大项都是周延的,在前提中小项是周延的,但大项不周延,这违反了规则3.所以该三段论推理是无效的.

4.4 利用基本规则筛选三段论的有效式

运用三段论的基本规则,可以从256种可能的形式中筛选出全部有效式.先不考虑格的差别,把三段论的64个式中违反三段论基本规则的式子排除掉:如IIA式、III式违反规则2"中项至少周延一次".IEO式、AIA式违反规则3"前提中不周延的项,在结论中不得周延".EEE,EOO违反规则4"两个否定前提推不出结论".AEA,AOI,AAE,AAO等式违反规则5"如果有一个前提为否定命题,则结论必为否定的;如果结论为否定命题,则必有一个前提为否定的".把这些无效式排除掉后剩下11个有效式:

AAA　　AAI　　AEE　　AEO　　AII　　AOO
　　EAE　　EAO　　EIO　　IAI　　OAO

这11个式并不是在每个格中都有效的,因为一个式在特定的格中,可能违反基本规则中的某一条.例如,AEE,AEO,AOO等式在第一格是无效的,因为它们违反规则3,犯有"大项不当周延"的错误;IAI,OAO式在第一格也是无效的,因为它们违反规则 2,犯有"中项不周延"的错误.

按照上述步骤把违反规则的无效式逐一排除后,三段论的有效式只有 24 种:

第一格　AAA　(AAI)　AII　EAE　(EAO)　EIO
第二格　AEE　(AEO)　AOO　EAE　(EAO)　EIO
第三格　<u>AAI</u>　AII　<u>EAO</u>　EIO　IAI　OAO
第四格　<u>AAI</u>　AEE　(AEO)　<u>EAO</u>　EIO　IAI

加括号的 5 个式称为弱式,即能得出全称结论却得出特称结论的式;标有下划线的 4 个式从两个全称前提推出了特称结论.如果主项在客观上不存在,那么按传统逻辑的理论这 9 个三段论式无效.传统逻辑都预设了主项存在,这个预设保证了这 9 个式是有效的.因此,这 9 个式的有效性是有条件的,其余 15 个式的有效性是无条件的.

回到本节开头的论辩,我们来分析主人的三段论推理:

卡莱尔是胃病患者,
我是胃病患者,
我是卡莱尔.

该三段论的形式如下:

PAM
SAM
SAP

中项在大前提和小前提中均不周延,违反了规则 2,犯了"中项不周延"的错误.

5　省略三段论

任何三段论都由三个直言命题组成,其中两个是前提,一个是结论.但在自然语言中,某些命题因为是显而易见的或是被普遍承认的往往被省略.为了不影响理解,通常三个命题中保留其中两个,而省略另一个,这样的三段论称为三段论的省略式,又称省略三段论.

省略三段论有三种形式:

第一,省略大前提.省略的大前提往往是得到了普遍承认的一般性原理.例如,"既然你答应了人家,就不应食言."这是略去大前提的省略三段论,补出它的大前提后的完整形式应为:"答应了人家就不该食言,既然你答应了人家,你就不应食言."

第二,省略小前提.省略的小前提往往是不言而喻的事实.例如,"共产党员必须全心全意为人民服务,党员干部也不例外."这是略去小前提的省略三段论,补出它的小前提后的完整形式应为:"共产党员必须全心全意为人民服务,党员干部是共产党员,党员干部也不例外."

第三,省略结论.省略的结论,因为其显而易见,不说出来往往比说出来更有力.例如,"他是四川人,四川人都吃辣."是略去结论的省略三段论,补出它的结论后的完整形式应为:"他是四川人,四川人都吃辣,所以他吃辣."

虽然省略三段论可以使语言表达简洁有力,但是某些三段论可能存在"前提虚假"或"推理错误"等问题,省略后这些问题会被掩盖,不易被发现.例如:

① 苹果不是蔬菜,所以苹果不是食物.

这个三段论省略了大前提,可将其补充完整为"蔬菜是食物,苹果不是蔬菜,所以苹果不是食物."由此不难发现,该命题中,大项食物在前提中不周延,但在结论中却周延了,犯了"大项不当周延"的错误.但在大前提没有补充出来时,这个错误却并不明显.

又如:

② 因为李老师不是共产党员,所以她不能当教代会代表.

这个三段论省略了大前提"非共产党员都不能当教代会代表".它显然是个假命题.但在大前提被补充出来之前,它的虚假性也不是很明显.

因此,在判定省略三段论的有效性之前,应先把省略的命题补充进去,将其还原为一个完整的三段论,然后再用三段论的规则来判定其形式是否有效,或者用客观事实或常识验证被省略的前提是否虚假.省略三段论的还原有以下步骤:

第一步,根据未被省略的两个命题是否具有推出关系确定被省略的是否是结论.

(1) 如果两命题之间不存在推出关系,则说明被省略的是结论.这时可以根据三段论的规则推出结论,从而完成还原.假如根据规则推不出结论,则说明两前提不满足三段论的基本规则的要求,可根据规则揭露其错误,如"中项不周延""两否定前提"等.

(2) 如果两命题之间存在推出关系,则说明结论未被省略.根据推出关系可以确定未被省略的两个命题中哪个是结论,即被推出的命题是结论.

第二步,如果被省略的不是结论,则要进一步确定被省略的是大前提还是小前提.方法是:如果未省略的前提含有结论的谓项(即大项),则它是大前提,这说明被省略的是小前提;如果未省略的前提含有结论的主项(即小项),则它是小前提,这说明被省略的是大前提.

第三步,如果被省略的不是结论,补充被省略的前提.如果被省略的是大前提,则用大项和小前提(未被省略)中的中项构成一个命题作为大前提;如果被省略的是小前提,则用小项和大前提(未被省略)中的中项构成一个命题作为小前提.

在还原省略三段论时,必须遵循一个原则,即:尽可能地补充真实的前提,并尽量构成有效的三段论式.只有那些无论怎样还原都无法使它做到前提真实并且形式有效的省略三段论,才能说它是错误的.

6 三段论有效性的其他判定方法

前面 4.3 介绍了如何利用基本规则判定三段论的有效性.除了这种方法外,还有其他一些方法可以判定三段论的有效性.下面介绍两种比较简单易用的方法:集合论法和韦恩图法.

6.1 集合论法

A,E,I,O 四种命题都是对词项外延间的 5 种关系(全同关系、真包含于关系、真包含关系、交叉关系和全异关系)中的某几种关系的概括,这 5 种关系都可以用集合符号来表达.因此可以将三段论推理中的两个前提和结论分别化为集合表达式,从集合论的角度检查推理的正确性,这种方法称为集合论法.

例 1 用集合论法判定第一格的 AAA 式的有效性.

解 该格的形式为

$$\begin{array}{c}\text{MAP}\\ \underline{\text{SAM}}\\ \text{SAP}\end{array}$$

全称肯定命题是对"全同关系"和"真包含于关系"的概括,这两种关系可以统一用"包含于关系"表示. MAP 可以表示为 $M\subseteq P$,SAM 可以表示为 $S\subseteq M$,SAP 可以表示为 $S\subseteq P$,该三段论可以转化为集合表达式 $M\subseteq P, S\subseteq M \Rightarrow S\subseteq P$.由于集合之间的包含于关系是传递的,因此,从集合论的角度这个关于集合表达式之间的推理是正确的,从而第一格的 AAA 式也是有效的三段论.

例 2 用集合论法判定第二格的 AEE 式的有效性.

解 该格的形式为

$$\begin{array}{c}\text{PAM}\\ \underline{\text{SEM}}\\ \text{SEP}\end{array}$$

PAM 可以表示为 $P\subseteq M$.全称否定命题是对"互异关系"的概括,SEM 可以表示为 $S\cap M=\varnothing$,SEP 可以表示为 $S\cap P=\varnothing$,该三段论可以转化为集合表达式 $P\subseteq M, S\cap M=\varnothing \Rightarrow S\cap P=\varnothing$.这三个集合的关系如图 4-5-2 所示.从集合论的角度很容易判定这个关于集合表达式之间的推理是正确的,从而第二格的 AEE 式也是有效的三段论.

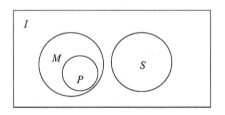

图 4-5-2 第二格的 AEE 式的集合表示

例 3 用集合论法判定第一格的 IAI 式的有效性.

解 该格的形式为

$$\begin{array}{c}\text{MIP}\\ \underline{\text{SAM}}\\ \text{SIP}\end{array}$$

SAM 可以表示为 $S\subseteq M$.特称肯定命题是对除"互异关系"外的其余四种关系的概括. MIP 可以表示为 $M\cap P\neq\varnothing$,SIP 可以表示为 $S\cap P\neq\varnothing$,该三段论可以转化为集合表达式 $S\subseteq M, M\cap P\neq\varnothing \Rightarrow S\cap P\neq\varnothing$.这三个集合的关系如图 4-5-3 所示.从集合论的角度

可以判定这个关于集合表达式之间的推理是不正确的,因为在图 4-5-3(a)中,$S\cap P=\varnothing$,从而第一格的 IAI 式是无效的三段论.

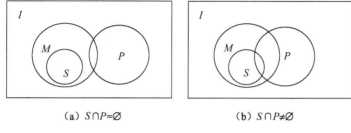

(a) $S\cap P=\varnothing$ (b) $S\cap P\neq\varnothing$

图 4-5-3   第一格的 IAI 式的集合表示

6.2 韦恩图法

直言命题 A,E,I,O 的含义可以用韦恩图(约翰·韦恩,John Venn,1834—1923,英国)来直观地表示.用矩形表示论域(或称"全集",用 I 表示),其中每个圆表示一个词项外延的集合.这些圆可将矩形分成不同的区域,图 4-5-4(a)、(b)分别给出了两个词项、三个词项时的情况.如果某一集合为空集,则在图中对应区域画影线(斜线),否则在对应区域画"×".

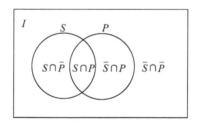

(a) 两个词项 S 和 P 的外延将全集 I 分割成不同的区域

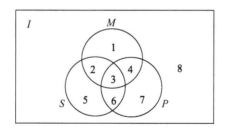

(b) 三个词项 S、M 和 P 的外延将全集 I 分割成不同的区域

图 4-5-4   两个和三个词项的外延

图 4-5-5 到图 4-5-8 给出了命题 A,E,I,O 的韦恩图表示,其中:
SAP:断定所有 S 是 P,即断定没有元素既属于 S 又不属于 P,即 $S\cap\bar{P}=\varnothing$.
SEP:断定所有 S 不是 P,即断定没有元素既属于 S 又不属于 P,即 $S\cap P=\varnothing$.
SIP:断定有 S 是 P,即断定有元素既属于 S 又属于 P,即 $S\cap P\neq\varnothing$.

SOP：断定有 S 不是 P，即断定有元素属于 S 而不属于 P，即 $S \cap \bar{P} \neq \varnothing$.

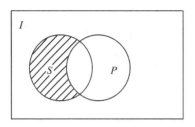

图 4-5-5　命题 SAP 的韦恩图

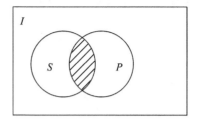

图 4-5-6　命题 SEP 的韦恩图

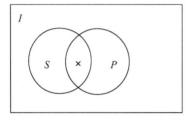

图 4-5-7　命题 SIP 的韦恩图

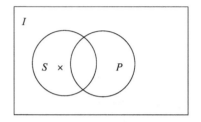

图 4-5-8　命题 SOP 的韦恩图

既然 A，E，I，O 四种命题均能用韦恩图表示，进一步可以用韦恩图来判定三段论推理的有效性，该方法称为韦恩图法．通常的做法是：

第一步：分别用排成品字形的三个圆来代表大项 P、中项 M、小项 S 的外延．最上方的圆代表中项 M 的外延，左下角的圆代表小项 S 的外延，右下角的圆代表大项 P 的外延．

第二步：将两个前提按一定顺序表示在图中，全称的前提先表示，特称的前提后表示．如果两个前提都是全称的，先表示哪一个都可以．表示时要画×的区域一般都被分为两部分，若其中有一个部分已画了影线，×要画在未画影线的部分．若两个部分都没画影线，×要画在两个区域的交线上．

第三步：根据韦恩图检查结论的正确性，即三段论推理的有效性．

例 4　用韦恩图法判定第一格的 AAA 式的有效性．

解　该格的形式为

$$\frac{\begin{array}{c} \text{MAP} \\ \text{SAM} \end{array}}{\text{SAP}}$$

第一步：在韦恩图中分别用排成品字形的三个圆表示大项 P、中项 M、小项 S 的外延，如图 4-5-9 所示．

第二步：先在图中表示 MAP，即在区域 1 和 2 内画影线；再在图中表示 SAM，即在区域 5 和 6 内画影线．

第三步：检查结论．因为区域 2 和 5 都画了影线，所以 SAP 正确，从而题中的三段论推理是有效的．

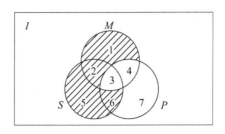

图 4-5-9　第一格的 AAA 式的韦恩图

例 5　用韦恩图法判定第二格的 AOO 式的有效性.

解　该格的形式为

$$\begin{array}{c} PAM \\ \underline{SOM} \\ SOP \end{array}$$

第一步：在韦恩图中分别用排成品字形的三个圆表示大项 P、中项 M、小项 S 的外延，如图 4-5-10 所示.

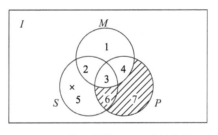

图 4-5-10　第二格的 AOO 式的韦恩图

第二步：先在图中表示全称的前提 PAM，即在区域 6 和 7 内画影线；再在图中表示特称前提 SOM，即在区域 5 和 6 内至少存在一个元素. 因为区域 6 内已画影线，所以 × 画在区域 5 内.

第三步：检查结论. 因为区域 5 内画了×，说明在区域 5（区域 2 和 5 的并集）中至少有一个元素，所以 SOP 正确，从而题中的三段论推理是有效的.

例 6　用韦恩图法判定第一格的 IAI 式的有效性.

解　该格的形式为

$$\begin{array}{c} MIP \\ \underline{SAM} \\ SIP \end{array}$$

第一步：在韦恩图中分别用排成品字形的三个圆表示大项 P、中项 M、小项 S 的外延，如图 4-5-11 所示.

第二步：先在图中表示全称的前提 SAM，即在区域 5 和 6 内画影线；再在图中表示特称前提 MIP，即在区域 3 和 4 内至少存在一个元素. 因为区域 3 和 4 内均未画影线,所以╳画在这两个区域的交线上.

第三步：检查结论.因为区域 3 和 4 内至少存在一个元素,若这些存在的元素全在区域 4 中,则结论 SIP 不正确.所以该三段论是无效的.

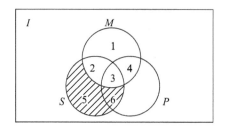

图 4-5-11　第一格的 IAI 式的韦恩图

以下的图 4-5-12 给出了三段论的 24 个有效式的韦恩图法证明.

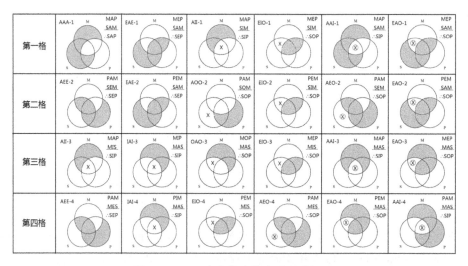

图 4-5-12　24 个有效式的韦恩图法证明

批判性思维案例分析

[例 1]　某机关年终考核时,群众对周、吴、郑、王四位处长的考核结果有多种说法：① 如果周处长考核优秀,那么吴处长考核也优秀；② 考核优秀者是郑处长；③ 考核优秀者是周处长,但吴处长考核不是优秀；④ 考核优秀者是周处长或王处长.

其中,只有一种说法是正确的,以下哪种说法一定为真？　　　　　　(　　)

A. ①　　　　B. ②　　　　C. ③　　　　D. ④

【解析】　此题考查的是直言命题的对当关系.①和③是矛盾关系,必定一真一假.所以,四种说法中唯一正确的必在①和③之中,从而②和④都是错误的.由④说法错误,可知周处长不是考核优秀者,因此,③的说法为假,从而①的说法为真.所以,正确选项应该是 A.

[例 2] 一切有利于生产力发展的方针政策都是符合人民根本利益的.改革开放有利于生产力的发展,所以改革开放是符合人民根本利益的.

以下哪种推理方式与上面的这段论述最为相似? （　　）

A. 一切行动听指挥是一支队伍能够战无不胜的纪律保证.所以,一个企业、一个地区要发展,必须提倡令行禁止,服从大局.

B. 经过对最近六个月销售的健身器跟踪调查,没有发现一台因质量问题被退货或返修.因此,可以说这批健身器的质量是合格的.

C. 如果某种产品超过了市场需求,就可能出现滞销现象."草群"领带的供应量大大超过了市场需求,因此,一定会出现滞销现象.

D. 凡是超越代理人权限所签的合同都是无效的.这份房地产建设合同是超越代理权限签订的,所以它是无效的.

【解析】 此题考查的是直言命题的三段论推理.题干中的三段论推理的形式为

$$MAP$$
$$\underline{SAM}$$
$$SAP$$

只有选项 D 的推理形式与题干相同.所以,正确选项应该是 D.

[例 3] 韩国人爱吃酸菜,罗艺爱吃酸菜,所以,罗艺是韩国人.

能证明上述推理荒谬的是 （　　）

A. 所有的甲市的人都说谎,汤姆是甲市人,所以汤姆说谎.

B. 会走路的动物都有腿,所以,桌子是会走路的.

C. 雪村爱翠花,翠花爱吃酸菜,所以,雪村爱吃酸菜.

D. 所有的金子都闪光,所以,有些闪亮的是金子.

【解析】 此题考查的是直言命题的三段论推理.题干中的三段论推理的形式为

$$PAM$$
$$\underline{SAM}$$
$$SAP$$

它犯了"中项不周延"的错误,因而是荒谬的.只有选项 B 的推理形式与题干相同,因此能证明题干中的推理荒谬,所以,正确答案是 B.

此题也可以直接从语义角度考虑.题干中由韩国人爱吃酸菜,罗艺爱吃酸菜,推出罗艺是韩国人,荒谬之处在于未考虑到除韩国人外还有其他国家人爱吃酸菜.B 项没考虑除动物外还有其他物体也有腿,犯了和题干一样的错误,可以证明题干的荒谬.

[例 4] 所有校学生会委员都参加了大学生电影评论协会.张珊、李斯和王武都是校学生会委员,大学生电影评论协会不吸收大学一年级学生参加.

如果上述断定为真,则以下哪项一定为真? （　　）

Ⅰ. 张珊、李斯和王武都不是大学一年级学生.

Ⅱ．所有校学生会委员都不是大学一年级学生．

Ⅲ．有些大学生电影评论协会的成员不是校学生会委员．

A．只有Ⅰ．　　　　　　　　B．只有Ⅱ．

C．Ⅰ、Ⅱ和Ⅲ．　　　　　　D．只有Ⅰ和Ⅱ．

【解析】　此题考查的是直言命题的三段论推理．由"所有校学生会委员都参加了大学生电影评论协会"和"大学生电影评论协会不吸收大学一年级学生参加"可以推出"所有校学生会委员都不是大学一年级学生"．因此Ⅱ项为真．再由"张姗、李斯和王武都是校学生会委员"，可推出"张姗、李斯和王武都不是大学一年级学生"，因此，Ⅰ项为真．Ⅲ项"有些大学生电影评论协会的成员不是校学生会委员"可能为真，也可能为假．所以，正确答案是D．

[例5]　有人做了这样一个推理：鲁迅的著作不是一天能读完的，《孔乙己》是鲁迅的著作，所以《孔乙己》不是一天能读完的．

对于上述推理，以下哪项为真？　　　　　　　　　　　　　　　（　　）

A．这个推理是正确的．

B．这个推理是错误的，因为它的前提中有一个是错误的．

C．这个推理是错误的，因为它的结论是错误的．

D．这个推理是错误的，因为它犯了"四词项"的错误．

【解析】　题干是一个三段论推理．前提中出现了两次"鲁迅的著作"，其中第一次出现时表示所有鲁迅的著作，是一个集合词项，而第二次出现时表示一个类，是一个非集合词项，题干犯了"四词项"的错误，是错误的推理．所以，正确答案是D．

习　题

（一）知识巩固

1．判断下列词项是单独词项还是普遍词项．

(1) 王昭君；　　　　　　　　(2) 学生；

(3) 南昌；　　　　　　　　　(4) 彝族；

(5) 苏州市姑苏区行政服务中心；(6) 有理数；

(7) 黄鹤楼；　　　　　　　　(8) 平均身高最高的城市；

(9) 世界上寿命最长的楼；　　(10) 昆虫界；

(11) 刘邦；　　　　　　　　 (12) 消费者协会．

2．判断下列语句中带下划线的词项是集合词项还是非集合词项．

(1) 青年是国家的希望．

(2) 根据联合国世界卫生组织于2013年确定的新的年龄分段标准，青年的年龄不超过 44 岁.

(3) 学生应该遵守课堂纪律.

(4) 学生在社会中占主导地位.

3. 判断下列词项是正词项还是负词项.

(1) 大学生； (2) 未成年人；

(3) 非城市户口； (4) 共产党员；

(5) 教师； (6) 不公开审理的案件.

4. 判断下列明确词项的做法是否正确.

(1) 将"学生"限制成"中学生",概括成"知识分子".

(2) 将"正方形"限制成"三角形",概括成"矩形".

(3) 书是人类进步的阶梯.

(4) 怪癖就是非常特殊的习性.

(5) 公诉是不通过当事人的诉讼.

(6) 诉讼就是打官司,打官司就是诉讼.

(7) 将"国际法"定义为"关于国际事务的法律".

(8) 将"商品"定义为"通过货币进行交换的劳动产品".

(9) 将"正方形"定义成"四角相等的四边形".

(10) 法律分为宪法、刑法、民法、经济法、婚姻法.

(11) 学生可以分为小学生、中学生、大学生、研究生、博士生.

(12) 玩具可以分为塑料玩具、电子玩具和智力玩具.

5. 判断下列直言命题的种类,并说明主谓项的周延性.

(1) 一切正义的事业都是一定要胜利的.

(2) 有的劳动产品是商品.

(3) 有的四边形不是梯形.

(4) 所有有生的不是永生的.

(5) 并非所有劳动产品都是商品.

(6) 并非植物都不是乔木.

6. 已知下列直言命题的真假,根据对当关系确定具有相同主谓项的其余三个直言命题的真值.

(1) 已知 A 真,则 E _____,I _____,O _____.

(2) 已知 A 假,则 E _____,I _____,O _____.

(3) 已知 E 真,则 A _____,I _____,O _____.

(4) 已知 E 假,则 A _____,I _____,O _____.

(5) 已知 I 真,则 A _____,E _____,O _____.

(6) 已知 I 假,则 A _____,E _____,O _____.

(7) 已知 O 真,则 A _____,E _____,I _____.

(8) 已知 O 假,则 A _____,E _____,I _____.

7. 对下列命题进行换质,并用公式表示换质过程.

(1) 所有的困难都不是不能克服的.

(2) 有些花不是红色的.

8. 下列命题能否换位？若能,请进行换位,并用公式表示换位过程.

(1) 任何个人主义者都不是共产主义者.

(2) 有些鱼类是卵生动物.

(3) 所有天鹅都是白色的.

(4) 有些人不是大学生.

9. 根据命题变形推理规则,判定下列推理是否成立.

(1) 由"不搞阴谋诡计的人不是野心家"推出"有些非野心家不搞阴谋诡计".

(2) 由"凡是正派人都是光明磊落的"推出"不光明磊落的人都不是正派人".

(3) 由"凡是好干部都是人民的勤务员"推出"凡是人民的勤务员都是好干部".

10. 分析下列三段论的结构：

ⓐ 指出大项、小项、中项、大前提、小前提和结论；

ⓑ 写出它们的逻辑形式,并说明属于第几格什么式；

ⓒ 用三段论基本规则检验它们的正确性.

(1) 审判员在法院工作,这些人在法院工作,所以,这些人是审判员.

(2) 外语翻译都要懂外语,他不是外语翻译,所以,他不懂外语.

(3) 中子是基本粒子,中子是不带电的,所以,有些基本粒子不带电.

(4) 并非所有细菌都有毒,也并非所有生物都是细菌,所以,并非所有生物都有毒.

11. 将下列省略三段论的省略部分补充出来,并说明它是否正确.

(1) 这个三段论是中项周延的三段论,所以,它是一个正确的三段论.

(2) 任何科学理论都不是僵死不变的教条,所以,邓小平理论不是僵死不变的教条.

(3) 人道主义不是唯心主义,所以说它是一种科学的世界观.

(二) 批判性思维训练

1. 北山市第一中学高三年级的张晓蒙、王兵、李平、许小妹四位同学已进入全校羽毛球"火炬杯"比赛的前八名.同年级的甲、乙、丙、丁在一旁争论着谁能最后夺冠.甲说："王兵、李平最有希望夺冠."乙说："王兵、李平根本不可能拿冠军."丙说："张晓蒙今天精神状态不好,肯定拿不了冠军."丁说："许小妹能拿金牌."结果不明,只有一个人猜对了.

请问,羽毛球"火炬杯"比赛冠军是谁？ ( )

A. 张晓蒙.　　B. 王兵.　　C. 李平.　　D. 许小妹.

2. 所有向日葵都是向阳的,这棵植物是向阴的,所以这棵植物不是向日葵.上述推

理的形式结构与以下哪项最为类似?　　　　　　　　　　　　　　　　　　　(　)

A. 所有职业短跑运动员都穿钉鞋,小李不是职业短跑运动员,所以小李不穿钉鞋.

B. 所有纳税人都有存款,这位姑娘有存款,所以这位姑娘是纳税人.

C. 所有法警都在法院工作,小王在法院工作,所以小王是法警.

D. 所有铅笔的外壳都是木头做的,这支笔是铝做的,所以这支笔不是铅笔.

3. 某教研室共有包括主任在内的 7 名教师.有关这 7 名教师,以下三个断定中只有一个是真的:

Ⅰ. 并非该教研室没有人是上海人.

Ⅱ. 该教研室成员不都是上海人.

Ⅲ. 该教研室主任不是上海人.

以下哪项为真?　　　　　　　　　　　　　　　　　　　　　　　　　　(　)

A. 7 名教师都是上海人.　　　　B. 7 名教师都不是上海人.

C. 只有一人不是上海人.　　　　D. 只有一人是上海人.

4. 所有轮胎都是橡胶的,所有的橡胶都是柔性的,有一些橡胶是黑颜色的.由该推论可知　　　　　　　　　　　　　　　　　　　　　　　　　　　　　　　　(　)

A. 所有轮胎都是黑颜色的.　　　B. 只有某些轮胎是橡胶的.

C. 所有轮胎都是柔性的.　　　　D. 凡柔性的东西都是橡胶的.

5. 运动是永恒的,足球运动是运动,所以足球运动是永恒的.

对于上述推理,以下哪项为真?　　　　　　　　　　　　　　　　　　　　(　)

A. 这个推理是错误的,因为它的前提中有一个是错误的.

B. 这个推理是错误的,因为它的结论是错误的.

C. 这个推理是错误的,因为它犯了"四词项"的错误.

D. 这个推理是正确的.

逻辑的应用

——电影《十二怒汉》的论辩分析

一、影片简介

《十二怒汉》是一部 1957 年美国上映的经典黑白电影,曾被誉为 20 世纪最伟大的法律电影,被翻拍成多种版本.

一个在贫民窟长大的 18 岁少年被控谋杀自己的父亲,证人言之凿凿,各方面的证据都对他极为不利.12 个不同职业的人组成了这个案件的陪审团,他们要在休息室达成一致的意见,裁定少年是否有罪.如果罪名成立,少年将会被判处死刑.

其中 11 名陪审员未经讨论就认定少年有罪,只有 1 位陪审员对案件提出了合理怀疑,并引导大家重新审视证据,克服各自内心的偏见、私利和冷漠,最终依照"疑罪从无"

的原则裁定少年无罪.

二、精彩论辩

案情说明：住在对街的女证人声称在晚上睡觉前看见了凶杀过程.以下是关于女证人的证词的辩论.

9号陪审员：你不舒服吗？

4号陪审员：我很好,谢谢你！

9号陪审员：我会那么说是因为,你一直在按摩你的鼻子.对不起,你的动作让我想起了一件事.你为什么要那样按摩你的鼻子？

4号陪审员：如果这有什么关系的话,我会这么做是因为我觉得鼻子很痛.

9号陪审员：对不起,那是因为你戴眼镜的关系吗？

4号陪审员：没错,我们可以谈正事了吗？

9号陪审员：你的眼镜在鼻梁侧面压出那些很深的印子,我之前没有注意到,那应该会很痛.

4号陪审员：你说得对.

9号陪审员：我不了解那种感觉.我的视力很好,没有戴过眼镜.

7号陪审员：请别谈这些眼科医生才会关心的事好吗？

9号陪审员：那位出庭作证、说她看到凶案经过的那位女士,鼻梁侧面也有相同的印子.

5号陪审员：天啊！他说得对.

1号陪审员：请安静！

9号陪审员：再给我一点时间,让我把话说完.我不知道其他人是否注意到,那时我并不在意.但我的脑海中一直浮现她的脸庞,她脸上也有这样的印子,她在法庭上也一直在按摩鼻子.

5号陪审员：他说得对,她的确常常那么做.

9号陪审员：这位女士大约是45岁,她很努力让自己看起来只有35岁的样子.她化了浓妆,染了头发,穿上年轻女孩才会穿的新衣服.她没有戴眼镜,女人常那么做,你们应该能理解她们的心态.

3号陪审员：你是什么意思？你怎么知道她有戴眼镜？就因为她会按摩鼻子吗？

5号陪审员：她脸上也有那种印子.

3号陪审员：你觉得那代表什么意思？

6号陪审员：我厌倦了你总是大吼大叫.

5号陪审员：好了,别激动.

1号陪审员：听着,他说得对,我也看到了,我是最靠近她的人.她鼻子上也有那些印子,这是叫什么来着的？

3 号陪审员：你想要证明什么？她染了头发,鼻子上有印子,那代表什么意思？

9 号陪审员：这些印子可能是除了眼镜以外的其他东西造成的吗？

4 号陪审员：不可能.

3 号陪审员：我没看到她鼻子上有印子.

4 号陪审员：我看到了.奇怪的是我之前没有想到这一点.

3 号陪审员：律师呢？他为什么没有质疑？

8 号陪审员：这个房间里有十二个人,有十一个人也没有想到这一点.

3 号陪审员：检察官呢？你觉得是他要她在出庭时拿下眼镜吗？

8 号陪审员：有些女人不喜欢戴眼镜,因为戴上眼镜她会变得很丑.

3 号陪审员：好吧.她的鼻子上有印子.我承认这一点,那是眼镜造成的,对吧？她不想戴上眼镜,那样子大家会觉得她很漂亮.但她看到那孩子杀死他父亲时,她是一个人待在房里.

8 号陪审员：就是那样.你会戴着眼镜睡觉吗？

4 号陪审员：我不会那么做,没有人会戴着眼镜睡觉.

8 号陪审员：所以我们可以合理地推论她躺在床上时并没有戴眼镜.

3 号陪审员：你怎么知道？

8 号陪审员：那是我的推论.我推论她往窗外看去时并没有戴眼镜.她作证说,案发时她刚好往窗外看去,她根本没有时间把眼镜戴上.

3 号陪审员：等一下.

8 号陪审员：还有另一个推论.她真的认为她看到了那个孩子,但我觉得她只看到模糊的影子.

3 号陪审员：你怎么知道她看到了什么？她怎么会知道那么多事？你怎么知道她戴的是哪一种眼镜？或许她得的是远视？你怎么会知道？

8 号陪审员：我只知道那个女人的视力现在成了争议.

11 号陪审员：她得在昏暗的夜色中不戴眼镜辨识出六十英尺外的人.

2 号陪审员：只靠这样的证据,你不能让一个人坐上电椅.

3 号陪审员：少来这一套.

8 号陪审员：你觉得她看错了吗？

3 号陪审员：不.

8 号陪审员：那是不可能的吗？

3 号陪审员：那是不可能的.

8 号陪审员：不可能吗？

12 号陪审员：他是无罪的.

8 号陪审员：你觉得他有罪吗？

10 号陪审员：（摇头）

8 号陪审员：你呢？

4号陪审员：他无罪．我被说服了，他无罪．

3号陪审员：你是怎么了？

4号陪审员：我现在有了合理的怀疑．

9号陪审员：现在是十一比一．

3号陪审员：其他的证据又是怎么一回事？那把凶刀跟其他的证据呢？

2号陪审员：你说过我们可以抛开其他的证据．

8号陪审员：我们现在该怎么办？只剩下你一个人．

3号陪审员：我不在乎自己是不是孤军奋战，这是我的权利．

8号陪审员：这是你的权利．

思考

1．从传统词项逻辑的角度分析，陪审员们是如何对女证人的证词提出合理怀疑的．

2．结合人物的身份、职业、年龄、社会背景等，挑选 1 个陪审员，谈谈你的看法和评价．

阅读材料

逻辑学之父——亚里士多德

亚里士多德(Aristotle，前384—前322)，诞生在希腊北部马其顿的斯塔吉拉城，其父为马其顿国王菲力普的朋友兼御医．也许受父亲的影响，他终生对生物学和实证科学感兴趣．17 岁时，他入柏拉图创立的雅典学园，师从柏拉图达 20 年之久．苏格拉底是柏拉图的老师，柏拉图是亚里士多德的老师，这三代师徒都是哲学史上的顶尖人物．就像天才人物之间经常发生的那样，亚里士多德与柏拉图似乎相处不快，他对柏拉图的理念论持批评态度，曾隐喻"智慧不会随柏拉图一起死亡"，并有一句名言："吾爱吾师，吾更爱真理"．不过，从柏拉图那里，他学会了哲学的思辨、推理和论证方法．柏拉图去世后不久，他应雅典学园先前的同学赫米亚斯(Hermias)的邀请，来到了后者所统辖的小亚细亚的阿索斯．在这里，亚里士多德建立了一个学园，在他周围聚集了一些柏拉图学派的哲学家．也是在这里，他娶了赫米亚斯的侄女皮西亚斯(Pythias)为妻，生了一个也叫皮西亚斯的女儿．在阿索斯三年后，他应泰奥弗拉斯多(Theophrastus)的邀请，到离阿索斯不远的一个岛上待了一段时间．泰奥弗拉斯多后来成为他最忠实的追随者．公元前 343 年，他应马其顿国王菲力普之邀，担任时年 14 岁的王子亚历山大(后成为著名的亚历山大大帝)的老师，为时 7 年．公元前 334 年，亚里士多德回到雅典．由于得到来自亚历山大大帝及其他

行政官员的丰厚资助,他占有了阿波罗吕克昂(Lyceum)神庙附近的广大地区及其园林,创办了一所学校——吕克昂学园.由于采取师生同桌吃饭、在花园里边散步边教学的方式,他的学园被称为"逍遥学派"(源于希腊语"peripatio",意为"漫步").在雅典,他开展了范围广泛的研究和教学活动,使吕克昂学园成为一个创造性学术活动的中心.园里修建了当时第一流的图书馆和动植物园.在学园创办届满12年之际,亚里士多德身陷政治困境之中.一方面,他与亚历山大的关系开始冷淡;另一方面,他在雅典仍被认为是亚历山大和马其顿政权的盟友,遭到了雅典的反马其顿党派的激烈攻击.亚历山大病故之后,雅典爆发了仇恨"马其顿党"的风暴,亚里士多德首当其冲,与先前的苏格拉底一样,被控"亵渎神明"的罪名.他决定"不给雅典人第二次扼杀哲学的机会",把学园托付给泰奥弗拉斯多,自己逃离雅典.次年死于逃亡途中,享年63岁.在遗嘱中,他请求葬在亡妻皮西亚斯的墓旁,并为继室赫皮利斯(Herpylias)的生活做了一些安排.亚里士多德与继室生有一子尼各马可,他的一部伦理学著作就是以这个儿子的名字命名的,叫作《尼各马可伦理学》.

亚里士多德是一位百科全书式的学者,一生著述宏富,据说至少撰写了170种著作.在他去世后,其侄子带着他的一些主要著作去了小亚细亚的塞普西斯.在那里,他侄子把这些著作封存在一个洞穴里,据说封存了两百年.之后,这些著作被转移到罗马,交给了亚里士多德派哲学家、吕克昂学园最后的领袖——罗得岛的安德罗尼柯(Andronicus of Rhodes).公元前60年,安德罗尼柯将这些著作加以编辑、分类.今天我们所知的亚里士多德的许多著作都是根据一些短篇编辑而成,总数大约是47种,其中主要的著作有:《工具论》,讨论逻辑问题;《形而上学》,讨论抽象的一般哲学问题;《物理学》《论天》《论生灭》《论灵魂》,讨论自然哲学问题;《尼各马可伦理学》《大伦理学》《欧德谟伦理学》,讨论道德伦理问题.此外,还有《政治学》《修辞学》《诗学》以及有关政治、经济等方面的著作.其著作的内容包括三个方面:一是前人的知识积累,二是助手们为他所做的调查和发现,三是他自己的独立见解.在这些著作中,他对先前的一切哲学进行全面认真的批判研究,兼收并蓄;对千差万别的宇宙现象作出多种方式、多个层次、多个侧面的阐明,开创了逻辑学、伦理学、政治学和生物学等学科的独立研究.在整个西方哲学史、科学史以及文化史上,亚里士多德发挥了广泛而又重要的影响.

《工具论》是亚里士多德的逻辑著作,其中包括《范畴篇》《解释篇》《前分析篇》《后分析篇》《论题篇》《辨谬篇》六篇.在《范畴篇》中,他提出了著名的"十范畴":实体、数量、性质、关系、地点、时间、姿势、状态、活动、遭受,认为这些范畴既是对外部存在的分类,也是对命题的主谓词的分类,由此开创了对命题的主谓式逻辑分析.在《解释篇》中,他讨论了主谓式命题(直言命题)及其真假关系、模态命题及其真假关系,阐述了著名的"二值原则"(任一命题或真或假,非真即假,非假即真)及其反例(所谓的"海战问题":"明天将要发生海战",在今天既不真也不假).在《前分析篇》中,他系统地阐述了他的推理理论,主要是以直言命题作前提和结论的三段论,以及以模态命题作前提和结论的三段论,区分了它们的格与式,讨论了它们必须遵守的规则,以此区分有效的三段论式和无效的三段论式.在《后分析篇》中,他阐述了他的证明理论,提出了比较系统的公理化思想,即由基本概念(不加定义就加以接受的概念)通过定义得出派生概念,由基本命题(包括公理和假设)根据给定的推理规则得出一系列定理,由此构成一个有严格逻辑秩序的理论体系.在《论题篇》和《辨谬篇》中,他讨论了论辩、谬误以及对谬误的反驳.此外,在《形而上学》一书中,他还重点探讨了矛盾律和排中律,这是两条最基本的思维规律.总体来说,在这些著作中,亚里士多德建立了一种"大逻辑"框架.在后来十几个世纪中占据统治地位的逻辑教学体系,即"概念→判断→推理→论证→思维基本规律",在他那里已具雏形.但他在逻辑方面的主要成就,还是以直言命题为对象、以三段论理论为核心的词项逻辑理论.该理论时至今日都没有实质性变化,只不过做了少许添加和改良.亚里士多德是名副其实的"逻辑之父".

思考

1. 亚里士多德在逻辑学领域有哪些重要贡献?

2. 结合亚里士多德的人生际遇、学术背景和主要贡献等,谈谈你对亚里士多德的看法和评价.

第5章 模态逻辑

第1节 模态逻辑概述

谓词逻辑和传统词项逻辑对原子命题的形式结构和逻辑关系进行了深入的剖析,但是有些涉及必然性、可能性等概念的推理问题,仍无法用这两类逻辑解决.比如,"如果中国队必然获胜,则中国队可能获胜."这样一个简单的推理,虽然直觉判断该推理是正确的,但在谓词逻辑和传统词项逻辑中无法解决.因此,有必要研究必然性、可能性等性质,这类性质称为模态.

逻辑学中有一个重要分支,主要研究模态命题和推理的形式及其规律,称为模态逻辑.模态逻辑由于研究和阐明了必然、可能、应当、知道等本体论和认识论概念的逻辑性质,因而具有深刻的哲学意义,并且在社会生活、科学研究中有着重要的作用.

1 模态、模态词和模态算子

学习模态逻辑,首先要了解模态、模态词、模态算子等基本概念.

定义 5-1-1 事物或认识的必然性和可能性等这类性质称为模态.

模态在思维中的反映,表现为一定的认识和观念,便形成了相应的模态概念.

定义 5-1-2 语言中用以表示模态或模态概念的语词或符号称为模态词.

例如,汉语中的"必然""可能",英语中的单词"necessity""possible"等都是模态词.

定义 5-1-3 通常用人工语言符号"□"和"◇"来分别表示必然性和可能性,这些人工符号称为模态算子.

2 模态的分类

按照不同的标准,可以将模态分为不同的类别.首先,可以将模态分为从物模态和从言模态.

定义 5-1-4 关于事物或对象的模态,称为从物模态,又称事物的模态.

定义 5-1-5 关于命题本身的模态,称为从言模态,又称命题的模态.

例如,"飞机必然比火车速度快"这个命题的意思是:"比火车速度快"是飞机的本质属性或本质属性的一部分,这里的必然性是针对事物的,是从物模态."'飞机比火车速度快'是必然的"这个命题的意思是:"飞机比火车速度快"这个命题必然为真,这里的必然性是针对命题本身的,是从言模态.

其次,可以将模态分为客观模态和主观模态.

定义 5-1-6　客观存在的必然性和可能性等这类性质称为客观模态.

定义 5-1-7　认识中的确定性或不确定性等这类性质称为主观模态.

例如,"飞机必然比火车速度快"是客观模态,而"今天可能会下雨"是主观模态.

最后,模态还可以分为狭义模态和广义模态.

定义 5-1-8　事物或认识的必然性和可能性等性质称为狭义模态.

狭义模态可以看作关于真的性质的模态,即必然真、可能真等,因而又称为真势模态.

定义 5-1-9　除了必然性和可能性等性质外,还包括事物或认识的其他一些性质的模态,称为广义模态.

例如,"应该""允许""禁止"等道义模态,"知道""相信"等认知模态,"过去""现在""将来"等时态模态,"优秀""良好""坏"等价值模态,这些都是广义模态.

表达狭义模态的模态词,如"必然""可能"等,称为狭义模态词或标准模态词.表达广义模态的语词或符号称为广义模态词或非标准模态词.相应地,模态逻辑也有广义和狭义之分.仅包含"必然""可能"等狭义或标准模态词的逻辑称为狭义模态逻辑或真势模态逻辑,即我们通常所说的模态逻辑.而那些含有广义或非标准模态词的逻辑称为广义模态逻辑,如道义逻辑、认知逻辑、时态逻辑、价值逻辑等.由于篇幅限制,本书下文主要介绍狭义逻辑,并简单介绍一种广义模态逻辑——道义逻辑.

3　模态形式

逻辑学的研究对象是思维形式和思维规律.模态逻辑研究的是含有模态词的思维形式,这种形式称为模态形式.它是在经典逻辑形式的基础上增加模态算子等模态成分而形成的逻辑形式.模态形式主要包括对模态命题、模态推理的符号化.

3.1　模态命题

定义 5-1-10　表示事物或认识的必然性和可能性的命题,称为模态命题.

例如:① 凶手必然会受到法律的制裁.

② 凶手必然不会逃脱法律的制裁.

③ 明天可能会下雪.

④ 明天可能不会下雪.

⑤ 明天可能会下雨,也可能会下雪.

⑥ 明天如果下雪,那么路上可能会结冰.

模态命题可以分为简单模态命题和复合模态命题两类:包含模态词的简单命题称为简单模态命题;将简单模态命题用命题联结词联结起来或者将模态词加在一个复合命题之前,称为复合模态命题.上例中①—④是简单模态命题,⑤和⑥是复合模态命题.

3.1.1 简单模态命题及其符号化

根据简单模态命题表示的是事物或认识的可能性还是必然性,可以将模态命题分为可能命题和必然命题.根据简单模态命题的联项是肯定的还是否定的,可以将模态命题分为肯定命题和否定命题.综合考虑以上两个标准,简单模态命题可以分为以下4类:

(1) 必然肯定命题.表示事物情况必然存在,其逻辑形式为"必然 P"或"'P 真'是必然的",用符号表示为"$\Box P$".

上例中①是必然肯定命题.

(2) 必然否定命题.表示事物情况必然不存在,其逻辑形式为"必然非 P"或"'P 假'是必然的",用符号表示为"$\Box \neg P$".

上例中②是必然否定命题.

(3) 可能肯定命题.表示事物情况可能存在,其逻辑形式为"可能 P"或"'P 真'是可能的",用符号表示为"$\Diamond P$".

上例中③是可能肯定命题.

(4) 可能否定命题.表示事物情况可能不存在,其逻辑形式为"可能非 P"或"'P 假'是可能的",用符号表示为"$\Diamond \neg P$".

上例中④是可能否定命题.

在自然语言中,除了"必然""可能"外,还有其他一些模态词.比如,"必定""无疑""理所当然"等都是表达必然性的模态词,都能符号化为"$\Box$";"或许""大约""不一定"等都是可能性表达的模态词,都能符号化为"$\Diamond$".

3.1.2 复合模态命题及其符号化

用联结词将简单模态命题联结起来或者在复合命题之前添加模态词,就构成了复合模态命题.上例中的⑤、⑥都是复合模态命题.

设 P:明天会下雨,Q:明天会下雪,则命题⑤可符号化为
$$\Diamond P \wedge \Diamond Q.$$

设 P:明天下雪,Q:路上会结冰,则命题⑥可符号化为
$$P \to \Diamond Q.$$

在自然语言中,由于模态词的辖域不确定,模态命题常常会有歧义,可能造成符号化结果不唯一.比如,在命题"必然明天会下雨和下雪"中,模态词"必然"的辖域究竟是"明天会下雨和下雪",还是紧跟其后的"明天会下雨",并不明确.因此,设 P:明天会下

雨，Q：明天会下雪，该命题既可以符号化为
$$\Box(P \wedge Q),$$
也可以符号化为
$$\Box P \wedge Q.$$

因此，为了避免产生歧义，在自然语言中应通过模态词和标点符号在命题中的位置，明确模态词的辖域. 该命题可以修改为

(a) 必然地，明天会下雨和下雪.

(b) 明天会下雨和下雪，这是必然的.

(c) 明天必然会下雨，并且明天会下雪.

(a)、(b)均可符号化为$\Box(P \wedge Q)$，(c)可符号化为$\Box P \wedge Q$.

另外，可以将必然性和可能性的模态词组合在一起使用，表示"必然的必然性""可能的必然性""必然的可能性""可能的可能性"等，这样的命题称为叠置模态命题. 例如：

真相不可能永远被掩盖，这是必然的.

设 P：真相永远被掩盖，则该命题可以符号化为$\Box \neg \Diamond P$.

在没有特别说明的情况下，下文提到的模态命题都是指简单模态命题.

3.1.3 模态命题的真值情况

与命题逻辑中的命题一样，模态命题也有真值，但两者不完全一样. 在命题逻辑中，命题的真值是确定的，非真即假. 但模态命题的真值要复杂得多，需要引入"可能世界"这个概念."可能世界"最早是由莱布尼茨提出的，是指由无穷多的具有各种性质的事物所形成的事物组合. 在他看来，凡不违反逻辑，能够为人们所想象的情况或场合，都是可能世界. 我们所在的现实世界也是可能世界，是众多可能世界中的一个. 例如，现实世界是一个有核武器的世界，我们可以设想一下所有现存的核武器都被销毁了并且世界各国都不再制造核武器的无核世界，也可以设想一下所有现存的核武器都爆炸了，地球和人类社会都毁灭了的无地球、无人类的世界，它们都是可能世界. 莱布尼茨应用"可能世界"这一概念定义了模态词"必然"和"可能"，"必然"就是在所有可能世界中真，"可能"就是在有些可能世界中真. 因此，根据命题 P 在每个可能世界中的真值情况可以确定模态命题的真值：

(1) 必然肯定命题"$\Box P$"为真，当且仅当 P 在所有的可能世界中取值为真；

(2) 必然否定命题"$\Box \neg P$"为真，当且仅当 P 在所有的可能世界中取值为假；

(3) 可能肯定命题"$\Diamond P$"为真，当且仅当 P 至少在一个可能世界中取值为真；

(4) 可能否定命题"$\Diamond \neg P$"为真，当且仅当 P 至少在一个可能世界中取值为假.

各种模态命题的真值情况如表 5-1-1 所示.

表 5-1-1　简单模态命题的真值情况

模态命题的种类	P 在可能世界中的真值情况		
	真	可真可假	假
□P	T	F	F
□¬P	F	F	T
◇P	T	T	F
◇¬P	F	T	T

例如,命题"事物是发展变化的"在所有可能世界中为真,所以"事物是必然发展变化的"和"事物可能是发展变化的"为真,而"事物必然不是发展变化的"和"事物可能不是发展变化的"为假.

又如,命题"张三和李四是好朋友"在所有可能世界中可真可假,所以"张三和李四可能是好朋友"和"张三和李四可能不是好朋友"为真,"张三和李四必然是好朋友"和"张三和李四必然不是好朋友"为假.

再如,命题"张三和李四同时比对方高"在所有可能世界中为假,所以"张三和李四必然不同时比对方高"和"张三和李四可能不同时比对方高"为真,"张三和李四必然同时比对方高"和"张三和李四可能同时比对方高"为假.

3.2　模态推理

定义 5-1-11　前提或结论中有模态命题的推理,称为模态推理.

例如:

① 既要马儿不吃草又要马儿跑得快是不可能的,所以,要马儿跑得快,必须让马儿吃草,这是必然的.

② 如果王明是学生会主席,那么他必然是学生,王明是学生会主席,所以,他必然是学生.

上例中两个推理都是模态推理. 设 P:马儿吃草,Q:马儿跑得快,则①可符号化为

$$\neg\Diamond(\neg P \land Q) \Rightarrow \Box(Q \rightarrow P).$$

设 P:王明是学生会主席,Q:王明是学生,则②可符号化为

$$(P \rightarrow \Box Q) \land P \Rightarrow \Box Q.$$

从逻辑史来看,模态逻辑经历了由传统模态逻辑到现代模态逻辑的发展过程,下面分别介绍这两种模态逻辑中的推理形式和规律.

第2节　传统模态逻辑

传统模态逻辑指的是传统逻辑形态下的模态逻辑,主要有亚里士多德、麦加拉-斯多葛学派和中世纪经院哲学家关于模态逻辑的一些研究成果.本章主要介绍传统模态逻辑中的模态推理形式,模态三段论是其中的一个重要内容.

1　模态对当推理

1.1　模态对当关系

同一命题 P 对应的模态命题 $\Box P$、$\Box \neg P$、$\Diamond P$、$\Diamond \neg P$ 在真假值方面存在着必然的制约关系,这种关系称为模态对当关系.与直言命题的对当关系类似,模态对当关系也可分为 4 类.

1.1.1　反对关系——不能同真、但可以同假

命题 $\Box P$ 和 $\Box \neg P$ 之间具有反对关系,因为:

① 当 $\Box P$ 为真时,P 在所有可能世界中取值为真,此时 $\Box \neg P$ 为假;

② 当 $\Box \neg P$ 为真时,P 在所有可能世界中取值为假,此时 $\Box P$ 为假;

③ 当 $\Box P$ 为假时,P 至少在一个可能世界中取值为假,此时 $\Box \neg P$ 可能为真可能为假;

④ 当 $\Box \neg P$ 为假时,P 至少在一个可能世界中取值为真,此时 $\Box P$ 可能为真可能为假.

例如,"小明必然是学生"和"小明必然不是学生"之间就是反对关系.

1.1.2　差等关系——前者真后者必然真、后者假前者必然假

(1) 命题 $\Box P$ 和 $\Diamond P$ 之间具有差等关系,因为:

① 当 $\Box P$ 为真时,P 在所有可能世界中取值为真,此时 $\Diamond P$ 为真;

② 当 $\Diamond P$ 为假时,P 在所有可能世界中取值为假,此时 $\Box P$ 为假;

③ 当 $\Box P$ 为假时,P 至少在一个可能世界中取值为假,此时 $\Diamond P$ 可能为真可能为假;

④ 当 $\Diamond P$ 为真时,P 至少在一个可能世界中取值为真,此时 $\Box P$ 可能为真可能为假.

例如,"小明必然是学生"和"小明可能是学生"之间就是差等关系.

(2) $\Box \neg P$ 和 $\Diamond \neg P$ 也具有差等关系,因为:

① 当 $\Box \neg P$ 为真时,P 在所有可能世界中取值为假,此时 $\Diamond \neg P$ 为真;

② 当 $\Diamond \neg P$ 为假时,P 在所有可能世界中取值为真,此时 $\Box \neg P$ 为假;

③ 当 $\Box \neg P$ 为假时,P 至少在一个可能世界中取值为真,此时 $\Diamond \neg P$ 可能为真可能为假;

④ 当 ◇¬P 为真时，P 至少在一个可能世界中取值为假，此时 □P 可能为真可能为假.

例如，"小明必然不是学生"和"小明可能不是学生"之间就是差等关系.

1.1.3 矛盾关系——不能同真、不能同假

(1) 命题 □P 和 ◇¬P 之间具有矛盾关系，因为：

① 当 □P 为真时，P 在所有可能世界中取值为真，此时 ◇¬P 为假；

② 当 □P 为假时，P 至少在一个可能世界中取值为假，此时 ◇¬P 为真；

③ 当 ◇¬P 为真时，P 至少在一个可能世界中取值为假，此时 □P 为假；

④ 当 ◇¬P 为假时，P 在所有可能世界中取值为真，此时 □P 为真.

例如，"小明必然是学生"和"小明可能不是学生"之间就是矛盾关系.

(2) 命题 □¬P 和 ◇P 之间具有矛盾关系，因为：

① 当 □¬P 为真时，P 在所有可能世界中取值为假，此时 ◇P 为假；

② 当 □¬P 为假时，P 至少在一个可能世界中取值为真，此时 ◇P 为真；

③ 当 ◇P 为真时，P 至少在一个可能世界中取值为真，此时 □¬P 为假；

④ 当 ◇P 为假时，P 在所有可能世界中取值为假，此时 □¬P 为真.

例如，"小明必然不是学生"和"小明可能是学生"之间就是矛盾关系.

1.1.4 下反对关系——不能同假、可以同真

命题 ◇P 和 ◇¬P 之间具有下反对关系，因为：

① 当 ◇P 为假时，P 在所有可能世界中取值为假，此时 ◇¬P 为真；

② 当 ◇¬P 为假时，P 在所有可能世界中取值为真，此时 ◇P 为真；

③ 当 ◇P 为真时，P 至少在一个可能世界中取值为真，此时 ◇¬P 可能为真可能为假；

④ 当 ◇¬P 为真时，P 至少在一个可能世界中取值为假，此时 ◇P 可能为真可能为假.

例如，"小明可能是学生"和"小明可能不是学生"之间就是下反对关系.

为了便于记忆，以上 4 种对当关系可以统一表示于图 5-2-1 中. 图中带对角线的正方形称为模态对当方阵.

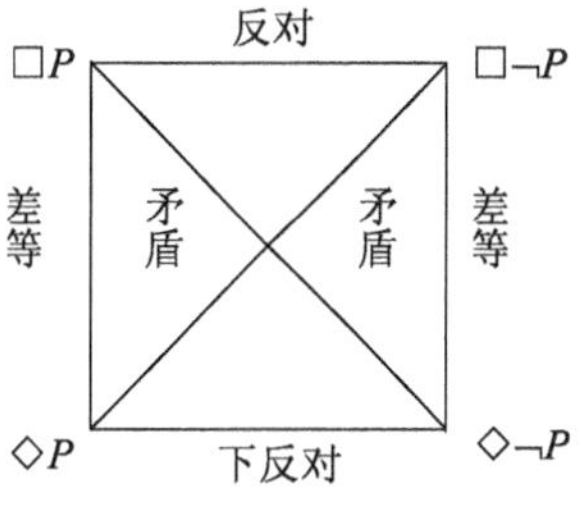

图 5-2-1 模态对当方阵

1.2 模态对当推理

根据上述对当关系，可以得到以下有效推理式.

1.2.1 反对关系对当推理

(1) $\Box P \Rightarrow \neg \Box \neg P$.

(2) $\Box \neg P \Rightarrow \neg \Box P$.

例如：

① 小明必然是学生，所以，小明不必然不是学生．

② 小明必然不是学生，所以，小明不必然是学生．

根据模态命题间的反对关系，可以由其中一个命题为真推知另一个命题为假，但不能由其中一个命题为假推知另一个命题的真假．

1.2.2 差等关系对当推理

(3) $\Box P \Rightarrow \Diamond P$．

(4) $\neg \Diamond P \Rightarrow \neg \Box P$．

(5) $\Box \neg P \Rightarrow \Diamond \neg P$．

(6) $\neg \Diamond \neg P \Rightarrow \neg \Box \neg P$．

例如：

③ 小明必然是学生，所以，小明可能是学生．

④ 小明不可能是学生，所以，小明不必然是学生．

⑤ 小明必然不是学生，所以，小明可能不是学生．

⑥ 小明不可能不是学生，所以，小明不必然不是学生．

1.2.3 矛盾关系对当推理

根据矛盾关系，可以得到下列等值推理：

(7) $\Box P \Leftrightarrow \neg \Diamond \neg P$．

(8) $\neg \Box P \Leftrightarrow \Diamond \neg P$．

(9) $\Box \neg P \Leftrightarrow \neg \Diamond P$．

(10) $\neg \Box \neg P \Leftrightarrow \Diamond P$．

例如：

⑦ 小明必然是学生，当且仅当小明不可能不是学生．

⑧ 小明不必然是学生，当且仅当小明可能不是学生．

⑨ 小明必然不是学生，当且仅当小明不可能是学生．

⑩ 小明不必然不是学生，当且仅当小明可能是学生．

1.2.4 下反对关系对当推理

(11) $\neg \Diamond P \Rightarrow \Diamond \neg P$．

(12) $\neg \Diamond \neg P \Rightarrow \Diamond P$．

例如：

⑪ 小明不可能是学生，所以，小明可能不是学生．

⑫ 小明不可能不是学生，所以，小明可能是学生．

需要注意的是，以上 4 类对当关系推理中，除了矛盾关系对当推理是等值推理外，其余推理都是单向的,即只能由前一个模态命题推出后一个模态命题,反之不成立.例如,根据差等关系对当推理(3),可由"小明必然是学生"推出"小明可能是学生",但由"小明可能是学生"无法推出"小明必然是学生".

例 1 以"明天可能不下雪"为前提,能否推出以下结论?

（a）明天不可能下雪.

（b）明天不必然下雪.

（c）明天必然不下雪.

解 设 P：明天下雪,前提"明天可能不下雪"可符号化为 $\Diamond\neg P$. 则：

结论(a)可符号化为 $\neg\Diamond P$, $\Diamond\neg P$ 与 $\Diamond P$ 是下反对关系,当 $\Diamond\neg P$ 为真时, $\Diamond P$ 可能为真可能为假,所以由前提不能推出结论(a).

结论(b)可符号化为 $\neg\Box P$, $\Diamond\neg P$ 与 $\Box P$ 是矛盾关系,当 $\Diamond\neg P$ 为真时, $\Box P$ 为假,即 $\neg\Box P$ 为真,所以由前提可推出结论(b).

结论(c)可符号化为 $\Box\neg P$, $\Box\neg P$ 与 $\Diamond\neg P$ 是差等关系,当 $\Diamond\neg P$ 为真时, $\Box\neg P$ 可能为真可能为假,所以由前提不能推出结论(c).

2　模态命题与实然命题之间的推理

与模态命题相对应,不含模态词的命题称为非模态命题,也称为实然命题.实然命题 P 与其对应的模态命题在真假值方面存在着必然的制约关系.

1）必然命题 $\Box P$ 与实然命题 P 之间具有差等关系

① 当 $\Box P$ 为真时, P 在所有可能世界中取值为真,而现实世界是许多可能世界之一,故 P 在现实世界中也为真,即实然命题 P 为真；

② 当实然命题 P 为假时, P 在现实世界中为假,故 P 不在所有可能世界中取值为真,即 $\Box P$ 为假；

③ 当实然命题 P 为真时, P 在现实世界中为真,但 P 在其他可能世界中可能为真可能为假,即 $\Box P$ 可能为真可能为假；

④ 当 $\Box P$ 为假时, P 至少在一个可能世界中取值为假,但不能保证这个可能世界就是现实世界,故 P 在现实世界中可能为真可能为假,即实然命题 P 可能为真可能为假.

例如,"小明必然是学生"和"小明是学生"之间就是差等关系.

由以上差等关系,可以得到以下推理关系：

(1) $\Box P \Rightarrow P$.

(2) $\neg P \Rightarrow \neg\Box P$.

(3) $\Box\neg P \Rightarrow \neg P$.

(4) $\neg\neg P \Rightarrow \neg\Box\neg P$.

2) 实然命题 P 与可能命题 ◇P 之间具有差等关系

① 当实然命题 P 为真时，P 在现实世界中为真，而现实世界是许多可能世界之一，故 P 至少在一个可能世界中取值为真，即 ◇P 为真；

② 当 ◇P 为假时，P 在所有可能世界中取值为假，故 P 在现实世界中也为假，即实然命题 P 为假；

③ 当 ◇P 为真时，P 至少在一个可能世界中取值为真，但不能保证这个可能世界就是现实世界，故 P 在现实世界中可能为真可能为假，故实然命题 P 可能为真可能为假；

④ 当实然命题 P 为假时，P 在现实世界中为假，但 P 在其他可能世界中可能为真可能为假，故 ◇P 可能为真可能为假.

例如，"小明是学生"和"小明可能是学生"之间就是差等关系.

由以上差等关系，可以得到以下推理关系：

(5) $P \Rightarrow \Diamond P$.

(6) $\neg \Diamond P \Rightarrow \neg P$.

(7) $\neg P \Rightarrow \Diamond \neg P$.

(8) $\neg \Diamond \neg P \Rightarrow \neg \neg P$.

上述推理式(1)—(8)可以合并在一起有：

(9) $\Box P \Rightarrow P \Rightarrow \Diamond P$.

(10) $\neg \Diamond P \Rightarrow \neg P \Rightarrow \neg \Box P$.

(11) $\Box \neg P \Rightarrow \neg P \Rightarrow \Diamond \neg P$.

(12) $\neg \Diamond \neg P \Rightarrow \neg \neg P \Rightarrow \neg \Box \neg P$.

模态命题与实然命题间的关系可以简单总结为：凡是客观必然的东西，总是现实的东西；凡是现实的东西，都是客观可能的东西.

进一步，可以将实然命题添加入模态对当方阵，从而将其扩展为六角图，如图 5-2-2 所示.

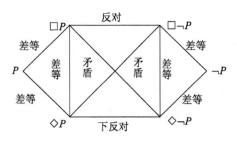

图 5-2-2 实然命题与模态命题间的对当关系

根据图 5-2-2，模态命题与实然命题的推理可以和模态对当推理结合起来使用. 利用对当推理作为过渡，将实然命题与六角图中的更多模态命题建立联系. 比如，可由实然命题推得以下有效推理：

(13) $P \Rightarrow \Diamond P \Rightarrow \neg \Box \neg P$.
(14) $\neg P \Rightarrow \Diamond \neg P \Rightarrow \neg \Box P$.
(15) $\neg P \Rightarrow \neg \Box P \Rightarrow \Diamond \neg P$.
(16) $\neg \neg P \Rightarrow \neg \Box \neg P \Rightarrow \Diamond P$.

3 直言模态命题之间的对当推理

包含模态词的直言命题称为直言模态命题,含有"必然"模态词的直言命题叫直言必然命题,含有"可能"模态词的直言命题叫直言可能命题.

综合考虑"模态"和"直言命题的类型"两方面,直言模态命题可以分为以下 8 类:

1) 必然全称肯定命题

其逻辑形式为"必然所有 S 是 P",也可简写为"□SAP". 断定 S 类事物必然全部具有 P 性质.

2) 必然全称否定命题

其逻辑形式为"必然所有 S 不是 P",也可简写为"□SEP". 断定 S 类事物必然全部不具有 P 性质.

3) 必然特称肯定命题

其逻辑形式为"必然有 S 是 P",也可简写为"□SIP". 断定 S 类事物必然至少有一个具有 P 性质.

4) 必然特称否定命题

其逻辑形式为"必然有 S 不是 P",也可简写为"□SOP". 断定 S 类事物必然至少有一个不具有 P 性质.

5) 可能全称肯定命题

其逻辑形式为"可能所有 S 是 P",也可简写为"◇SAP". 断定 S 类事物可能全部具有 P 性质.

6) 可能全称否定命题

其逻辑形式为"可能所有 S 不是 P",也可简写为"◇SEP". 断定 S 类事物可能全部不具有 P 性质.

7) 可能特称肯定命题

其逻辑形式为"可能有 S 是 P",也可简写为"◇SIP". 断定 S 类事物可能至少有一个具有 P 性质.

8) 可能特称否定命题

其逻辑形式为"可能有 S 不是 P",也可简写为"◇SOP". 断定 S 类事物可能至少有一个不具有 P 性质.

模态命题之间存在着真假对当关系,而由第四章的介绍可知,A,E,I,O 四类直言命题之间也存在着真假对当关系,那么直言模态命题在真假值方面是否也存在着必然的制约关系呢？答案是肯定的. 这种关系称为直言模态命题之间的真假对当关系,这些关系可以统一表示于图 5-2-3 中,该图称为直言模态对当方阵.

图 5-2-3 中,有向边表示差等关系,无向边表示矛盾关系,虚线表示反对关系,点划线表示下反对关系. 图中的有

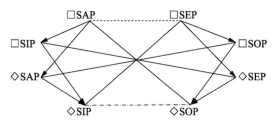

图 5-2-3　直言模态对当方阵

关直言模态命题之间的真假对当关系对应的推理式如表 5-2-1 所示.

表 5-2-1　直言模态命题之间的对当推理

编号	对当关系	推 理 式
1	矛盾关系	□SAP ⇔ ¬◇SOP
2		◇SOP ⇔ ¬□SAP
3		□SEP ⇔ ¬◇SIP
4		◇SIP ⇔ ¬□SEP
5		□SIP ⇔ ¬◇SEP
6		◇SEP ⇔ ¬□SIP
7		□SOP ⇔ ¬◇SAP
8		◇SAP ⇔ ¬□SOP
9	反对关系	□SAP ⇒ ¬□SEP
10		□SEP ⇒ ¬□SAP
11	下反对关系	¬◇SIP ⇒ ◇SOP
12		¬◇SOP ⇒ ◇SIP
13	差等关系	□SAP ⇒ □SIP
14		□SEP ⇒ □SOP
15		◇SAP ⇒ ◇SIP
16		◇SEP ⇒ ◇SOP
17		□SAP ⇒ ◇SAP
18		□SEP ⇒ ◇SEP
19		□SIP ⇒ ◇SIP
20		□SOP ⇒ ◇SOP

表 5-2-1 中的每个对当推理都可结合使用模态命题间的对当推理以及直言命题间的对当推理得到. 下面不妨以矛盾关系式(5)为例,给出证明.

例 2　证明 □SIP ⇔ ¬◇SEP.

证　由模态命题的矛盾关系推理可得

$$\Box SIP \Leftrightarrow \neg \Diamond \neg SIP,$$

而由直言命题的矛盾关系推理可得

$$\neg SIP \Leftrightarrow SEP.$$

综合以上两式,可得

$$\Box SIP \Leftrightarrow \neg \Diamond SEP.$$

4 模态三段论

模态三段论是在三段论的基础上引入模态词而构成的演绎推理,是指至少有一前提是模态命题的三段论. 在传统逻辑中,模态三段论比较复杂,这里仅介绍其中的 5 种.

4.1 必然模态三段论

必然模态三段论是指两个前提都是必然命题的三段论. 以第一格的 AAA 式为例,其推理形式为

所有 M 必然是 P,
所有 S 必然是 M,
所有 S 必然是 P.

可以符号化为

$\Box$MAP
$\Box$SAM
$\Box$SAP

例如:

所有人的寿命必然是有限的,
所有女人必然是人,
所有女人的寿命必然是有限的.

4.2 必然和直言结合的模态三段论

必然和直言结合的模态三段论是指一个前提是必然命题,一个前提是直言命题的三段论. 以第一格的 AAA 式为例,其推理形式有以下两种:

(a)　　　　　　　　所有 M 必然是 P,
所有 S 是 M,
所有 S 必然是 P.

可以符号化为

$\Box$MAP
SAM
$\Box$SAP

例如：

所有违法行为必然受到惩罚，
故意杀人是违法行为，
故意杀人必然受到法律惩罚．

(b)　　　　　所有 M 是 P，
所有 S 必然是 M，
所有 S 是 P．

可以符号化为

MAP
□SAM
SAP

例如：

所有故意杀人犯都有杀人动机，
王某必然是故意杀人犯，
王某有杀人动机．

需要注意的是，当大前提是必然命题，小前提是直言命题时，结论是必然命题；当大前提是直言命题，小前提是必然命题时，结论是直言命题．

4.3　必然和可能结合的模态三段论

必然和可能结合的模态三段论是指一个前提是必然命题，一个前提是可能命题的三段论．以第一格的 AAA 式为例，其推理形式为

所有 M 必然是 P，
所有 S 可能是 M，
所有 S 可能是 P．

可以符号化为

□MAP
◇SAM
◇SAP

例如：

所有高考状元都必然参加过高考，
李杰可能是高考状元，
李杰可能参加过高考．

4.4　可能和直言结合的模态三段论

可能和直言结合的模态三段论是指一个前提是可能命题，一个前提是直言命题的三段论．以第一格的 AAA 式为例，其推理形式为

所有 M 可能是 P,
所有 S 是 M,
所有 S 可能是 P.

可以符号化为

◇MAP
SAM
◇SAP

例如:

所有高考考生都可能成为状元,
王林是高考考生,
王林可能成为状元.

4.5 可能模态三段论

可能模态三段论是指两个前提都是可能命题的三段论. 以第一格的 AAA 式为例,其推理形式为

所有 M 可能是 P,
所有 S 可能是 M,
所有 S 可能是 P.

可以符号化为

◇MAP
◇SAM
◇SAP

例如:

考生情绪紧张可能导致考试成绩不理想,
压力太大可能使考生情绪紧张,
压力太大可能导致考生考试成绩不理想.

模态三段论除了遵守三段论的一般规则外,还要根据前提的模态确定结论的模态. 所以判定一个模态三段论是否有效,主要看该三段论是否符合以下几点要求:

(1) 必须遵守三段论的一切规则.
(2) 如果两个前提都是必然命题,则结论可以是必然命题.
(3) 如果两个前提中至少有一个可能命题,则结论只能是可能命题.
(4) 如果一个前提是必然命题,一个前提是直言命题,一般情况下,结论只能是直言命题或可能命题;但当小前提是肯定命题而大前提是必然命题,或者小前提是必然否定命题时,结论可以是必然命题.

第3节　现代模态逻辑

20世纪初,罗素和怀特海为了解决数学基础问题,考虑如何从逻辑出发建立整个数学,用实质蕴含建立了经典命题演算.在经典命题演算中,有一些实质蕴含的定理有悖于关于蕴含的日常理解.例如:

A. $\neg P \to (P \to Q)$.

B. $P \to (Q \to P)$.

定理 A 等值于 $(P \wedge \neg P) \to Q$,说明"假命题蕴含任何命题";定理 B 等值于 $Q \to (P \vee \neg P)$,说明"真命题被任何命题所蕴含".这被称为古典命题逻辑中的实质蕴含怪论.

为了准确刻画日常蕴含关系,特别是逻辑地可推出关系,哲学家、逻辑学家刘易斯(I. Lewis,1883—1964,美国)通过对实质蕴含的批评,提出了不同于实质蕴含的严格蕴含,以突出条件命题前后件的必然导致关系.

定义 5-3-1　若 $P \to Q$ 必然是重言式,即 P 真 Q 假是不可能的,则称 P 严格蕴含 Q,记为 $P \prec Q$. 即

$$P \prec Q \stackrel{\triangle}{=\!=\!=} \Box(P \to Q),$$

$$P \prec Q \stackrel{\triangle}{=\!=\!=} \neg \Diamond(P \wedge \neg Q).$$

可见,严格蕴含就是具有必然性的实质蕴含,是在经典命题演算的基础上增加模态算子 $\Box$ 或 $\Diamond$ 得到的.

刘易斯以罗素的经典命题演算为蓝本构造了 S_1—S_5 等一系列严格蕴含系统,其中每一个系统都是它的前一系统的扩展,或者说,每一系统都是它后一系统的子系统.这些系统的出现,标志着现代模态逻辑的诞生.时至今日,模态逻辑已发展成为非经典逻辑中最成熟的分支,拥有名目繁多的公理演算系统.

现代模态逻辑具有以下特点:

(1) 它是符号化和公理化的,表现为一些形式系统.

(2) 它是经典逻辑加上一个模态算子的扩张.这里所说的模态是逻辑的模态,即逻辑的必然性或逻辑的可能性.这就决定了现代模态逻辑首先以逻辑的模态为对象,由此扩展、推广去研究其他模态.这与传统模态逻辑不加区分地考察任意模态不同.

(3) 它将传统模态逻辑的范围大大拓宽,是一种广义的模态逻辑.所加的某个算子固然有模态的背景,但是,可以舍去这些意义,而将这种逻辑看成经典逻辑加一个算子的扩张.对于这样一个抽象的算子我们可以赋予它其他一些意义,如认识论中的"知道""相信",道义领域中的"应该""必须"等,或者反过来看,知道命题、相信命题、道义命题等,也可以作同样的形式处理,得到相应逻辑的命题形式,从而得到广义模态的逻辑.

现代模态逻辑主要有语法和语义两方面内容.在语法方面,主要是在符号化和公理

化方法下考察有关对象的模态形式,通过这一考察来建立形式系统、系统内的定理的推导与证明、系统的某些性质及系统之间的关系等.在语义方面,由于对模态理解的困难,关于必然性和可能性未找到既合乎直观又便于逻辑上做技术处理的概念,最初停留在各种逻辑形式的直观解释或背景.20 世纪 40 年代由卡尔纳普首先引入莱布尼茨关于必然性的思想,给出系统 S_5 的严格语义解释.20 世纪 50 年代,哲学家、逻辑学家克里普克(Saul Aaron Kripke,1940—,美国)等人对莱布尼茨首创的可能世界理论加以严格形式化,建立了旨在解释模态逻辑系统的一种较为完整和成熟的逻辑语义学,称为可能世界语义学,又称关系语义学或克里普克语义学.

根据莱布尼茨的可能世界理论,可以对模态算子给出如下直观的语义解释:

(1) 一个命题 P 是必然的,当且仅当它在所有的可能世界中都为真.

(2) 一个命题 P 是可能的,当且仅当它至少在一个可能世界中为真.

但是需要注意的是,对某一世界 w 来说,并不是所有世界都是可能世界.所以,我们考察命题 P 在世界 w 中的必然性或可能性时,可以不考虑那些对 w 来说不可能的世界,因为 P 在这些世界中真假如何都不会影响 P 在 w 中的必然性或可能性.我们说 P 在某个世界 w 中是必然的,并不需要 P 在任意的可能世界中为真,而只需要 P 在所有对 w 来说是可能的世界中为真;我们说 P 在某个世界 w 中是可能的,并不需要 P 在任意存在的一个可能世界中为真,而只需要 P 至少在对 w 来说是可能的一个可能世界中为真.这样,上述直观解释(1)、(2)可以进一步严格化、精确化.

(3) 命题 P 在可能世界 w 中是必然的,当且仅当它在对 w 来说的任一可能世界 w' 中都为真.

(4) 命题 P 在可能世界 w 中是可能的,当且仅当它至少在对 w 来说的一个可能世界 w' 中为真.

为此,克里普克改进了莱布尼茨关于"必然"和"可能"的设想,在可能世界之间引入了一个相对可能关系,称为可达关系.

定义 5-3-2 如果可能世界 w' 相对于可能世界 w 是可能的,我们就说 w 可达 w',记作 wRw' 或 $\langle w,w'\rangle \in R$,关系 R 称为可达关系.

以此为基础,建立了克里普克模型.

定义 5-3-3 设 $W=\{w_1,w_2,\cdots\}$ 是所有可能世界的集合,$w_i(i=1,2,\cdots)$ 是可能世界.R 是定义在 W 上的可达关系,任取 $w_i,w_j \in W, w_i R w_j$ 当且仅当 w_j 相对于 w_i 是可达的.W 和 R 构成的二元组 $\langle W,R\rangle$ 称为克里普克框架.V 是一个赋值函数,对任意模态命题 P 和可能世界 w,若 P 在 w 中为真,则 $V(P,w)=1$,否则 $V(P,w)=0$.V 和 $\langle W,R\rangle$ 构成的三元组称为克里普克模型.

基于克里普克模型,可将模态算子 $\Box$ 和 $\Diamond$ 严格的语义解释转化为对命题在可能世界的真值的讨论:

$V(\Box P,w)=1$,当且仅当对任一 $w' \in W$,若 wRw',则 $V(P,w')=1$.

$V(\Diamond P,w)=1$,当且仅当存在 $w' \in W$,使 wRw' 且 $V(P,w')=1$.

克里普克模型$\langle W, R, V \rangle$引进了可能世界W,在模态命题公式的赋值定义中增加了可能世界因素. 设A为一个任意的命题变元,P, Q为任意公式,$w(w \in W)$为任意的可能世界,V是对模态命题公式的赋值,则可得出下列公式在模型$\langle W, R, V \rangle$下的赋值定义：

(1) $[V_A]$ 要么 $V(A, w) = 1$, 要么 $V(A, w) = 0$.

(2) $[V_\neg] V(\neg P, w) = \begin{cases} 1, & \text{若 } V(P, w) = 0, \\ 0, & \text{否则}. \end{cases}$

(3) $[V_\wedge] V(P \wedge Q, w) = \begin{cases} 1, & \text{若 } V(P, w) = V(Q, w) = 1, \\ 0, & \text{否则}. \end{cases}$

(4) $[V_\vee] V(P \vee Q, w) = \begin{cases} 1, & \text{若 } V(P, w) = 1 \text{ 或 } V(Q, w) = 1, \\ 0, & \text{否则}. \end{cases}$

(5) $[V_\rightarrow] V(P \rightarrow Q, w) = \begin{cases} 1, & \text{若 } V(P, w) = 0 \text{ 或 } V(Q, w) = 1, \\ 0, & \text{否则}. \end{cases}$

(6) $[V_\leftrightarrow] V(P \leftrightarrow Q, w) = \begin{cases} 1, & \text{若 } V(P, w) = V(Q, w), \\ 0, & \text{否则}. \end{cases}$

(7) $[V_\square] V(\square P, w) = \begin{cases} 1, & \text{若 } (\forall w')(wRw' \rightarrow V(P, w') = 1), \\ 0, & \text{否则}. \end{cases}$

(8) $[V_\Diamond] V(\Diamond P, w) = \begin{cases} 1, & \text{若 } (\exists w')(wRw' \wedge V(P, w') = 1), \\ 0, & \text{否则}. \end{cases}$

在克里普克模型$\langle W, R, V \rangle$基础上,可以定义模态命题公式的真值情况、可满足性、有效性等.

定义 5-3-4 设$M = \langle W, R, V \rangle$为任意模型,$P$为任意模态公式：

(1) 设w为W中的元素$(w \in W)$,若$V(P, w) = 1$,则称P在w上真,记作$M \models_w P$；若$V(P, w) = 0$,则称P在w上假,记作$M \not\models_w P$.

(2) 若存在$w \in W$,使得$M \models_w P$,则称P在M上可满足；若不存在$w \in W$,使得$M \models_w P$,则称P在M上不可满足.

(3) 若对任一$w \in W$,都有$M \models_w P$,则称P在M上有效,或称P是M-有效的,记作$M \models P$.

可能世界语义学对经典逻辑语义理论做了三个重大推进：

第一,使命题的真假相对化,即一个命题的真假只能是对一个相对可能世界而言的. 在经典逻辑中,一个命题只对世界而言,没有必要指明哪个世界. 在模态逻辑中,一个命题则面对着不相同的各种各样的可能世界. 由于世界不同,一个命题在不同的世界里的真假情况是不尽相同的,一个命题在一个世界中为真时在另一个世界里却可能为假. 所以,不能一般地说一个命题是真还是假,必须具体地说这个命题是在哪一个可能世界中真,在哪一个可能世界中假.

第二,使必然性和可能性概念相对化. 我们必须说在某一世界中的必然性或可能性.

第三,使可能世界之间发生一定的关系,这个关系叫作可达关系.

第 4 节 道义逻辑

前面介绍了有一种广义模态逻辑称为道义逻辑.如果说狭义模态逻辑是一种理论逻辑,则道义逻辑就是一种行动逻辑、实践逻辑,因为它是支配人们的实践、行动和行为的.在人们的实际生活中,存在着各种各样的道德规范、法律规范、政治规范、礼仪规范、纪律规范等,这些规范对每一个人的现实生活起到有形的或无形的约束作用.道义逻辑正是关于这些实际领域的逻辑分支,又称为规范逻辑.

道义逻辑主要研究道义命题及其推理.学习道义逻辑,首先要了解道义、道义模态词等基本概念.

1 道义、道义模态词

定义 5-4-1 在一定情况下对人的行为的约束称为道义,又叫义务、规范.

定义 5-4-2 语言中用以表示道义概念的语词或符号称为道义模态词,简称道义词.

例如,汉语中的"必须""允许""禁止"等都是道义词.这三个道义词表示的对行为的约束程度不同."必须"和"禁止"是带有强制性的,而"允许"是在"必须"和"禁止"之间,可以实施,也可以不实施,不具有强制性.

2 道义命题

定义 5-4-3 表示在一定情况下给人的行为的约束的命题,称为道义模态命题,简称道义命题,又称规范命题.

道义命题必定含有道义词.例如,"公民必须遵守法律""允许自由恋爱""禁止买卖婚姻"等,都是道义命题.道义命题是一种用来约束人们行为的命题,它不同于陈述事物具有某种属性的命题.因此,把道义模态命题用于刻画某些陈述客观事实、事态的命题是没有意义的,如"今天必须是星期三""允许有些玫瑰是红色的"等.

2.1 道义命题的分类及符号化

道义命题可以分为简单道义命题和复合道义命题两类:包含道义词的简单命题称为简单道义命题;将简单道义命题用命题联结词联结起来或者将道义词加在一个复合命题之前,称为复合道义命题.

例如：

① 共产党员必须按时交纳党费.

② 经济合同不得违反国家法律.

③ 允许开办个人律师事务所.

④ 公民不信仰宗教是允许的.

⑤ 禁止干涉婚姻自主.

⑥ 禁止司机开车不带驾驶执照.

⑦ 因为禁止攀爬绿化隔离带，所以必须绕道而行.

⑧ 允许党员或部分要求进步的青年参加本次会议.

上例中①—⑥是简单道义命题，⑦和⑧是复合道义命题.

2.1.1 简单道义命题的分类及其符号化

根据简单道义命题表示的必须、允许还是禁止的概念，可以将道义命题分为必须命题、允许命题和禁止命题.根据简单道义命题的联项是肯定的还是否定的，可以将道义命题分为肯定命题和否定命题.综合考虑以上两个标准，简单道义命题可以分为以下6类：

1）必须肯定命题

规定某种行为必须履行的命题，其逻辑形式为"必须 P"."必须"可以用大写字母"O"(obligation)表示，所以，必须肯定命题可以符号化为 OP.

上例中①是必须肯定命题.

2）必须否定命题

规定某种行为必须不履行的命题，其逻辑形式为"必须非 P"，可以符号化为"$O\neg P$".

上例中②是必须否定命题.

3）允许肯定命题

规定某种行为可以实施的命题，其逻辑形式为"允许 P"."允许"可以用大写字母"P"(permission)表示，所以允许肯定命题可以符号化为"PP".

上例中③是允许肯定命题.

4）允许否定命题

规定某种行为可以不实施的命题，其逻辑形式为"允许非 P"，可符号化为"$P\neg P$".

上例中④是允许否定命题.

5）禁止肯定命题

规定某种行为不得实施的命题，其逻辑形式为"禁止 P"."禁止"可以用大写字母"F"(forbiddance)表示，所以禁止肯定命题可以符号化为"FP".

上例中⑤是禁止肯定命题.

6) 禁止否定命题

规定某种行为不得不实施的命题,其逻辑形式为"禁止非 P",可符号化为"$F\neg P$"。上例中⑥是禁止否定命题。

必须命题和禁止命题表示在伦理、法律上作为或不作为的义务,允许命题表示在伦理、法律上作为或不作为的权利。

在自然语言中,除了"必须""允许""禁止"外,还有其他一些道义词,如:"应该""一定""有义务"等都是必须道义词,都能符号化为"O";"可以""准予""有权""有……权利"等都是允许道义词,都能符号化为"P";"不得""不准""不许"等都是禁止模态词,都能符号化为"F"。

2.1.2 复合道义命题的符号化

将复合道义命题分解成简单命题,先将简单命题符号化,再将它们用合适的联结词和道义词联结,就实现了复合道义命题的符号化。可以对上例中的复合道义命题⑦和⑧进行符号化。设 P:攀爬绿化隔离带,Q:绕道而行,则上例中的命题⑦可符号化为

$$FP \to OQ.$$

设 P:党员参加本次会议,Q:部分要求进步的青年参加本次会议,则上例中的命题⑧可符号化为

$$P(P \lor Q).$$

2.2 道义命题的真值情况

行为规范没有真与假之分,只有有效与无效之分。有效的规范对人的行为具有约束力,如果违反,就会受到惩罚。但从逻辑学的角度,我们把表示有效规范的道义命题称为真命题,表示无效规范的道义命题称为假命题。

与真势模态逻辑中的模态命题一样,为了解释道义命题的真值,需要引入"道义可能世界"这个概念,根据命题 P 在每个道义可能世界中的真值情况可以确定相应的道义命题的真值:

(1) 必须肯定命题"OP"为真,当且仅当 P 在所有的道义可能世界中取值为真;

(2) 必须否定命题"$O\neg P$"为真,当且仅当 P 在所有的道义可能世界中取值为假;

(3) 允许肯定命题"PP"为真,当且仅当 P 至少在一个道义可能世界中取值为真;

(4) 允许否定命题"$P\neg P$"为真,当且仅当 P 至少在一个道义可能世界中取值为假;

(5) 禁止肯定命题"FP"为真,当且仅当 P 在所有的道义可能世界中取值为假;

(6) 禁止否定命题"$F\neg P$"为真,当且仅当 P 在所有的道义可能世界中取值为真。

各种道义命题的真值情况如表 5-4-1 所示。

表 5-4-1 道义命题的真值情况

道义命题的种类	P 在道义可能世界中的真值情况		
	真	可真可假	假
OP	T	F	F
O¬P	F	F	T
PP	T	T	F
P¬P	F	T	T
FP	F	F	T
F¬P	T	F	F

3 道义推理

3.1 道义对当关系

由上述分析可知，OP⇔F¬P，FP⇔O¬P. 另外，同一命题 P 对应的道义命题 OP，O¬P，PP，P¬P，FP，F¬P 在真假值方面存在着其他一些必然的制约关系，这种关系称为道义对当关系. 道义对当关系可分为反对关系、差等关系、矛盾关系、下反对关系这4类.

3.1.1 反对关系——不能同真，但可以同假

命题 OP 和 FP 之间具有反对关系，因为：

① 当 OP 为真时，P 在所有道义可能世界中取值为真，此时 FP 为假；

② 当 FP 为真时，P 在所有道义可能世界中取值为假，此时 OP 为假；

③ 当 OP 为假时，P 至少在一个可能世界中取值为假，此时 FP 可能为真可能为假；

④ 当 FP 为假时，P 至少在一个可能世界中取值为真，此时 OP 可能为真可能为假.

例如，"必须干涉婚姻自主"和"禁止干涉婚姻自主"之间就是反对关系.

3.1.2 差等关系——前者真后者必然真，后者假前者必然假

(1) 命题 OP 和 PP 之间具有差等关系，因为：

① 当 OP 为真时，P 在所有道义可能世界中取值为真，此时 PP 为真；

② 当 PP 为假时，P 在所有道义可能世界中取值为假，此时 OP 为假；

③ 当 OP 为假时，P 至少在一个道义可能世界中取值为假，此时 PP 可能为真可能为假；

④ 当PP为真时，P至少在一个道义可能世界中取值为真，此时OP可能为真可能为假.

例如，"共产党员必须按时交纳党费"和"共产党员允许按时交纳党费"之间就是差等关系.

(2) FP和P¬P也具有差等关系.

因为FP⇔O¬P，所以由(1)知，FP和P¬P具有差等关系.

例如，"禁止开办个人律师事务所"和"允许不开办个人律师事务所"之间就是差等关系.

3.1.3 矛盾关系——不能同真，不能同假

(1) 命题FP和PP之间具有矛盾关系，因为：
① 当FP为真时，P在所有道义可能世界中取值为假，此时PP为假；
② 当FP为假时，P至少在一个道义可能世界中取值为真，此时PP为真；
③ 当PP为真时，P至少在一个道义可能世界中取值为真，此时FP为假；
④ 当PP为假时，P在所有道义可能世界中取值为假，此时FP为真.

例如，"禁止开办个人律师事务所"和"允许开办个人律师事务所"之间就是矛盾关系.

(2) 命题OP和P¬P之间具有矛盾关系.

因为OP⇔F¬P，所以由(1)知，OP和P¬P具有矛盾关系.

例如，"共产党员必须按时交纳党费"和"共产党员允许不按时交纳党费"之间就是矛盾关系.

3.1.4 下反对关系——不能同假，可以同真

命题PP和P¬P之间具有下反对关系，因为：
① 当PP为假时，P在所有道义可能世界中取值为假，此时P¬P为真；
② 当P¬P为假时，P在所有可能世界中取值为真，此时PP为真；
③ 当PP为真时，P至少在一个可能世界中取值为真，此时P¬P可能为真可能为假；
④ 当P¬P为真时，P至少在一个可能世界中取值为假，此时PP可能为真可能为假.

例如，"允许开办个人律师事务所"和"允许不开办个人律师事务所"之间就是下反对关系.

为了便于记忆，以上4种对当关系可以统一表示于图5-4-1中，该图中的带对角线的正方形，称为道义对当方阵.

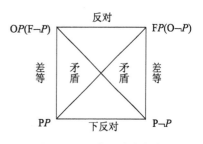

图 5-4-1 道义对当方阵

3.2 道义对当推理

根据上述对当关系,可以得到相应的有效推理式.

3.2.1 反对关系对当推理

(1) $OP \Rightarrow \neg FP$.

(2) $FP \Rightarrow \neg OP$.

例如:

① 必须干涉婚姻自主,所以,不禁止干涉婚姻自主.

② 禁止干涉婚姻自主,所以,不必须干涉婚姻自主.

根据模态命题间的反对关系,可以由其中一个命题为真推知另一个命题为假,但不能由其中一个命题为假推知另一个命题的真假.

3.2.2 差等关系对当推理

(3) $OP \Rightarrow PP$.

(4) $\neg PP \Rightarrow \neg OP$.

(5) $FP \Rightarrow P \neg P$.

(6) $\neg P \neg P \Rightarrow \neg FP$.

例如:

③ 共产党员必须按时交纳党费,所以,共产党员允许按时交纳党费.

④ 共产党员不允许按时交纳党费,所以,共产党员不必须按时交纳党费.

⑤ 禁止开办个人律师事务所,所以,允许不开办个人律师事务所.

⑥ 不允许不开办个人律师事务所,所以,不禁止开办个人律师事务所.

3.2.3 矛盾关系对当推理

根据矛盾关系,可以得到下列等值推理:

(7) $FP \Leftrightarrow \neg PP$.

(8) $\neg FP \Leftrightarrow PP$.

(9) $OP \Leftrightarrow \neg P \neg P$.

(10) $\neg OP \Leftrightarrow P \neg P$.

例如:

⑦ 禁止开办个人律师事务所,当且仅当不允许开办个人律师事务所.

⑧ 不禁止开办个人律师事务所,当且仅当允许开办个人律师事务所.

⑨ 共产党员必须按时交纳党费,当且仅当共产党员不允许不按时交纳党费.

⑩ 共产党员不必须按时交纳党费,当且仅当共产党员允许不按时交纳党费.

3.2.4 下反对关系对当推理

(11) ¬PP⇒P¬P.
(12) ¬P¬P⇒PP.

例如：

⑪ 公民不允许信仰宗教，所以，公民允许不信仰宗教．

⑫ 公民不允许不信仰宗教，所以，公民允许信仰宗教．

需要注意的是，以上 4 类对当关系推理中，除了矛盾关系对当推理是等值推理外，其余推理都是单向的，即只能由前一个模态命题推出后一个模态命题，反之不成立．例如，根据差等关系对当推理(3)，可由"共产党员必须按时交纳党费"推出"共产党员允许按时交纳党费"，但由"共产党员允许按时交纳党费"无法推出"共产党员必须按时交纳党费"．

例 1 以"公民允许不信仰宗教"为前提，能否推出以下结论？

(a) 公民不允许信仰宗教．

(b) 公民不必须信仰宗教．

(c) 公民必须不信仰宗教．

解 设 P：公民信仰宗教，则前提"公民允许不信仰宗教"可符号化为 $P¬P$，从而：

结论(a)可符号化为 ¬PP，P¬P 与 PP 是下反对关系，当 P¬P 为真时，PP 可能为真可能为假，所以由前提不能推出结论(a)．

结论(b)可符号化为 ¬OP，P¬P 与 OP 是矛盾关系，当 P¬P 为真时，OP 为假，即 ¬OP 为真，所以由前提可推出结论(b)．

结论(c)可符号化为 O¬P，O¬P 与 P¬P 是差等关系，当 P¬P 为真时，O¬P 可能为真可能为假，所以由前提不能推出结论(c)．

4 道义语义学

对道义逻辑进行语义解释，关键是对道义算子"O，P，F"给出合理的解释．与之类似的真势模态逻辑中，为了解释模态算子 □ 和 ◇，引入了可能世界的概念，建立了克里普克模型和克里普克语义学．受此启发，可以把克里普克的可能世界扩展到道义可能世界，这样就可以用克里普克语义学解释道义逻辑了．

首先给出道义算子的语义解释：

(1) 道义命题 A 在道义可能世界 w 中是必须的，当且仅当它在对 w 来说的任一道义可能世界 w' 中都为真．

(2) 道义命题 A 在道义可能世界 w 中是允许的，当且仅当它至少在对 w 来说的一个道义可能世界 w' 中为真．

(3) 道义命题 A 在道义可能世界 w 中是禁止的，当且仅当它在对 w 来说的任一道

义可能世界 w' 中都为假.

为此,在道义可能世界之间引入了一个相对可能关系,称为道义可达关系.

定义 5-4-4 如果道义可能世界 w' 比道义可能世界 w 更理想,即在 w 中该做的在 w' 中都做了,在 w 中禁止做的在 w' 中也肯定都没做,就说 w 道义可达 w',记作 wRw' 或 $\langle w,w'\rangle \in R$,关系 R 称为道义可达关系.

仿照克里普克模型,可以建立道义逻辑系统的模型.

定义 5-4-5 设 $W=\{w_1,w_2,\cdots\}$ 是所有道义可能世界的集合,$w_i(i=1,2,\cdots)$ 是道义可能世界.R 是定义在 W 上的道义可达关系,任取 $w_i,w_j\in W$,w_iRw_j 当且仅当 w_j 相对于 w_i 是可达的.W 和 R 构成的二元组 $\langle W,R\rangle$ 称为克里普克框架.V 是一个赋值函数,对任意模态命题 P 和道义可能世界 w,若 P 在 w 中为真,则 $V(P,w)=1$,否则 $V(P,w)=0$.V 和 $\langle W,R\rangle$ 构成的三元组称为道义逻辑系统的模型.

基于道义逻辑系统的模型,可将道义算子 O,P,F 的语义解释转化为对命题在道义可能世界的真值的讨论:

$V(OP,w)=1$,当且仅当对任一 $w'\in W$,若 wRw',则 $V(P,w')=1$.

$V(PP,w)=1$,当且仅当存在 $w'\in W$,使 wRw' 且 $V(P,w')=1$.

$V(FP,w)=1$,当且仅当对任一 $w'\in W$,若 wRw',则 $V(P,w')=0$.

设 A 为任意的命题变元,P,Q 为任意公式,$w(w\in W)$ 为任意的道义可能世界,V 是对道义命题公式的赋值,则可得出下列公式在道义模型 $\langle W,R,V\rangle$ 下的赋值定义:

(1) $[V_A]$ 要么 $V(A,w)=1$,要么 $V(A,w)=0$,两者不可同时成立.

(2) $[V_\neg]V(\neg P,w)=\begin{cases}1, & \text{若 } V(P,w)=0,\\ 0, & \text{否则.}\end{cases}$

(3) $[V_\wedge]V(P\wedge Q,w)=\begin{cases}1, & \text{若 } V(P,w)=V(Q,w)=1,\\ 0, & \text{否则.}\end{cases}$

(4) $[V_\vee]V(P\vee Q,w)=\begin{cases}1, & \text{若 } V(P,w)=1 \text{ 或 } V(Q,w)=1,\\ 0, & \text{否则.}\end{cases}$

(5) $[V_\rightarrow]V(P\rightarrow Q,w)=\begin{cases}1, & \text{若 } V(P,w)=0 \text{ 或 } V(Q,w)=1,\\ 0, & \text{否则.}\end{cases}$

(6) $[V_\leftrightarrow]V(P\leftrightarrow Q,w)=\begin{cases}1, & \text{若 } V(P,w)=V(Q,w),\\ 0, & \text{否则.}\end{cases}$

(7) $[V_O]V(OP,w)=\begin{cases}1, & \text{若}(\forall w')(wRw'\rightarrow V(P,w')=1),\\ 0, & \text{否则.}\end{cases}$

(8) $[V_P]V(PP,w)=\begin{cases}1, & \text{若}(\exists w')(wRw'\wedge V(P,w')=1),\\ 0, & \text{否则.}\end{cases}$

(9) $[V_F]V(FP,w)=\begin{cases}1, & \text{若}(\forall w')(wRw'\rightarrow V(P,w')=0),\\ 0, & \text{否则.}\end{cases}$

在道义逻辑系统的模型 $\langle W,R,V\rangle$ 下可以定义道义命题公式的真值情况、可满足性、有效性等.

定义 5-4-6 设 $M=\langle W,R,V\rangle$ 为任意模型，P 为任意道义公式：

（1）设 w 为 W 中的元素（$w\in W$），若 $V(P,w)=1$，则称 P 在 w 上真，记作 $M\models_w P$；若 $V(P,w)=0$，则称 P 在 w 上假，记作 $M\not\models_w P$.

（2）若对任一 $w\in W$，都有 $M\models_w P$，则称 P 在 M 上有效，或称 P 是 M-有效的，记作 $M\models P$.

（3）若存在 $w\in W$，使得 $M\models_w P$，则称 P 在 M 上可满足；若 $\neg P$ 在 M 上有效，即 $M\models\neg P$，则称 P 在 M 上不可满足.

批判性思维案例分析

[例 1] 依次取 $N(N>1)$ 个自然数组成一有穷数列，其中的奇数数列和偶数数列显然都比该自然数数列短.但是，假如让该自然数数列无限延长，则其中的奇数数列和偶数数列必定不小于整体；在无穷的世界里，部分可能等于整体.

下面哪一项不可能是上面结论的逻辑推论？　　　　　　　　　　　　　　（　　）

A. 在有穷的世界里，部分可能小于整体.

B. 在无穷的世界里，部分必然不等于整体.

C. 在无穷的世界里，整体可能大于部分.

D. 在有穷的世界里，整体必定大于部分.

【解析】 此题考查的是模态对当推理.设 P：在无穷的世界里，部分等于整体，则题干"在无穷的世界里，部分可能等于整体"可符号化为 $\Diamond P$，选项 B 可符号化为 $\Box\neg P$，而 $\Box\neg P\Leftrightarrow\neg\Diamond P$，即与题干矛盾.所以答案为 B.

[例 2] 最近一段时期，有关要发生地震的传言很多.一天傍晚，小明问在院里乘凉的爷爷："爷爷，他们都说明天要地震了."爷爷说："根据我的观察，明天不必然地震."小明说："那您的意思是明天肯定不会地震了？"爷爷说不对.小明陷入了迷惑.

以下哪句话与爷爷的意思最为接近？　　　　　　　　　　　　　　　　　（　　）

A. 明天必然不地震.　　　　　　B. 明天可能地震.

C. 明天可能不地震.　　　　　　D. 明天不可能地震.

【解析】 此题考查的是模态对当推理.设 P：明天地震，则题干中爷爷说的"明天不必然地震"可符号化为 $\neg\Box P$，选项 C 可符号化为 $\Diamond\neg P$，而 $\neg\Box P\Leftrightarrow\Diamond\neg P$，即"不必然地震"等价于"可能不地震".因此，选项 C 和爷爷的意思最接近.所以正确答案是 C.

[例 3] 有人断言：近日股价可能会上涨.

下面哪项的意思和该人的判断最为接近？　　　　　　　　　　　　　　　（　　）

A. 近日股价必然上涨.　　　　　B. 近日股价必然不上涨.

C. 近日股价必然下跌.　　　　　D. 近日股价不必然不上涨.

【解析】 此题考查的是模态对当推理.设 P：近日股价上涨,则题干中该人的断言"近日股价可能会上涨"可符号化为 $\Diamond P$,选项 D 可符号化为 $\neg\Box\neg P$,而 $\Diamond P \Leftrightarrow \neg\Box\neg P$,即"可能上涨"等价于"不必然不上涨".因此,选项 D 和题干中该人的判断最接近.所以正确答案是 D.

[例4] 不可能所有的考生都不能通过考试.

据此,可以推出 （ ）

A. 可能有的考生不能通过考试.

B. 必然有的考生能通过考试.

C. 必然所有的考生都能通过考试.

D. 必然所有的考生不能通过考试.

【解析】 本题考查的是直言模态命题之间的对当推理.设 S：考生,P：能通过考试,则题干"不可能所有的考生都不能通过考试"可符号化为 $\neg\Diamond SEP$,选项 B 可符号化为 $\Box SIP$,而 $\neg\Diamond SEP \Leftrightarrow \Box SIP$,即"不可能所有的考生都不能通过考试"等价于"必然有的考生能通过考试".所以正确答案是 B.

[例5] 美国前总统林肯说："最高明的骗子,可能在某个时刻欺骗所有的人,也可能在所有的时刻欺骗某些人,但不可能在所有时刻欺骗所有的人."

如果林肯的上述断定为真,那么下述哪项断定是假的？ （ ）

A. 林肯可能在某个时刻受骗.

B. 林肯可能在任何时候都不受骗.

C. 骗子也可能在某个时刻受骗.

D. 不存在某个时刻所有的人都必然不受骗.

E. 不存在某一时刻有人可能不受骗.

【解析】 本题考查的是直言模态命题之间的对当推理.题干已知三个条件：① 骗子可能在某个时刻欺骗所有人；② 骗子可能在所有时刻欺骗某些人；③ 骗子不可能在所有时刻欺骗所有的人.选项 A 和 C 是对①的考查.骗子可能在某个时刻欺骗所有人,所以林肯可能在某个时刻受骗.另外,当骗子甲欺骗骗子乙时,骗子乙也受骗,所以骗子也可能在某个时刻受骗.选项 B 是对②的考查.骗子可能在所有时刻欺骗某些人,而林肯可以不包含在"某些人"中,所以林肯可能在任何时候不受骗.选项 D 可以表述成：可能所有时刻有些人受骗,与②同.选项 E 可以表述成：必然所有时刻所有人受骗,与③矛盾,为假.所以正确答案是 E.

习 题

（一）知识巩固

1. 符号化下列模态命题.
(1) 如果父母都是 O 型血,那么子女必然是 O 型血.
(2) 如果父母都是 O 型血,那么子女不可能是 A 型血、B 型血或 AB 型血.
(3) 如果父亲是 A 型血,母亲是 O 型血,那么子女可能是 A 型血,也可能是 O 型血.

2. 根据模态对当关系判断以"凶手必然不会受到法律的制裁"为前提,能否推出下列结论,并说明原因.
(a) 凶手可能不会受到法律的制裁.
(b) 凶手不必然会受到法律的制裁.
(c) 凶手不可能会受到法律的制裁.
(d) 凶手不会受到法律的制裁.
(e) 凶手会受到法律的制裁.

3. 根据直言模态命题之间的对当关系判断,以"这幢楼所有的房间必然都没有电"为前提,能否必然推出下列结论,并说明原因.
(a) 这幢楼所有的房间不必然都有电.
(b) 这幢楼有的房间必然没有电.
(c) 这幢楼有的房间不必然有电.
(d) 这幢楼所有的房间可能没有电.
(e) 这幢楼所有的房间不可能都有电.
(f) 这幢楼有的房间可能没有电.
(g) 这幢楼有的房间不可能有电.

4. 以"学生上课不允许迟到"为前提,能否必然推出下列结论,并说明原因.
(a) 学生上课允许不迟到.
(b) 学生上课不必须迟到.
(c) 学生上课必须不迟到.

（二）批判性思维训练

1. 在上次考试中,老师出了一道非常古怪的难题,有 86% 的考生不及格. 这次考试之前,王明预测说:"根据上次考试情况,这次考试不一定会出那种难题了."李丽说:"这就是说这次考试肯定不出那种难题了. 太好了!"王明说:"我不是那个意思.."

下面哪句话与王明说的意思相似? （ ）

A. 这次考试老师不可能不出那种难题.

B. 这次考试老师必定不出那种难题了.

C. 这次考试老师可能不出那种难题了.

D. 这次考试老师不可能出那种难题了.

E. 这次考试不一定不出那种难题了.

2. 小王参加了某公司招工面试,不久,他得知以下消息:

(1) 公司已决定,他与小陈至少录用一人;

(2) 公司可能不录用他;

(3) 公司一定录用他;

(4) 公司已录用小陈.

其中两条消息为真,两条消息为假.

如果上述断定为真,则以下哪项为真? （　　）

A. 公司已录用小王,未录用小陈.

B. 公司未录用小王,已录用小陈.

C. 公司既录用了小王,也录用了小陈.

D. 公司既未录用小王,也未录用小陈.

E. 不能确定录用结果.

3. 不可能所有的香港人都会讲普通话.

以下哪项判断的含义与上述判断最为接近? （　　）

A. 可能所有的香港人都会讲普通话.

B. 可能所有的香港人都不会讲普通话.

C. 必然所有的香港人都不会讲普通话.

D. 必然有的香港人不会讲普通话.

E. 必然有的香港人会讲普通话.

4. 并非任何战争都必然导致自然灾害,但不可能有不阻碍战争的自然灾害.

以下哪一项与上述断定的含义最为接近? （　　）

A. 有的战争可能不导致自然灾害,但任何自然灾害都可能阻碍战争.

B. 有的战争可能不导致自然灾害,但任何自然灾害都必然阻碍战争.

C. 任何战争都不可能导致自然灾害,但有的自然灾害可能阻碍战争.

D. 任何战争都可能不导致自然灾害,但有的自然灾害必然阻碍战争.

5. 不可能宏大公司和亚鹏公司都没有中标.

以下哪项最为准确地表达上述断定? （　　）

A. 宏大公司和亚鹏公司可能都中标.

B. 宏大公司和亚鹏公司至少有一个可能中标.

C. 宏大公司和亚鹏公司必然都中标.

D. 宏大公司和亚鹏公司至少有一个必然中标.

第 6 章 归纳逻辑

前面章节讨论的推理具有一个共同特征——它们都是由一般性知识的前提推出某种特殊性知识的结论,这样的推理称为演绎推理.在演绎推理中,由于其结论所断定的知识范围没有超出前提所断定的知识范围,因而只要前提为真,并且前提与结论之间的联系是合乎逻辑规则的,则结论也必然为真.所以,演绎推理是一种必然性推理.研究演绎推理的逻辑统称为演绎逻辑.命题逻辑、谓词逻辑、传统词项逻辑等都属于演绎逻辑.演绎逻辑固然重要,但是往往很难直接应用于现实生活中的实际问题,因为现实生活中接触到的大多是个别现象或事实.这就需要用到另一种推理形式——归纳推理,先由这些个别事实推出一般性知识作为结论,再以此为基础进一步进行演绎推理.在归纳推理中,真前提未必蕴含真结论,因为结论的知识内容超出了前提的知识内容,前提的真实性对结论的真实性仅提供了部分支持.所以,归纳逻辑是一种或然性推理.研究如何提高归纳推理可靠性的逻辑称为归纳逻辑.

第 1 节　归纳推理概述

1　归纳推理的定义

定义 6-1-1　以个别(或特殊)性知识为前提,推出一般性知识作为结论的推理,称为归纳推理.

在归纳推理中,前提是反映个别的或特殊的知识的判断,而结论则是反映一般性知识的判断.例如,《本草纲目》这本药学宝典中有很多关于草药的记载,其中任何一种草药的发现过程,都是前人无数次经验的累积,可以看作典型的归纳推理的例子.一种草药无意中治好了某一种病,第二次、第三次……都治好了这种病,于是人们就把这几次经验累积起来,得出"这种草药能治好某一种病"的结论,这样就由一次次个别性认识上升到了一般性认识.像这样关于归纳推理的例子在日常生活中随处可见.

例1

  金能导电，
  银能导电，
  铜能导电，
  铁能导电，
  锡能导电，
  ⋮
  <u>金、银、铜、铁、锡……都是金属.</u>
  所以，金属都能导电.

例2

  牛是胎生的，
  羊是胎生的，
  马是胎生的，
  猫是胎生的，
  狗是胎生的，
  ⋮
  <u>牛、羊、马、猫、狗……都是哺乳动物.</u>
  所以，哺乳动物都是胎生的.

  例1和例2都是归纳推理，都是经过对无数个别事实的考察后得到了一般性结论.但这两个推理的结论并不都正确.例1的结论是正确的，例2的结论很容易被推翻，因为存在反例：鸭嘴兽是哺乳动物，却不是胎生的.由以上两例可知，归纳推理是一种或然性推理，结论不具有必然性，只具有可能性.

2 归纳推理的分类

  归纳推理分为传统归纳推理和现代归纳推理两类，如图6-1-1所示.传统归纳推理着重研究如何从个别性经验知识上升到具有普遍必然性的一般知识的思维过程和思维方法，包括前提考察某类事物全部个别对象的完全归纳推理、前提仅考察某类事物的部分个别对象的不完全归纳推理以及用于相似对象（类）之间的共性发现的类比推理.其中不完全归纳推理包括枚举归纳推理、科学归纳推理等.

  每类传统归纳推理都只能从定性的角度提高推理的可靠性.而现代归纳推理研究经验证据对某个一般性假设的确证程度，通过引入概率论和数理统计做工具，从量上刻画归纳推理的或然性，可以对推理可靠性进行比较和测量，对可靠性的控制比传统归纳推理更为精准.现代归纳推理包括按照概率定义进行可靠性推断的概率归纳推理以及用统计方法进行可靠性推断的统计归纳推理.

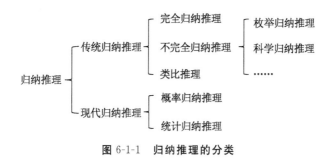

图 6-1-1　归纳推理的分类

3　归纳和演绎推理的关系

在客观事物中,个别与一般是对立的,又是统一的.个别表现一般,一般又寓于个别之中.人们认识客观事物,总是从认识个别的事物开始,进而认识事物的一般规律;然后,又以一般规律为指导,再回来更深刻地认识个别事物.即从个别到一般,又从一般到个别,不断循环往复.而与之相对应的推理形式,前者主要是归纳推理,后者主要是演绎推理.归纳和演绎是两种最重要的思维方法,也是两种最基本的逻辑推理形式,对立统一地存在于人类认识客观世界的过程中,既有各自独立的认识作用,又相辅相成、缺一不可.

归纳和演绎是两种不同的推理形式,主要有以下不同的逻辑特征:

第一,思维过程不同.演绎推理的思维过程是从一般到个别,即从一般性前提出发,推出特殊性结论;而归纳推理的思维过程是从个别到一般,即从个别性、特殊性知识出发,概括出一般性结论.

第二,对前提的真实性要求不同.有效的演绎推理对前提的真实性没有要求,而正确的归纳推理要求前提必须是真实的.

第三,结论所断定的知识范围不同.有效的演绎推理中前提蕴含结论,结论断定的范围没有超出前提;而正确的归纳推理中前提一般不必蕴含结论,结论断定的范围可以超出前提.除了完全归纳推理以外,归纳推理的结论都超出了前提所断定的知识范围.

第四,前提和结论之间的联系程度不同.有效的演绎推理中前提和结论之间的联系是必然的,只要前提真实且推理形式正确,结论就必然是真的;而正确的归纳推理中除了完全归纳推理外,前提和结论之间的联系一般是或然的.

归纳和演绎虽然有各自不同的逻辑特征,但两者在人类的认识过程中却是相互联系、相互补充.归纳推理可以由个别性事实提出更广泛的结论,使已有的知识推广和扩大,可以发现新的知识,为发现真理、构建科学理论提供思路和手段;而演绎推理作为必然性推理,可以为证明真理、确立科学理论提供可靠的方法.演绎推理离不开归纳推理,演绎推理中表达一般知识的大前提是由归纳推理提供的.归纳推理也离不开演绎推理,原因有两点:第一,为了提高归纳推理的可靠程度,需要运用已有的理论知识,对归纳推理的个别性前提进行分析,把握其中的因果性、必然性,这就要用到演绎推理;第二,归纳推理需要依靠演绎推理来验证自己的结论.例如,俄国化学家门捷列夫通过归纳发现元素周期律,指出元素的性质随元素原子量的增加而呈周期性变化.后用演绎推理发现,原来测量的一些元素的原子量是错的.于是,他重新安排了它们在周期表中的位置,并预言了一些尚未发现的元素,指出周期表中应留出空白位置给未发现的新元素.

逻辑史上曾出现两个相互对立的派别——全归纳派和全演绎派.全归纳派把归纳说成唯一科学的思维方法,否认演绎在认识中的作用.全演绎派把演绎说成是唯一科学的思维方法,否认归纳的意义.这两种观点都是片面的.正如恩格斯所说:"归纳和演绎,正如分析和综合一样,是必然相互联系着的,不应当牺牲一个而把另一个捧到天上去,应当把每一个都用到该用的地方,而要做到这一点,就只有注意到它们的相互联系,它们的相互补充."

第 2 节　完全归纳推理

两个徒弟剥花生

有一位师傅带了两个徒弟.一天,他想考考他们,看看哪个更聪明一些.他把两个徒弟叫到跟前说:"你们每人拿一筐花生去剥皮,看看花生仁是否都有粉衣包着,看谁先回答我的问题."

大徒弟一听,端起筐就往家跑,饭也顾不得吃,急忙剥起来.大徒弟从早晨一直干到傍晚才把花生剥完,发现花生仁都有粉衣包着.他歇也没歇就去向师傅报告.到那里一看,师弟早已到了.

师傅见两个徒弟都来了,就说:"二徒弟先到的,先回答我的问题吧!"二徒弟回答说:"我选了几种花生,肥的、瘦的、一个仁的、两个仁的、三个仁的……我发现每种花生都有粉衣包着,所以知道所有花生的仁都有粉衣包着."原来,二徒弟没像师兄那样着急.接到任务后,他先对着花生观察,抓了一把花生,发现里面有几个肥的,几个瘦的,几个一个仁的,几个两个仁的,几个三个仁的.他把这几种不同类型的花生都剥了皮,发现它们都有粉衣包着,于是断定这一筐花生的仁都有粉衣包着.大徒弟听了恍然大悟:"还是师弟比我聪明呀!"

这两个徒弟都运用了归纳推理,但类型不同.

定义 6-2-1　根据某类事物中每一个个别对象都具有某种属性,推出该类事物全部对象都具有该属性的结论,这样的推理称为完全归纳推理.

例 1

欧洲有矿藏,

亚洲有矿藏,

非洲有矿藏,

北美洲有矿藏,

南美洲有矿藏,

大洋洲有矿藏,

南极洲有矿藏,

<u>欧洲、亚洲、非洲、北美洲、南美洲、大洋洲、南极洲是地球上的所有大洲.</u>

所以,地球上所有大洲都有矿藏.

例 2

锐角三角形的内角和是 180°,

直角三角形的内角和是 180°,

钝角三角形的内角和是 180°,

<u>锐角三角形、直角三角形、钝角三角形是三角形的全部类型.</u>

所以,所有三角形的内角和都是 180°.

例 1 和例 2 运用的推理就是完全归纳推理. 例 1 在前提中就是否有矿藏这一情况, 对地球上的七大洲中的每一个进行了考察, 结论对"地球上的大洲"这类事物"有矿藏"这一属性进行了概括. 例 2 在前提中考察了锐角、直角和钝角这三类三角形的内角和, 推得"三角形"这类事物的一个共同属性——内角和是 180°.

完全归纳推理可用如下公式表示:

S_1 具有性质 P,

S_2 具有性质 P,

$\vdots$

S_n 具有性质 P,

($S_1, S_2, \cdots, S_n$ 是 S 类的所有个别对象.)

所以,所有 S 都具有性质 P.

完全归纳推理在前提中考察了某类事物的全部对象, 因而所得结论的知识范围不会超出前提的知识范围. 因此, 完全归纳推理是一种必然性推理. 正确应用完全归纳推理, 必须遵循以下两点:(1)必须毫无遗漏地考察该类事物中的每个个别对象;(2)对于每个个别对象的断定都是真实的.

完全归纳推理有两个方面的作用:

1) *发现作用*

完全归纳推理根据某类事物每一对象都具有某种属性, 推出该类事物都具有该种属性, 使人们的认识从个别上升到了一般.

例 3 有一个被大家耳熟能详的关于德国著名数学家高斯幼年时初显数学天分的故

事.高斯10岁的时候进入了学习数学的班级,一天数学教师布特纳给学生们布置了一道题:
$$1+2+3+\cdots+98+99+100=?$$
高斯很快就算出了答案,起初布特纳老师并不相信高斯这么快就能算出正确答案:"你一定是算错了,回去再算算。"高斯却非常坚定,说出了正确答案:5050.并告诉大家他是这样算的:$1+100=101,2+99=101,\cdots,50+51=101$.从1加到100有50组这样的数,所以$50\times101=5050$.这件事使得布特纳老师对高斯刮目相看.

例3中高斯发现答案的过程就是对完全归纳推理的运用.他考察了1到100这100个数字按顺序排列后所有可能的首尾各项之和,即$1+100=101,2+99=101,\cdots,50+51=101$,归纳出"按顺序排列的首尾各项之和都等于101".

2) 论证作用

因为完全归纳推理的前提和结论之间的联系是必然的,所以可被用作一种独立的证明方法.

例4 传统词项逻辑中的关于三段论的导出规则"两个特称前提的三段论推不出结论"可以用完全归纳推理论证:前提是 II 的三段论推不出结论,前提是 OO 的三段论推不出结论,前提是 IO(OI)的三段论推不出结论,前提是 II 的三段论、前提是 OO 的三段论以及前提是 IO(OI)的三段论是两个特称前提的三段论的全部对象,所以,两个特称前提的三段论推不出结论.

完全归纳推理通常适用于前提考察的事物类中仅包含数量有限的对象,并且对象数量不太多的情形.当所要考察的事物数量极多甚至是无限时,完全归纳推理就不适用了,而需要运用另一种归纳推理形式——不完全归纳推理.

回到本节开头的"两个徒弟剥花生"的故事.两个徒弟用的是归纳推理:他们都通过剥开个别的花生进行研究,他们的结论都是"所有花生的仁都有粉衣包着".大徒弟用的是完全归纳推理,他的思维过程是:

第一颗花生的仁有粉衣包着,

第二颗花生的仁有粉衣包着,

⋮

<u>一颗一颗地数,一直数完所有,最后一颗花生的仁有粉衣包着,</u>

所以,所有花生的仁都有粉衣包着.

二徒弟采取了不同的思维过程:

肥花生的仁有粉衣包着,

瘦花生的仁有粉衣包着,

一个仁的花生的仁有粉衣包着,

两个仁的花生的仁有粉衣包着,

三个仁的花生的仁有粉衣包着,

⋮

<u>　　　　　　　　　　　　　　　</u>

所以,所有花生的仁都有粉衣包着.

在花生的数量非常多的情况下,大徒弟通过完全归纳推理得到结论就显得笨拙;二徒弟则比较聪明,他经过观察,选出了部分具有代表性的花生进行研究,发现尽管花生有肥瘦,仁数多少不等,但都有一共同的性质,即它们的仁都有粉衣包着,推而广之,就可知道所有花生的仁都有粉衣包着.二徒弟用的是不完全归纳推理.

第3节　不完全归纳推理

胃病治疗方法

（摘自夏目漱石的小说《我是猫》）

A君说千万不可吃固体食物,于是我一整天只喝牛奶,这时肠里发出隆隆的响声,简直像闹了水灾似的,弄得我整夜无法入睡.B先生说:"用横膈膜呼吸,使内脏得到锻炼,胃的功能自然会健全起来,你不妨试试."这个办法我也稍微试了试,不知为什么总觉得腹部不太舒服.有时我突然想起来,便专心致志地做,可过不了五六分钟就忘掉了.如果努力去记它,心中便总想着横膈膜,既读不成书,也无法写文章.美学家迷亭看到这个状况,调侃我说:"你一个男子汉,又不是要临产,做什么横膈膜运动,还是算了吧."于是这些天我便停了下来.C先生说:"你多吃些荞麦面条可能会好些."我就不断地轮换着吃打卤面和汤面,结果弄得我不断腹泻,却丝毫不见功效.这一年来,为了治胃病,想尽了办法,可一切均归徒劳.

请问:你如何看待"我"不断变换胃病治疗方法的辛苦历程?

定义 6-3-1　根据某类事物中部分个别对象具有某种属性,推出该类事物全部对象都具有该属性的结论,这样的推理称为不完全归纳推理.

为什么在不完全归纳推理中,能够由对某类事物的部分个别对象的考察(发现它们具有某种属性),就能得出该类事物全部的一般结论(即该类事物的全部对象都具有某种属性)呢?一般有两种不同的情况:一种情况是,所碰到的某类事物的部分对象都具有某种属性,而没有发现与之相反的情况,以此为根据而进行的不完全归纳推理,称为简单枚举归纳推理;另一种情况是,在有计划、有选择地对某类事物中的部分个别对象进行考察时,不只是没有碰到相反的情况,并且进一步对所考察的该类事物的部分对象之所以具有该种属性进行了科学的分析,找到了它们之间存在的某种必然联系,从而推出该类对象都具有该种属性,这样的不完全归纳推理称为科学归纳推理.

1 简单枚举归纳推理

定义 6-3-2 通过考察发现某类事物的部分对象都具有某种属性,并且没有遇到与之不同或相反的情况,从而推出该类对象都具有该种属性,这样的不完全归纳推理称为简单枚举归纳推理.

例 1 200 多年前,德国数学家哥德巴赫发现,一些偶数可以写成两个素数之和:
$$4=2+2,$$
$$6=3+3,$$
$$8=3+5,$$
$$10=3+7=5+5,$$
$$12=5+7,$$
$$14=3+11=7+7,$$
$$\vdots$$

而 4,6,8,10,12,14 都是大于 2 的偶数,所以他提出猜想:所有大于 2 的偶数都能分解成两个素数之和.这就是被誉为"数学王冠上的明珠"的"哥德巴赫猜想","哥德巴赫猜想"是用简单枚举归纳推理提出来的.

简单枚举归纳推理可用如下公式表示:

S_1 具有性质 P,

S_2 具有性质 P,

$\vdots$

S_n 具有性质 P,

($S_1, S_2, \cdots, S_n$ 是 S 类的部分个别对象,而且其中没有 $S_i (1 \leqslant i \leqslant n)$ 不具有性质 P.)

所以,所有 S 都具有性质 P.

例 2
$$硫酸(H_2SO_4)中含有氧元素,$$
$$硝酸(HNO_3)中含有氧元素,$$
$$碳酸(H_2CO_3)中含有氧元素,$$
$$\vdots$$

硫酸、硝酸、碳酸都是酸.

所以,一切酸中都含有氧元素.

这是法国化学家拉瓦锡进行的简单枚举归纳推理.

人们应用简单枚举归纳推理,可以从为数不多的事例中推导出普遍规律,但这只是一个"猜想"而已.这种猜想的正确性还需进行验证.因为简单枚举归纳推理中结论断定的范围超出了前提,因而简单枚举归纳推理是一种或然性推理.数学家华罗庚在《数学归纳法》一书中,对简单枚举归纳推理的或然性给出了一个通俗易懂的例子——胡适晚年的一段谈话:

例3 凡是大成功的人,都是有绝顶聪明而肯做笨功夫的人.不但中国如此,西方也如此.像孔子,他说:"吾尝终日不食,终夜不寝,以思,无益,不如学也."这是孔子做学问的功夫.汉代的郑康成的大成就,完全是做的笨功夫.宋朝的夫子,他是一个绝顶聪明的人,他十五六岁时就研究禅学,中年以后才"改邪归正".他说的"宁详毋略,宁近毋远,宁下毋高,宁拙毋巧"十六个字,我时常写给人家.他的《四书集注》,除了《大学》早成定本外,其余仍是随时修改的.现在的《四书集注》,不知是他生前已经印行的本子,还是他以后修改未定的本子.如陆象山、王阳明,也是第一等聪明的人.像顾亭林,少年时才气磅礴,中年时才做实学,做笨的功夫,你看他的成就!

胡适晚年的这段谈话,所使用的就是简单枚举法,其结论是开头一句"凡是大成功的人,都是有绝顶聪明而肯做笨功夫的人",并用另外两个简单枚举的结论"不但中国如此,西方也如此"来支持那个总结论,然后枚举了孔子、郑康成、朱熹、陆象山、王阳明、顾亭林等人的例子,来支持该结论.

例4 从一个袋子里摸出来的第一个是红玻璃球,第二个是红玻璃球,甚至第三个、第四个、第五个都是红玻璃球的时候,我们立刻会出现一个猜想:"是不是这个袋子里的东西全部都是红玻璃球?"但是,当我们有一次摸出一个白玻璃球的时候,这个猜想失败了.这时,我们会出现另一个猜想:"是不是袋里的东西全部都是玻璃球?"但是,当有一次摸出来的是一个木球的时候,这个猜想又失败了.那时,我们又会出现第三个猜想:"是不是袋里的东西都是球?"这个猜想对不对,还必须继续加以检验,要把袋里的东西全部摸出来,才能见个分晓.

简单枚举归纳推理的根据是事物情况的反复出现并且没有遇到相反情况,但是没有遇到相反情况并不意味着相反情况不存在,无法保证将来不会出现相反情况.一旦出现相反情况,结论就会被推翻.就像例4中,从一个袋子里连续摸到5个红玻璃球,我们可以应用简单枚举归纳推理得出结论"这个袋子里的东西全部是红玻璃球".但是必须清醒地认识到这个结论的可靠性是值得怀疑的.正如例4中所描述的,第6次摸出了一个白玻璃球,从而把结论推翻了.

虽然简单枚举归纳推理不能由结论得出必然性结论,但它在人类认识世界的过程中却有着不可忽视的作用,它有助于发现事物之间的因果联系.例如,我们发现,每次下大雨之前都有蚂蚁搬家的现象,而没遇到蚂蚁搬家但天不下雨的情况,就可用简单枚举归纳推理找出"蚂蚁搬家"与"天下雨"这两件事之间的联系,得出"凡蚂蚁搬家,天必下雨"的结论.胡适先生提出的治学名言——"大胆猜想,小心求证"中的"大胆猜想",就是指当手头已有一定数量的材料但材料未必充分时,可以运用简单枚举归纳推理概括出一个初步的结论,下一步再考虑如何证明结论的正确性.数学史上有许多类似"哥德巴赫猜想"的经典猜想,其中很多都是用简单枚举归纳推理提出的,有的至今还未被证实或证伪,但正是这样的伟大猜想推动着数学发展的车轮不断向前.

为了正确使用简单枚举归纳推理,提高简单枚举归纳推理的可靠性,必须注意以下两条要求:

1) 枚举的数量要足够多,考察的范围要足够广

在简单枚举归纳推理中,要说明一个归纳结论对于某类对象的正确性,需要说明该结论对于该类事物中尽可能多的个别对象是正确的,如果这些个别对象是属于该类事物的尽可能多的子类,则结论的可靠性更强.比如,在医学上用白鼠做实验检验新研制药物的有效性时,应该挑足够多的白鼠,并且挑选不同年龄段、不同体重范围的白鼠.在简单枚举归纳推理中,如果只根据少数个别事实,就推出一般性结论,并且把这个结论看作是必然的、无可怀疑的论断,则容易犯"以偏概全"(或"轻率概括")的逻辑错误.

例5 在冯梦龙编的《警世通言》中有这样一则有关王安石教训苏东坡的小故事.有一天,苏东坡去看望宰相王安石,恰好王安石出去了,苏东坡在王安石的书桌上看到了一首咏菊诗的草稿,才写了开头两句:

西风昨夜过园林,吹落黄花满地金.

苏东坡心想:"西风"就是秋风,"黄花"就是菊花,菊花最能耐寒、耐久,敢与秋霜斗争,怎么会被秋风吹落呢?说西风"吹落黄花满地金"是大错特错了.这个平素恃才傲物、目中无人的翰林学士,也不管王安石是他的前辈和上级,提起笔来,续诗两句:

秋花不比春花落,说与诗人仔细吟.

王安石回来以后,看了这两句诗,心里很不满意.他为了用事实教训一下苏东坡,就把苏东坡贬为黄州团练副使.苏东坡在黄州住了将近一年,到了九月重阳,这一天大风刚停,苏东坡邀请好友陈季常到后园赏菊.只见菊花纷纷落瓣,满地铺金.这时他想起给王安石续诗的往事,才知道是自己错了.

例5中苏东坡仅根据自己看到的菊花只会枯萎不会落瓣这一现象,得出"天下的菊花都是不会被秋风吹落的"这样一般性结论,并以此为根据判定王安石的咏菊诗写得有问题,他犯了"轻率概括"的逻辑错误.第二年的重阳,他在黄州看到了反例,因为黄州这个地方的菊花是会被秋风吹落的.

2) 正确对待反例

在简单枚举归纳推理中,只需找到一个反例,就足以说明一个归纳结论对于某类对象是不正确的.为了寻求真理,科学家往往把寻找科学猜想的反例看得与寻找科学猜想的证明同等重要.在通往真理的道路上,寻找证明与寻找反例这两件事几乎是同时进行着的.

2 科学归纳推理

定义 6-3-3 通过考察发现某类事物的部分对象都具有某种属性,没有遇到相反情况,而且进一步分析和发现了所考察过的这一部分对象所具有某种属性的原因和内在必然性,建立在这种对事物进行科学分析基础上的不完全归纳推理称为科学归纳推理.

例6 1960年,英国有个农场的十万只鸡、鸭由于吃了发霉的花生而得癌症死去了.用这种饲料喂养的羊、猫、鸽子等,也先后患癌症而死去.1963年,有人曾在实验室里观察白鼠吃了发霉的花生后的反应,结果发现白鼠得了肝癌,最后也因此而死去.为什么动物吃了发霉的花生就会得癌症而死去呢?于是,有个科学家将发霉的花生进行了化学分析,发现其中有黄曲霉素,而黄曲霉素是致癌物质,因此,这个科学家推论:动物吃了发霉的花生,就会患癌症死去.请问:这个科学家是运用什么推理形式得出结论的?

例6中"动物吃了发霉的花生,就会患癌症死去"的一般性结论,是运用科学归纳推理得出的.因为在前提中不仅给出了鸡、鸭、羊、猫、鸽子等部分动物吃了发霉的花生会得癌症而死去的事实,而且还分析出它们死亡的必然原因(即发霉的花生中有黄曲霉素,而黄曲霉素是致癌物质).

例7 人们观察了大量向日葵,发现它们的花总是朝着太阳.经过研究发现,向日葵茎部含有一种植物生长素,它可以刺激生长,又具有背光的特性.生长素常常在背着太阳的一面,使得茎部背光的一面生长快于向阳的一面,于是开在顶端的花就总是朝着太阳.所以,所有向日葵的花都朝着太阳.

例7中"所有向日葵的花都朝着太阳"的一般性结论,是运用科学归纳推理得出的.因为在前提中不仅给出大量向日葵的花都是朝着太阳的事实,而且还分析出其背后的原因(向日葵茎部含有一种植物生长素,它可以刺激生长,又具有背光的特性).

科学归纳推理可用如下公式表示:

S_1 具有性质 P,

S_2 具有性质 P,

⋮

S_n 具有性质 P,

($S_1,S_2,\cdots,S_n$ 是 S 类的部分个别对象,其中没有 $S_i(1\leqslant i\leqslant n)$ 不具有性质 P,并且科学研究表明,S 和 P 之间有因果联系.)

所以,所有 S 都具有性质 P.

2.1 科学归纳推理与简单枚举归纳推理的区别

虽然科学归纳推理与简单枚举归纳推理都属于不完全归纳推理,前提中都只是考察了一类事物的部分对象,结论则都是对一类事物全体的断定,断定的知识范围超出前提.但两者的区别也是显著的,主要有以下不同点:(1)推理根据不同.简单枚举归纳推理仅仅根据已观察到的部分对象都具有某种属性,并且没有遇到任何反例.科学归纳推理则不是停留在对事物的经验的重复上,而是深入进行科学分析,在把握对象与属性之间因果联系的基础上做出结论.(2)前提数量对于两者的意义不同.对于简单枚举归纳推理来说,前提中考察的对象数量越多、范围越广,结论就越可靠.对于科学归纳推理来说,前提的数量不具有决定性的意义,只要充分认识对象与属性之间的因果联系,即使前提的数量不多,甚至只有一两个典型事例,也能得到可靠结论.(3)结论的可靠性不同.虽然两者的前提和结论之间的联系是或然的,但科学归纳推理考察了对象与属性之间的因果联系,是建立在对事物进行科学分析的基础上的,所以得出的一般性结论的可靠性比简单枚举归纳推理强,是较为可靠的科学结论.

2.2 求因果联系的方法——穆勒"五法"

在运用科学归纳推理时,一个重要的条件是要发现事物中现象之间的因果关系,揭示某现象产生和存在的必然性.因此,根据因果关系的特点,通过观察、实验、社会调查来寻找事物和现象的因果联系的方法,也是一种重要的具有归纳性质的逻辑方法.主要有五种方法:求同法(或称契合法)、求异法(或称差异法)、求同求异并用法、共变法、剩余法.这些方法是英国著名逻辑学家穆勒在《逻辑体系》一书中系统讨论过的实验探究的五种方法,统称为穆勒"五法".

2.2.1 因果关系的特点

如果某现象的存在,必然引起另一现象发生,这两现象间就具有因果关系.引起某一现象产生的现象,叫作原因.被某现象引起的现象,叫作结果.例如:接通电源,灯泡发光.接通电源是灯泡发光的原因,灯泡发光是接通电源的结果.因果关系具有以下特点:

1) 普遍性

现象间的因果联系是普遍存在的.任何现象都有其产生的原因,任何原因都必然引起一定的结果.没有无因之果,也没有无果之因.没有发现某现象引起的结果,不等于没有结果.结果是存在的,但这个结果或者是还没有从其他现象中区分出来,或者是被其他原因将结果抵消了.例如:天旱引起农作物减产,但用人工降雨的办法,没有导致农作物减产,天旱这个原因的结果,被人工降雨这个原因抵消了.没有发现产生某一现象的原因,并不意味着这一现象没有原因,只能说明还未发现原因,或迟或早某种结果的原因是会找到的.例如:至今医学上尚未找到艾滋病的真正起源,但它必然是存在着的,总有一天会被发现.

2) 先后性

原因和结果在时间上是前后相继的:原因总是在结果之前,结果总是在原因之后.要注意的是,"在此之后并非因此之故",前后相继是因果联系的必要条件,但不是充分条件.例如:春在夏之前,不能说春是夏之因.如果只是根据两现象间在时间上前后相继,就作出它们具有因果联系的结论,就会犯"以先后为因果"的逻辑错误.

3) 确定性

因果联系是确定的.从质的方面说,在同样的条件下,同样的原因会产生同样的结果.例如:在通常的大气压下,水的温度降到 0℃ 以下就会结冰.从量的方面说,原因发生了一定量的变化,结果也会相应地发生变化.例如:在通常的大气压下,随着温度的升高或降低,水就会相应地变热或变冷.因果联系的确定性还表现为:在一定的因果链条上,在一定的因果环节上,原因就是原因,不是结果;结果就是结果,不是原因.如果把原因当成结果,把结果当成原因,就会犯"因果倒置"的逻辑错误.例如,19 世纪的英国,勤劳的农民至少有两头牛,而好吃懒做的人通常没有牛.于是,某改革家建议给每位没有牛的农民两头牛,以便使他们勤劳起来.这位改革家就犯了"因果倒置"的错误.

4) 复杂性

因果联系是复杂多样的,有一因一果、多因一果,也有合因一果.一因一果是指只有某一特定的原因,才能产生某一种结果.例如:日食现象,只有月球运行在地球和太阳之间并且三者成一直线时才会发生.多因一果是指有些现象不是由某一特定的原因引起的,而是可由许多不同的原因引起.例如:液体蒸发加快,可以由温度升高引起,也可以由压力降低引起,还可以由温度升高和压力降低二者共同引起.合因一果是指几种原因共同作用,才能产生某种结果.例如:企业盈利是经营管理有方、职员踏实肯干、资金利用率高、社会环境有利等诸多因素共同起作用的结果.再如:某次考试分数不高有多种原因,不一定是智商低、能力差,还可能存在其他原因,如态度不认真、方法不对路甚至是一些偶然因素,不要因为一次没考好就自暴自弃.

根据因果关系的上述特点,培根先行提出、穆勒随后系统总结了"求因果五法":考察被研究现象出现的一些场合,在它的现行现象或恒常伴随的现象中去寻找它的可能原因,然后有选择地安排某些事例或实验,排除一些不相干的现象,最后得到比较可靠的结论.

2.2.2 求同法(契合法)

定义 6-3-4 如果在被研究现象出现的若干场合中仅有一个共同的情况,那么这个唯一共同的情况就是被研究现象的原因(或结果),这种求因果联系的方法称为求同法,也被称为契合法.

求同法可用如下公式表示:

场合	先行(或后行)情况	被研究现象
1	A,B,C	a
2	A,D,E	a
3	A,F,G	a
⋮	⋮	⋮

所以,情况 A 是现象 a 的原因(或结果).

例 8 18 世纪俄国科学家罗蒙诺索夫写了一篇《关于热和冷的原因之探索》的论文,其中曾做过这样一个推论:我们摩擦冻僵了的双手,手便暖和起来;我们敲击冰冷的石块,石块能发出火光;我们用锤子不断锤击铁块,铁块也可以热到发红.由此可知"运动能够产生热".

例 9 某地发生了一组连环杀人案,共有 9 人被害.经调查,9 个被害人的性别、年龄、职业、性格等都不相同,但有一个情况是共同的,那就是被害的地点都位于某路公交车的运行线路上.因此,警方从该路公交车的所有司乘人员展开调查,最后找到了真凶,该人是其中一位司机的儿子,几乎每天都随车出行.

例8和例9都采用了求同法寻找因果联系.例8中,列举了"热"这一现象出现的三种不同的场合:场合1是摩擦双手,场合2是敲击石块,场合3是用锤子锤击铁块.在这三种场合中,所使用的方法和工具等情况都不同,唯一相同的情况是这三个场合中都存在着运动过程,因此将这唯一的共同情况作为产生"热"现象的原因.例9中,被害人遇害这一现象出现在9个不同的场合,这些场合中被害人的性别、年龄、职业、性格等情况均不同,唯一相同的情况是被害地点都位于某路公交车的运行线路上,因此警方将这唯一相同的情况作为寻找被害人的线索.

求同法的特点是"求同除异".求同法仅考察被研究现象出现的部分场合,以相关场合中有唯一共同情况为基础,而这个共同情况的唯一性很难保证,因此所得的结论是或然性的.例如,一天晚上某人看了两小时书,喝了几杯浓茶,又用热水洗脚,结果整夜没睡好觉;第二天晚上,他又看了两小时电视,抽了许多烟,又用热水洗脚,结果又失眠了;第三天晚上,他又听了两小时音乐,喝了大量咖啡,又用热水洗脚,结果是再次失眠.按求同法,连着三个晚上失眠的原因似乎应该是"用热水洗脚".这个结论显然是荒谬的.事实上,茶、烟、咖啡中的兴奋性成分才是失眠的真正原因.

运用求同法时为了提高结论的可靠性,应注意以下两点:

(1) 结论的可靠性和考察的场合数量有关.考察的场合越多,结论的可靠性越高.

(2) 有时在被研究的各个场合中,共同的因素并不止一个,因此,在观察中就应当通过具体分析排除与被研究现象不相关的共同因素.

2.2.3 求异法(差异法)

定义 6-3-5 如果在被研究现象出现和不出现的两个场合中,仅有一个情况不同且仅出现在被研究现象存在的场合,那么这个唯一不同的情况就是被研究现象的原因(或结果)或必不可少的部分原因,这种求因果联系的方法称为求异法,也被称为差异法.

求异法可用如下公式表示:

场合	先行(或后行)情况	被研究现象
1	A,B,C	a
2	— B,C	—

所以,情况 A 是现象 a 的原因(或结果).

例10 夏天的夜晚,蝙蝠能在黑暗的岩洞内或者茂密的树林中自由地飞行,寻找食物.更不可思议的是,当人们把蝙蝠双眼罩上后,蝙蝠仍能正常地飞行.为了研究蝙蝠是如何在黑暗中准确地定向的,科学家们做了一个实验.实验分为两个步骤:第一步,把蝙蝠的双耳塞住,结果蝙蝠就到处碰壁;第二步,取出塞入蝙蝠耳中的东西,此时蝙蝠又能正常飞行了.这些实验说明:蝙蝠是用耳朵来定位的.后来用测量超声波的仪器又发现,蝙蝠是根据超声波定位的.在飞行期间,蝙蝠在喉内产生超声波信号,由它们的耳朵接收,并据此判定目标和距离.

例 11 萨克斯在 1862 年发现,植物淀粉是由叶绿素受光合作用吸收二氧化碳,将之分解,再与其他养料合成的.因为他发现,在其他条件相同时,如果遮挡日光,那么植物不能产生淀粉;但只要以日光照射,植物便又立刻产生淀粉.

例 10 和例 11 都采用了求异法寻找因果联系.例 10 中,两个步骤可以看作两个场合,这两个场合中唯一不同的是蝙蝠的耳朵是否被塞住,在第二步中,蝙蝠耳朵被塞住后就不能正确定位,从而不能正常飞行.因此,将"耳朵没有被塞住"作为蝙蝠能正确定位的原因.例 11 中,两个场合唯一不同的是是否有日光照射,只有有日光照射的场合,植物才产生淀粉.因此,将"日光照射"作为植物产生淀粉的原因.

求异法的特点是"求异除同".求异法考察的是被研究现象出现和不出现的两个场合,并且以这两个场合有唯一不同的情况为基础,而这个不同情况的唯一性是很难保证的,因此求异法的结论也是或然的.求异法的条件在科学实验中可以借助实验设计来达到,因此,求异法在科学研究中常被采用,如对比实验所根据的就是求异法.

运用求异法时为了提高结论的可靠性,应注意以下三点:

(1) 结论的可靠性和考察的场合数量有关.考察的场合越多,结论的可靠性越高.

(2) 必须排除除了一点外的其他一切差异因素.如果相比较的两个场合还有其他差异因素未被发觉,结论就会被否定或出现误差.

(3) 注意区分两个场合唯一不同的情况是被考察现象的全部原因还是部分原因.

2.2.4 求同求异并用法

奇怪的路标

1929 年夏末,德国不来梅有一条新公路开通了.奇怪的是不到一年,有 100 多辆汽车在这条公路上神秘地出事——都是撞在第 239 号路标上.警察调查时,很多幸存者们都回忆说,当汽车驶近路标时,车身被一种强大的力量拽离路面.仅 1930 年 9 月 7 日这一天就有 9 辆汽车撞在这块倒霉的路标上.

警方调查无果,当地有一位探矿师卡尔·威尔猜测那种神秘的力量可能来自地下泉水所产生的强大磁场.为证实这个判断,他手执

> 一条探矿用的"钢棍"慢慢接近路标.当他走到与路标平行的地方时,钢棍突然从他手中飞出,仿佛被一只无形的手猛地抓去,他本人也摔了个大跟头.
>
> 　　威尔会同有关专家进行了计算,并做了一个实验:在路标下埋一个铜箱子,里面装满星状的小铜片,用来消解磁场.箱子埋了一个星期,在此期间,未发生过一起交通事故.后来,箱子被挖了出来,不久就有3辆车在路标前失去控制.人们赶紧将箱子重新埋下.以后239号路标处就再也没有发生过车祸.
>
> 　　请分析:威尔用了什么方法找出汽车撞到第239号路标的原因?

定义6-3-6　如果仅有某一情况在被研究现象存在的若干场合中出现,而在被研究现象不存在的若干场合中不出现,那么这一情况是被研究现象的原因或结果或必不可少的部分原因,这种求因果联系的方法称为求同求异并用法.其中,被研究现象出现的若干场合称为正事例组,而被研究现象未出现的若干场合称为负事例组.

求同求异并用法可用如下公式表示:

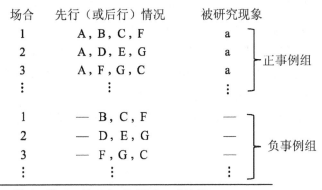

所以,情况A是现象a的原因(或结果).

例12　我国唐代著名医学家孙思邈对脚气病进行了研究.他发现富人患这种病的人较多,穷人患这种病的人很少.他通过进一步的观察、比较后发现:富人的性格、脾气、身体状况、生活习惯等情况各有差别,但有一个共同点是吃去净米糠的精米和去净麸皮的白面;穷人的情况也各不相同,但也有一个共同点,即吃的都是含有米糠的糙米和含有麸皮的面粉.于是他得出结论:富人得脚气病是由于食物中缺少米糠、麸皮引起的.于是,他试着用米糠、麸皮来治脚气病,结果真有效.

例13　一百多年前,一艘远洋帆船载着五个中国人和几个外国人由中国开往欧洲.途中,除五个中国人外,其余全病得奄奄一息.经诊断,他们都患有坏血病.同乘一艘船,同样是人,一样是风餐露宿,受苦挨饿,漂洋过海,为什么中国人和外国人差别这么大呢?原来这五个中国人都有喝茶的嗜好,而外国人却没有.于是得出结论:喝茶是这五位中国人不得坏血病的原因.

例12和例13都采用了求同求异并用法寻找因果联系.例12中,富人患脚气病的较多,可将富人看作正事例组.富人之间情况各不相同,只有"吃去净米糠的精米和去净麸皮的白面"这个情况是唯一相同的.由正事例组可以得出正面的结论:缺少米糠、麸皮容易得脚气病.而穷人患脚气病的很少,可看作负事例组.穷人大多吃不起精米和白面,吃的多是含有米糠的糙米和含有麸皮的面粉.由负事例组可以得出结论:吃了米糠、麸皮不容易生脚气病.正、负事例组的总结论是:缺少米糠、麸皮是得脚气病的原因.例 13 中,五个中国人可看作正事例组.中国人的情况各不相同,只有"有喝茶的嗜好"这个情况是唯一相同的.由正事例组可以得出正面的结论:有喝茶嗜好的人不容易患坏血病.几个外国人可看作负事例组,这些人都没有喝茶的嗜好.由负事例组可以得出结论:没有喝茶嗜好的人容易患坏血病.正、负事例组的总结论是:有喝茶的嗜好是不得坏血病的原因.

求同求异并用法的特点是"两次求同、一次求异".该方法的应用可分为三个步骤:第一步,对正事例组应用求同法,得出结论"凡有情况 A 就有现象 a 出现";第二步,对负事例组应用求同法,得出结论"凡无情况 A 就无现象 a 出现";第三步,对由正、负事例组得出的结论应用求异法,得出总结论"情况 A 是现象 a 的原因(或结果)".

尽管求同求异并用法同时考察了正、负两个事例组,但这两个事例组都分别仅包含了被研究现象出现或不出现的部分场合,因而用求同求异并用法得出的结论依然是或然的.考虑到求同求异法包含"两次求同、一次求异"三个步骤,为了提高结论的可靠性,应在每个步骤中尽量满足求同法和求异法的要求,并注意以下两点:

(1)正、反两组事例的组成场合越多,结论的可靠程度就越高.

(2)所选择的负事例组的各个场合,应与正事例组各场合在客观类属关系上较近.换句话说,在选择被研究现象不出现的反面场合时,应尽量与被研究现象出现的正面场合的其他情况相似.

回到开头的汽车撞路标的故事.在寻找事故的原因时,一开始人们的想法是,出事汽车的型号、出事的时间以及天气状况等都有所不同,唯一相同的只有出事的地点——239 号路标处,认为路标是造成事故的原因.

真正的原因由威尔发现.他首先根据物理学知识提出猜想:那种神秘的力量来自地下泉水所产生的强大磁场,然后用逻辑方法验证了他的猜想.

首先,他在路标下埋了一只消磁的铜箱子,埋下后就有许多汽车经过,形成一些不同的场合.在这些场合下,汽车的型号、经过路标时的时间、天气状况等都不相同,只有"埋下铜箱子"是共同的.因为这个铜箱子的存在,磁场被消除了,所以汽车都没有出事故.由求同法可知,埋下铜箱子是没有事故的原因.

然后,他把铜箱子挖了出来.这时又有一些汽车经过,也形成一组不同的场合.在这些场合下,汽车的型号、经过路标时的时间、天气等都各异,只有"没埋下铜箱子"是相同的,也就是有磁场存在是相同的,这时发生了事故.据求同法,没有埋下铜箱子是发生事故的原因.

对比正、负两组场合,有磁场时出事故,无磁场时无事故,由求异法知,磁场是造成事故的原因.可以看出,卡尔·威尔两次应用了求同法,一次应用了求异法,这种方法就是求同求异并用法.

2.2.5 共变法

定义 6-3-7 如果在被研究现象发生变化的若干场合中,唯有一个情况也发生变化,那么这个唯一变化的情况就是被研究现象的原因或结果,这种求因果联系的方法称为共变法.

共变法可用如下公式表示:

场合	先行(或后行)情况	被研究现象
1	A_1,B,C	a_1
2	A_2,B,C	a_2
3	A_3,B,C	a_3
⋮	⋮	⋮

所以,情况 A 是现象 a 的原因(或结果).

例 14 在其他情况不变的条件下,气温上升了,温度计里的水银柱也就上升了;温度下降了,温度计里的水银柱也就下降了.我们由此可以得出结论:温度的升降是温度计里的水银柱升降的原因.

例 15 某纤维的耐热水性能好坏可以用指标"缩醛化度"来衡量.这个指标越高,耐热水性能也越好.通过一组实验得到有关"缩醛化度"(摩尔百分比)与"甲醛浓度"这两个指标的数据见表 6-3-1.

表 6-3-1 甲醛浓度与缩醛化度实验数据

甲醛浓度 x/g·L^{-1}	18	20	22	24	26	28	30
缩醛化度 y/%	26.86	28.35	28.75	28.87	29.75	30.00	30.36

分析表 6-3-1 中的数据不难发现,甲醛浓度越高,缩醛化度也越高.据此可以得出结论:甲醛浓度是影响缩醛化度的重要因素,在工业生产中可用甲醛浓度去控制缩醛化度.

例 14 和例 15 都采用了共变法寻找因果联系.例 14 中,在其他情况不变的条件下,温度的高低和温度计里水银柱的高低之间有定量的共变关系,得出结论:温度的升降是温度计里的水银柱升降的原因.例 15 中,在其他情况不变的条件下,缩醛化度和甲醛浓度之间有定量的共变关系,得出结论:甲醛浓度是影响缩醛化度的重要因素.

共变法的特点是"同中求变".共变法考察的是部分场合中被研究现象与某一情况在数量或程度上的变化关系,并且以这个变化关系呈现共变关系为基础,因此共变法的结论也是或然的.

运用共变法时为了提高结论的可靠性,应注意以下三点:

（1）结论的可靠性和考察的场合数量有关. 考察的场合越多, 结论的可靠性越高.

（2）必须保证发生变化的情况是唯一的. 如果相比较的场合中还有其他差异因素未被发觉, 结论就会被否定或出现误差. 例如, 在研究温度的升降与温度计里的水银柱升降的关系时, 必须保证气压等其他环境因素维持不变, 如果除了温度在变化, 气压也在变化, 则所得结论就会出错.

（3）两种现象的共变是有一定限度的, 超出这一限度, 两种现象就不再有共变关系. 例如, 在数据拟合时, 对于一定数量的训练样本, 在一定限度内提高模型复杂度可以提高拟合的准确度, 但如果超过这个限度, 反而会出现过拟合现象.

2.2.6 剩余法

定义 6-3-8 如果已知某一复合的被研究现象中的部分是某情况作用的结果, 那么这个复合现象的剩余部分就是其他情况作用的结果, 这种求因果联系的方法称为剩余法.

剩余法可用如下公式表示:

复合情况 A, B, C 是复合现象 a, b, c 的原因,
B 是 b 的原因,
<u>C 是 c 的原因,</u>
所以, A 是 a 的原因.

例 16 有一次居里夫人和她的丈夫为了弄清一批沥青铀矿样品中是否含有值得提炼的铀, 就对其中的含铀量进行了测定. 出乎意料的是, 有几块样品的放射性甚至比纯铀的还要大, 这就说明, 在这些沥青铀矿中一定含有别的放射性元素. 另一方面, 因为这些未知的放射性元素用普通的化学分析法是测不出的, 因而一定含量比较少. 由以上两方面可以断定, 该元素的放射性要远远高于铀. 居里夫妇在极其原始的条件下以极大的毅力从几吨沥青铀矿石中寻找这些微量的新元素, 终于在 1898 年 7 月, 分离出放射性比铀强 400 倍的新元素, 并将其命名为"钋".

例 17 19 世纪 20 年代, 巴黎有科学家根据各种观测资料, 推算出了天王星的运行轨道, 但实际观测到的天王星的运行轨道却与推算出的轨道明显不符, 两者偏差有两弧分之大. 但当时科学家都认为推算本身没有问题. 那么究竟是什么原因造成天王星运行轨道的偏移呢? 1845 年, 有一位青年勒维列开始探究这一问题. 他再次核对了前人的轨道推算, 发现没有问题, 于是他大胆猜测: 在天王星之外的某一处, 可能另有一颗行星, 它在干扰天王星的运行. 1846 年, 他完成了关于这颗未知行星的推算, 并于同年 9 月告知了柏林的一位天文学家, 要求他在天空的某一区域寻找那颗行星. 后者在 9 月 23 日用了不到一个小时的时间, 就找到了当时未知的那颗行星, 这就是海王星. 这一发现在数理天文学上被视为最伟大的发现之一.

例 16 和例 17 都采用了剩余法寻找因果联系. 例 16 中, 居里夫妇测定铀矿样品的含铀量时, 发现有几块样品的放射性比纯铀的大. 按剩余法: 既然铀矿样品的总的放射

性是由铀矿中所有放射性物质引起的,现在已知一部分放射性是由铀引起的,那么,铀矿中的其余放射性一定是由其他放射性元素引起的.例17中,天文学家推算出来的天王星的运行轨道与实际观测到的运行轨道明显不符,当时的科学家都认为推算本身没有问题,于是勒维列猜测,天王星的实际运行轨道是天王星和另一颗行星共同作用的结果,勒维列的猜测依据就是剩余法.

剩余法的特点是"由余果求余因".即已知某复合现象是某复合情况作用的结果,并且其中部分现象是部分情况作用的结果,那么剩余现象就是剩余情况作用的结果.由于不能保证将各种已知的因果联系都研究穷尽,所以剩余法的结论也是或然的.

剩余情况大多是未知的,运用剩余法时为了提高结论的可靠性,应注意以下两点:

(1) 必须确定复合情况(A,B,C)和复合现象(a,b,c)以及其中的部分情况(B,C)和部分现象(b,c)之间的因果联系,并且剩余现象 a 不可能是由已知的部分情况(B,C)引起的,否则结论就不可靠.

(2) 引起剩余现象 a 的剩余情况不一定是单一情况,也可能是复合情况,并且大多是未知的,因此一定要大胆推测,小心求证.

回到本节开头的胃病治疗方法的选择问题.虽然科学归纳推理利用科学分析的方法,引入穆勒"五法"等系统的方法探求因果联系,所得的结论较之于简单枚举归纳推理更可靠,但它依然属于或然性推理.前提对结论的支持度和结论的可靠性,取决于科学归纳推理中关于对象与属性之间的因果联系的分析有多科学.而事物之间的联系是非常复杂的,因此科学研究的结论是可错的,也是可以修正的.民间的经验总结更是如此:简单地把几个因素孤立起来考察,更容易得出片面的结论或错误的结论.因此,我们在学习知识、借鉴前人经验的时候,应持批判性态度进行独立思考,并将相关结论付诸实践的检验.

第 4 节 类比推理

1 类比推理的定义

定义 6-4-1 根据两个(或两类)对象在某些属性上相同(或相似),从而推出它们在其他属性上也相同(或相似)的推理,这样的推理称为类比推理.

类比推理可用如下公式表示:

对象 A 具有属性 a,b,c,d,
对象 B 具有属性 a,b,c,
所以,对象 B 也具有属性 d.

例 1 富兰克林曾把天空中的闪电和地面上的电火花进行比较,发现它们有很多相同的特性.例如:都能发出同样颜色的光,爆发时都有噪声,都有不规则放射,都是快速运动,都能射杀动物,都能引燃易燃物.同时又知地面上电机的电可以用导线传导,由此推知天空中的闪电也可以用导线传导.后来这一结论通过著名的风筝实验得到了证实.

例 2　苍蝇的两只翅膀后面长着一对小棒,这对小棒叫"平衡棒",它们最重要的功能是作为一种天然导航仪来控制蝇体的平衡,并为其飞行导航.苍蝇飞行时,平衡棒的振动平面就会发生变化.平衡棒基部的感受器马上会感觉到这种变化并报告给蝇脑,苍蝇就可以立即校正身体姿态和航向.科学家根据苍蝇平衡棒的导航原理,研制成一种小巧的新型导航仪器——振动陀螺仪,已经应用在火箭和高速飞机上,保证了飞行的稳定性,并实现了自动驾驶.

例 1 和例 2 中的结论都是运用了类比推理得出的.例 1 中富兰克林根据闪电和地面上电火花的共同点的类比,由地面上电机的电可以用导线传导的事实推出结论:天空中的闪电也可以用导线传导.例 2 中科学家根据苍蝇和火箭、高速飞机的共同点的类比,由苍蝇可以借助平衡棒来控制蝇体平衡并导航的事实推出结论:可以模仿苍蝇平衡棒的导航原理为火箭、高速飞机研制导航仪器.

2　类比推理的类型

定义 6-4-1 给出的是传统逻辑中类比推理的定义.随着科学的发展,人们对类比推理的认识不断深化,类比推理有了很多新的应用类型.

2.1　同类类比与异类类比

定义 6-4-2　同类对象之间类比称为同类类比.

例 3　根据地球和火星有许多相同属性,又知地球上有生物存在,从而推出火星上也有生物存在.这就是同类类比.

定义 6-4-3　异类对象之间类比称为异类类比.

例 4　根据棉花和积雪都疏松多孔,能存贮空气,棉花有保温效果,从而推出积雪也有保温效果.这就是异类类比.

2.2　同向类比与异向类比

定义 6-4-4　根据两个(或两类)对象在某些属性上相同(或相似),从而推出它们在其他属性上也相同(或相似)的推理,称为同向类比.

同向类比就是传统逻辑所讲的类比推理.它又分为正(肯定)类比和负(否定)类比两种.

定义 6-4-5　根据两对象具有某些相同属性,从而推出它们都具有其他属性的推理,称为正类比,又称为肯定类比.

例 3 中地球与火星的类比就是正类比.

定义 6-4-6 根据两对象都不具有某些属性,从而推出它们都不具有其他属性的推理,称为负类比,又称为否定类比.

负类比推理可用如下公式表示:

对象 A 不具有属性 a,b,c,d,

对象 B 不具有属性 a,b,c,

所以,对象 B 也不具有属性 d.

例 5 猫和虎都不是卵生动物,都不会飞,都不是偶蹄动物,猫不是素食性动物,所以虎也不是素食性动物,这就是负类比.

定义 6-4-7 根据两个(或两类)对象在某些属性上不同,从而推出它们在其他属性上也不同的推理,称为异向类比,也称反向类比.

例 6 人们根据地球上有空气、水分,昼夜温差小,有生命存在,而月球上没有空气、水分,昼夜温差大,从而推出月球上没有生命存在. 这就是异向类比.

2.3 性质类比与关系类比

定义 6-4-8 根据两对象的某些性质相同、相似或不同,从而推出它们在其他性质方面也相同、相似或不同的推理,称为性质类比.

前面的类比推理例子都是性质类比.

定义 6-4-9 根据两对象之间具有某种关系,从而推出其他的两对象之间也有相同(或相似的)关系的推理,称为关系类比.

例 7 "学生与大学生"和"监狱与中国监狱"具有相同的关系,都是整体与组成部分的关系.

2.4 模拟类比推理

定义 6-4-10 通过模型实验将一个对象的属性、关系推广到另一个对象的推理,称为模拟类比推理.

模拟类比推理有下面两种形式:

1) 由原型推向模型的模拟类比

根据自然原型,研制设计出模型,使得模型在一系列属性、功能、结构等方面与自然原型相同或相似.

可用公式表示为

A 对象(原型)中 a,b,c 与 d 有 R 关系,

B 对象(模型)经设计有 a,b,c,

所以,B 对象 a,b,c 与 d 也有 R 关系.

例 8 科学家通过模仿苍蝇的平衡棒,研制出一种新型导航仪器——振动陀螺仪,保证了火箭和高速飞机飞行的稳定性并实现了自动驾驶.

2）由模型推向原型的模拟类比

从根据自然原型设计研制的模型具有某种属性、结构或功能，从而推出其原型或模型适用的对象也具有该属性、结构或功能.

可用公式表示为

A 对象（原型）中有 a,b,c,
B 对象（模型）中有 a,b,c,且试验表明 a,b,c 与 d 有 R 关系,
所以，A 对象 a,b,c 与 d 也有 R 关系.

例 9 我国的三峡工程，一为治理几乎年年泛滥的洪水，二为利用水能发电，有效缓解能源供应的紧张与不足，是一个耗资巨大、对子孙后代有深远影响的超级工程. 因此，事先必须进行可靠性研究和论证. 研究和论证中主要运用的就是由模型推向原型的模拟类比方法：先尽可能地把所有相关因素都考虑进来，在实验室模拟三峡地区建一座微型三峡大坝，用各种方法对其开展各项实验，积累实验数据，再用计算机进行数据分析，得出总的实验结论，最后把该实验结论推至实际的三峡大坝.

3 类比推理的可靠性

类比推理将某个（类）对象的属性推广到与之相似的另一个（类）对象，但对象在某些属性上相同（或相似），并不能保证它们在其他属性上一定也相同（或相似），因此类比推理的结论只能是或然的.

运用类比推理时为了提高结论的可靠性，应注意以下两点：

(1) 相类比的两个（类）对象的相同（或相似）属性越多，结论越可靠. 因为推出的属性越有可能为这些对象所共有. 例如：科学家在把疫苗应用于临床前，就要先在其他动物身上做试验. 由于猴子与人的相同属性比小白鼠与人的相同属性更多一些，所以，在猴子身上做试验就比在小白鼠身上做试验更可靠.

(2) 相类比的两个（类）对象的相同属性越是本质的，结论越可靠. 因为对象的本质属性制约着其他属性，前提中确认的相同（或相似）的属性越是本质的，这些属性与推出属性间的关系越紧密，从而推出的属性越有可能为这些对象所共有. 例如：熊猫是猫科动物，东北虎也是猫科动物，猫科动物就是二者共同的本质属性. 本质属性相同，那么其他属性相同的可能性就比较大. 东北虎是食肉动物，从而推断熊猫也是食肉动物. 这个结论可靠性就比较大.

不能将两个（类）本质不同的事物，按其表面的相似来机械地加以比较和推论，否则，就要犯"机械类比"的错误. 例如，基督教神学认为，宇宙是由许多部分构成的一个和谐整体，正如钟表是由许多部分构成的和谐整体一样，而钟表有一个创造者，所以宇宙也有一个创造者，这个创造者就是上帝. 再如，网上有文章这样鼓吹开卷：外科医生在给病人做手术时可以看 X 光片和各类手术操作手册，律师在为被告辩护时可以查阅各种案卷、法律汇编和辩护书，建筑师在盖房子时可以对照设计图、施工方案、设计手册，

教师在备课和教学时可以看各种参考书,那为什么唯独不允许学生在考试时看教科书和相关参考资料呢?

4 类比推理的作用

类比推理是一个启发思维、激活思维的过程,也是一个进行思维比较的过程.在这个过程中,人们对事物的认识被重新组合.因此,类比推理在人们进行思维活动过程中有着极其重要的作用.

第一,类比推理是一种创造性思维方法,对人们提出假说、探索并发现真理有着重要作用.例如,阿基米德根据洗澡时水溢出浴盆的现象发现了"浮力原理",用了类比推理;英国医生哈维通过对蛇和兔子等动物的实验发现了血液循环的理论,也是用了类比推理.

第二,类比推理在科学发明和发展方面有着重要作用.科学史上许多科学理论的发现和技术的发明与创造,都借助了类比推理.类比推理是仿生学的理论基础.例如:惠更斯提出光的波动说,就是与水波、声波类比而受到的启发;飞机、潜水艇等最初的设计和制造,也都是与鸟、鱼等类比而受到启发的结果.

第三,类比推理不仅是一种认识的方法,还是说明道理、论证(证明或反驳)思想的有力武器.在论证过程中,人们为了解释事实或原理,可以找出另一种与之类似的并且已经得到解释的事实或原理,然后通过类比来使该种事实或原理得到解释.

比如,《欢乐数学》(本·奥尔林)中作者将解决数学问题与攻打城堡进行类比:"遇到问题时,你可以从正门攻打城堡,与防御部队短兵相接.你也可以试着加深对城堡本身的认识,这样也许能发现不堪一击的另一个入口."数学家亚历山大·格罗滕迪克用了另一个比喻来说明:"我们可以把问题想象成让人垂涎的榛果,营养美味的果肉被坚硬的外壳包裹着,我们要怎样才能吃到果肉呢?有两种方法.第一种方法是用锤子和凿子使劲敲,把榛果的外壳敲碎.这是可行的,但非常粗暴,也非常费劲.我们也可以试试第二种办法:先把榛果泡在水里,可以用手搓一搓,让水更快地渗入果壳,或者放在那儿不管,过段时间再来看看.几周或者几个月后,时机成熟,你用手轻轻一压,原本坚硬的榛果就会像熟透的鳄梨一样打开了."

同样地,人们为了反驳一个无效的推理论证,也可以找另一个类似的推理论证推出荒谬的结论,从而说明该推理无效,也就是我们通常所说的"以其人之道还治其人之身".比如,假如有人这样推理:"如果有的脑力劳动者不是教师,那么,有的教师不是脑力劳动者."你可以这样反驳:"按你的逻辑,如果有些人不是医生,那么,有些医生不是人."再如,《庄子·杂篇》中有一则"庄子借粮"的故事:

庄子家境贫寒,于是向监河侯借粮.监河侯说:"行啊,等我收取封邑的税金,就借给你三百金,好吗?"庄子听了愤愤地说:"我昨天来的时候,看到有条鲫鱼在车轮碾过的小坑洼里挣扎.我问它怎么啦,它说求我给他一升水救命.我对它说,'行啊,我将到南方去游说吴王、越王,引西江之水来救你,好吗?'鲫鱼听了愤愤地说,'你现在给我一升水我就能活下来了,如果等你引来西江水,我早在干鱼店了!'"

在这则故事中,庄子用鲫鱼的处境和自己的处境作类比:鲫鱼急需水救命,庄子急需粮食救命;等引来西江水鲫鱼早就渴死了,等监河侯收取税金自己早就饿死了.通过这种类比,庄子表达了自己对监河侯为富不仁的愤怒.

第5节 概率归纳推理与统计归纳推理

前述传统归纳推理,除了完全归纳推理外,都是或然推理,即前提真结论未必真.运用归纳推理时,一个不可回避的问题就是推理的可靠性,即结论为真的可能性有多大.在传统归纳逻辑中只给出定性的讨论,而现代逻辑通过引入概率工具给出可靠性的度量,利用概率论和数理统计的知识进行可靠性研究.这就是概率归纳推理和统计归纳推理的研究内容.

1 概率的定义

1.1 概率的古典定义

定义 6-5-1 如果一个随机试验 E 具有以下特征:

(1) 试验的样本空间 S 中仅含有有限个样本点,

(2) 每个样本点出现的可能性相同,

则称该随机试验为古典概型.

在古典概型中,事件 A 的概率 $P(A)$ 按以下定义来计算,该定义称为概率的古典定义.

定义 6-5-2 设试验 E 的样本空间 S 由 n 个样本点构成,A 为 E 的任意一个事件,且包含 m 个样本点,则事件 A 出现的概率

$$P(A) = \frac{A \text{中所包含的样本点数}}{S \text{中的样本点数}}.$$

例1 将一枚硬币抛掷三次,求事件"恰有一次出现正面"的概率.

解 设 H 表示事件"出现正面",T 表示事件"出现反面",A 表示事件"恰有一次出现正面".这是一个古典概型,样本空间为

$$S = \{HHH, HHT, HTH, HTT, THH, THT, TTH, TTT\},$$

而 $A = \{HTT, THT, TTH\}$.试验结果总数 $n=8$,由于事件 A 的试验结果数 $n_A = 3$,所以 $P(A) = \frac{3}{8}$.

概率的古典定义仅适用于试验结果为有限多个且都具有"等可能性"的情况.当试验

结果无"等可能性"或试验结果有无限多个时,该定义就失效了,需要引入概率的统计定义.

1.2 概率的统计定义

定义 6-5-3 在相同的条件下,进行了 n 次试验,在这 n 次试验中,事件 A 发生了 n_A 次,则比值 n_A/n 称为事件 A 发生的频率,记为 $f_n(A)$.

由于事件 A 发生的频率是它发生的次数与试验次数之比,其大小表示 A 发生的频繁程度. 频率大,事件 A 发生就频繁,这意味着事件 A 在一次试验中发生的可能性就大. 因而直观的想法是用频率来表示事件 A 在一次试验中发生的可能性的大小,这就是概率的统计定义.

定义 6-5-4 在随机试验中,若事件 A 出现的频率 m/n 随着试验次数 n 的增加,趋于某一常数 $p(0 \leqslant p \leqslant 1)$,则定义事件 A 的概率为 p,记作 $P(A)=p$.

2 概率归纳推理

定义 6-5-5 根据某类事物已观察到的部分对象具有某种属性的频率推出所有该类对象(或某个对象)也具有这种属性的概率,这样的推理称为概率归纳推理.

由定义可知,概率归纳推理可分为两种类型:第一种,由部分推向整体;第二种,由部分推向个体.

2.1 由部分推向整体的概率归纳推理

这类推理由某类事物部分对象具有某种属性的频率推出该类对象具有这种属性的概率,可用如下公式表示:

S_1 具有(或不具有)性质 P,
S_2 具有(或不具有)性质 P,
S_3 具有(或不具有)性质 P,
⋮
S_n 具有(或不具有)性质 P,
($S_1, S_2, \cdots, S_n$ 是 S 类的部分个别对象,且其中有 m 个具有性质 P.)
所以,S 类所有对象具有性质 P 的概率为 m/n.

例 2 某林业部门要考察某种幼树在一定条件下的移植成活率,对相关数据进行取样研究,取样结果见表 6-5-1.

表 6-5-1 幼树移植取样数据

移植总数(n)	成活数(m)	成活的频率(m/n)
10	8	0.8
50	47	0.94

续表

移植总数(n)	成活数(m)	成活的频率(m/n)
270	235	0.870
400	369	0.923
750	662	0.883
1500	1335	0.890
3500	3203	0.915
7000	6335	0.905
9000	8073	0.897
14000	12628	0.902

由表 6-5-1 可知，随着移植棵数的增多，该种幼树移植成活的频率趋近于一个稳定值 0.9，由此可推出：该种幼树移植成活的概率为 0.9。

2.2 由部分推向个体的概率归纳推理

这类推理由某类事物足够多的部分对象具有某种属性的频率，推出该类任一对象具有该属性的概率，可用如下公式表示：

$S_1, S_2, \cdots, S_n$ 是 S 类的部分个别对象，且其中有 m 个具有性质 P，

S_i 是 S 类中任意一个对象．

所以，S_i 具有性质 P 的概率为 m/n．

概率归纳推理，不管是由部分推向整体还是由部分推向个体，结论断定的范围都超出了前提，前提真结论未必真，因此都具有或然性。

3 统计归纳推理

数理统计是一个具有广泛应用的数学分支，内容主要包括：如何收集、整理数据资料；如何对所得的数据资料进行分析、研究，从而对研究的对象的性质、特点做出推断．研究对象的全体所构成的集合称为总体，组成总体的每个单元成员称为个体．从总体选出据以为推的一部分有代表性的个体称为样本。

在日常生活以及科学研究中，运用统计方法可使人们获知一类确定现象在完全确定的实验条件下，它们所具有的特点、性质的分布情况．如果把这些性质运用到未知情况中去，便做出了一个统计归纳推理．

定义 6-5-6 根据参考的样本中百分之几的对象是否具有某属性，推出总体百分之几的对象是否具有某属性的归纳推理，称为统计归纳推理．

例 3 某项心理健康方面的调查征询了 6700 名成年人，他们分别居住在六个社区之中，这些社区属于大至 300 万人口的城市，小到不足 2500 人的城镇．调查结果以被征

询者的口述为基础,包括失眠、现在和过去的神经崩溃等症状.在提及的症状数量方面,居住在人口超过五万的城市中的居民,比人口不足五万的城镇中的居民几乎低20%.

例3 在对居住在大小不同的六个社区中的6700名成年人的调查结果的基础上,运用统计归纳推理得到结论:如果把这个调查用在所有城市居民,在提及的症状数量上,居住在人口超过五万的城市中的居民,比人口不足五万的城镇中的居民低20%.

统计归纳推理是从样本推向总体,结论断定的范围超出了前提,结论是或然的.其结论的正确程度依赖于抽样的方式和样本的适当性,只有采取正确的抽样方式并选取有代表性的样本,才能保证适用于样本的结论也适用于总体.因此,在运用统计归纳推理时为了提高结论的可靠性,应注意以下几点:

第一,考察的范围要尽量广,借助统计的样本要尽量多.

第二,抽样必须随机进行,即按照机会均等的原则进行抽样.这是保证抽样具有客观性的原则要求.

第三,样本必须具有代表性,即要求抽样能最恰当地代表总体的结构.若总体中各对象差异较大,则应用分层抽样的方法,即根据所研究的问题有关的性质,把总体分成许多层(即多个小类),再从各层中选取样本.

如果只注意样本数量的增加,而忽略上述第二、三两点,那么会出现统计上所谓的"斜线统计"错误.

例4 为了估计当前人们对管理基本知识掌握的水平,《管理者》杂志在读者中开展了一次管理知识有奖问答活动.答卷评分后发现,60%的参加者对于管理基本知识掌握的水平很高,30%左右的参加者也表现出了一定的水平.《管理者》杂志由此得出结论:目前社会群众对于管理基本知识的掌握还是不错的.

问:如果以下哪项为真,最能削弱以上结论?

A. 管理基本知识的范围很广,仅凭一次答卷就得出结论未免过于草率.

B. 管理基本知识的掌握与管理水平的真正提高还有相当的距离.

C. 并非所有《管理者》的读者都参加了此次答卷活动,其可信度值得商榷.

D. 从发行渠道看,《管理者》的读者主要是高学历者和实际的经营管理者.

E. 并不是所有人都那么认真.有少数人照抄了别人的答卷,还获了奖.

例4中的选项B与题干结论无关,选项A、C、E对题干结论构成轻度质疑,如C、E质疑抽样数据的可靠性和可信性,但比较而言,D项的质疑最根本:题目结论涉及"目前社会群众",而样本是《管理者》杂志的读者,选项D指出,《管理者》的读者主要是高学历者和实际的经营管理者.由此可以看出,这些样本相对于目前社会群众来说,不具有代表性.因此,无论这次抽样的统计结果是什么,都不能直接推广到总体上去.所以如果选项D真,最能削弱题干的结论.假如题干结论不涉及"目前的社会群众",而只涉及《管理者》的读者,那么抽样结果是能够支持结论的.

第 6 节　溯因推理与假说演绎法

科学研究是指利用科研手段和装备,为了认识客观事物的内在本质和运动规律而进行的调查研究、实验、试制等一系列的活动,为创造发明新产品和新技术提供理论依据.科学研究的基本任务就是探索、认识未知.

逻辑与科学研究联系紧密,在科学研究中有着重要作用,得到了科学家们的高度认可.爱因斯坦认为,理论物理学的完整体系是由概念、基本定律以及逻辑推理得出的结论所构成的,"在任何理论著作中,导出这些结论的逻辑演绎几乎占据了全部篇幅".尤其是在不可直接观察的大尺度的宏观宇宙学研究与微观粒子研究中,逻辑的作用尤为突出.英国理论物理学家保罗·戴维斯认为:"若想表达某个规律,那么,以质朴的、不可摇撼的逻辑为基础的表达便是最足以服人、最令人满意的表达方式."曾与量子力学创造人玻尔合作过的约翰·惠勒在谈到量子力学的逻辑基础时指出:我们看不到直接的实验或检验,"我宁可希望我们能够从中导出量子理论的更深的概念基础来……我认为进展的最大希望在概念方面(即推导方面),而不是实验方面".

逻辑与科学研究的紧密结合,形成了具有某些特殊性的科学研究的逻辑方法.假说演绎法就是其中一种重要的逻辑方法.在介绍假说演绎法前,我们先介绍溯因推理.

1　溯因推理

溯因推理是一种以得出最佳解释为目的的推理.假如你对朋友男孩甲说女孩乙在暗恋他,然后你朋友甲涨红了脸.这是为什么呢?该怎么解释呢?最自然的回答似乎是因为他对被暗恋的事感到了一丝尴尬,所以他脸颊变红了.这个例子就可以转化为一个溯因推理:

前提 P:甲在我告知他乙在暗恋他的事后脸变红了.

结论 C:甲对乙暗恋自己的事情感到尴尬.

在这个推理中,前提不能保证结论一定为真,而且能够解释这个前提的也可以是别的结论.比如,甲正好刚吃了些辣椒,所以才涨红了脸,又或者对猫过敏的甲被猫给挠了下.如果尽情发挥你的想象,你还能想到更多甲涨红了脸的原因.然而你的背景知识会告诉你,结论 C 才是对前提 P 的最佳解释,或至少是最佳解释之一.如果它是,那么前提给了你足够的理由去相信这个结论.

由以上例子可知,溯因推理是这样一种操作程序:从某个待解释现象出发,如果用某个一般性规律就能解释该现象之所以发生,就推出该一般规律有可能成立.其简单形式是:

待解释现象 e.
如果 h,则 e,
所以,h.

其复杂形式是:

待解释现象 e.
如果 h_1 或者 h_2 或者 h_3 … 或者 h_n,则 e.
并非 h_1,
并非 h_2,
并非 h_3,
⋮
所以,h_n.

溯因推理在生活中被广泛应用.比如,侦探的破案:假设侦探知道凶器是在史密斯的卡车里被发现的,史密斯没有不在场证明并有动机,他也没通过测谎测试,所有证据的最佳解释就是,史密斯是凶手.他把这些论证交给检察官,检察官再靠这些来说服审判团相信这个结论.

溯因推理在科学研究中也扮演了重要角色.科学假设常常基于观测数据的最佳解释推理,海王星就是这么被发现的:在 19 世纪,天文学家发现,所观测到的天王星实际运行轨道和牛顿运动定律预测的轨道有非常小的出入.这个出入的最佳解释是,天王星受到另一个人类所未知的行星的影响,后来这一推断也被证明是正确的.这个行星就是我们今天所知的海王星.

应用、辨别以及评估溯因推理是一个非常重要的批判性思维的技能,那怎样的解释才是一个最佳解释呢?这在哲学家之间辩论得可激烈了,但有两条构成最佳解释的特征是被大多数哲学家们所认同的:

第一,这解释越能符合我们现有的认知就越好.我们来想想天王星实际运行轨道与理论轨道有出入的另一种解释吧,也就是,牛顿运动定律是错的.接受这定律是错的需要放弃它原得以说通的数量庞大的绝妙解释,而这不符合天文学家们现有的认知,"有个未知之行星在从中作梗"更加符合他们的认知.这才算是个较为妥善的解释.

第二,当其他条件不变时,一个更简洁的解释胜于复杂的.比如,上面的例子中,还有个你朋友甲脸红的解释:可能他听错,以为你说另一女孩丙在暗恋他,他对丙暗恋他的事情很尴尬而不是因为乙.这也许是对的,但其实是画蛇添足,因为最先的解释更简洁,它比复杂的那个更可取.符合程度与简洁程度是判断一个解释优劣的两要素.

溯因推理是一种得出最佳解释的推理,所得结论应该是其前提的最佳解释.溯因推理是一种或然性推理,前提为真不保证结论为真.溯因推理在人们的生活和科学探究当中扮演了重要角色.

2　假说演绎法

在科学研究过程中,研究者在观察、实验的基础上,对所获得的事实材料进行加工制作,首先提出某种作为理论基本前提的猜测性假说,然后从它们逻辑地演绎出一组具体结论,交付观察或实验去检验.若这些结论被证实,则该假说得到一定程度的支持;若被证伪,则说明该假说至少存在某些问题,需要被修改甚至被抛弃.循此方法不断重复,我们将会达到可靠性程度越来越高的假说.这就是假说演绎法.

假说演绎法包括假说的提出、假说的展开和假说的检验三个关键步骤:

1) 假说的提出

假说的起点是实际遇到的问题和困境,既包括理论和事实材料的冲突,也包括已有理论之间的冲突.利用溯因推理形成假说.

2) 假说的展开

从假说推出观察结论.从假说出发,加上其他已经确证的科学理论和逻辑工具,主要运用演绎推理,推演出一些可供实践检验的结论.应该注意,这里的结论既应该包括对已有事实的解释,更应该包括对未知事实的预言.

3) 假说的检验

验证假说,包括证实和证伪两种情况.从假说推演出的一些观察结论应交付实践去检验,从而确定该假说是否成立.如果这些观察结论被证明符合事实,那么该假说就得到证实;如果至少有某些观察结论被证明不符合事实,该假说就被证伪,表明该假说至少有某些部分是错误的,需要对其作出修改或放弃.对于从该假说推出的那些特别重要的预言性结论的证实,有时候具有异乎寻常的意义,常常被叫作"判决性实验".

3　科学假说的评价标准

一般来说,科学假说有以下 6 种评价标准:

(1) 保守性.提出一个新假说时应尽可能与人们已有的信念保持一致.

(2) 普遍性.一个假说具有普遍性,就能保证它在不同的时间和地点,在稍微不同的条件下受到重复检验,从而避免因偶然的巧合而接受一个假说.

(3) 简单性.这被认为"是我们所能要求的真理的最好证据".

(4) 可反驳性.必须有某种可设想的事件,该事件将构成对于新假说的反驳.一个不可反驳的假说就是一个不合理的假说,它实际上没有向我们传达任何内容.

(5) 谦和性.在同等条件下,假说越不离奇越好;或者说,除非必要,不要构造离奇假说.

(6) 精确性.这主要来自量化手段.

批判性思维案例分析

[例1] 人们早已知道,某些生物的活动是按时间的变化(昼夜交替或四季变更等)来进行的,具有时间上的周期性节律,如鸡叫三遍天亮,青蛙冬眠春晓,大雁春来秋往,牵牛花破晓开放,等等.人们由此做出概括:生物的活动都受生物钟支配,具有时间上的周期性节律.

下述哪段议论的论证手法与上面所使用的方法不同?　　　　　　　　　(　　)

A. 麻雀会飞,乌鸦会飞,大雁会飞,天鹅、秃鹫、喜鹊、海鸥等也会飞,所以,所有的鸟都会飞.

B. 我们摩擦冻僵的双手,手便暖和起来;我们敲击石块,石块会发出火光;我们用锤子不断地锤击铁块,铁块也能热到发红;古人还通过钻木取火.所以,任何两个物体的摩擦都能生热.

C. 在我们班上,我不会讲德语,你不会讲德语,红霞不会讲德语,阳光也不会讲德语,所以我们班没有人会讲德语.

D. 外科医生在给病人做手术时可以看X光片,律师在为被告辩护时可以查看辩护书,建筑师在盖房子时可以对照设计图,教师备课可以看各种参考书,为什么唯独不允许学生在考试时看教科书及其相关的材料?

E. 张山是湖南人,他爱吃辣椒;李司是湖南人,他也爱吃辣椒;王武是湖南人,更爱吃辣椒.我所碰到的几个湖南人都爱吃辣椒.所以,所有的湖南人都爱吃辣椒.

【解析】 此题考查的是简单枚举归纳推理.题干使用的是简单枚举法.选项D所使用的是在不同事物之间进行类比,其方法与题干不同,其他各项都与题干相同.因此,正确答案是D.

[例2] 一份对北方某县先天性心脏病患者的调查统计显示,大部分患者都出生在冬季.专家们指出,其原因很可能是那些临产的孕妇营养不良.因为在这一年最寒冷的季节中,人们很难买到新鲜食品.

以下哪项如果为真,能支持题干中的专家的结论?　　　　　　　　　　(　　)

A. 调查中相当比例的患者有家族遗传病史.

B. 在心脏病患者中,先天性患者只占很小的比例.

C. 与引起心脏病有关的心血管区域的发育,大部分发生在产前一个月.

D. 新鲜食品与腌制食品中的营养成分对心血管发育的影响相同.

【解析】 此题考查的是求因果联系的求同法.题干由"大部分患者都出生在冬季"推测孩子容易患上先天性心脏病的原因是冬天难以买到新鲜食品,导致孕妇营养不良.强调冬季与孩子患先天性心脏病的关系,C选项正好有力地论证了这一点.而选项A、B、D实际上都削弱了专家的结论.

[例3] 有一则电视广告说,草原绿鸟鸡,饿了吃青草,馋了吃蚂蚱.广告语似乎在

暗示该种鸡及其鸡蛋的营养价值与该种鸡所吃的草原食物有关.

为了验证这个结论,下面哪种实验方法最可靠? （ ）

A. 选择一优良品种的蛋鸡投放到草原上喂养,然后与在非草原喂养的普通鸡的营养成分相比较.

B. 化验、比较草原上的鸡食物和非草原上的鸡食物的营养成分.

C. 选择品种、等级完全相同的蛋鸡,一半投放到草原上喂养,一半在非草原喂养,然后比较它们的营养成分.

D. 选出不同品种的蛋鸡,投放到草原上喂养,然后比较它们的切实有效成分.

【解析】 此题考查的是求因果联系的求异法.使用求异法,为了提高结论的可靠性,必须排除除了一点外的其他一切差异因素.为了验证题干中的结论,即"鸡及鸡蛋的营养价值与该种鸡所吃的草原食物有关",所用的实验方法就要控制好除了"是否吃草原食物"外的所有其他可变因素,如鸡的品种、等级等,使其保持不变.选项A、B、D都是不同的品种,都会对实验造成误差,最可靠的实验应是C.所以正确答案是C.

[例4] 美国国家专利局授予发明者的专利的数量,1971年为56000项,1978年降低到45000项.用于科研与开发的国家投入,1964年达到国民生产总值的3%,1978年只有2.2%.在美国对科研与开发的投入不断减少的同时,联邦德国与日本在这方面的投入分别提高了3.2%和1.6%.

以下哪项是从上述信息中最可能得出的结论? （ ）

A. 一个国家的国民生产总值和该国的发明专利的数量有直接关系.

B. 1978年,联邦德国和日本用于科研与开发的投入比美国的多.

C. 一个国家对科研与开发的投入在国民生产总值中所占的比例与这个国家的发明专利数量有直接关系.

D. 在1964—1978年,美国用于科研与开发的投入占国民生产总值的比例一直高于日本.

【解析】 此题考查的是求因果联系的共变法.所以正确答案是C.随着美国对科研与开发的投入不断减少,美国国家专利局授予发明者专利的数量也在不断减少,根据共变法,可以得出结论:一个国家对科研与开发的投入在国民生产总值中所占的比例与这个国家的发明专利数量有直接关系,即选项C.从题干得不出选项A、B、D,所以,正确答案是C.

[例5] ＿＿＿＿对于紫鹃相当于《围城》对于＿＿＿＿. （ ）

A.《红楼梦》……方鸿渐　　　　B.《三国演义》……钱钟书

C.《水浒传》……巴金　　　　　D.《金瓶梅》……鲁迅

【解析】 此题考查的是类比推理.因为我们难以从题目中断定两词之间的关系,只能逐项代入,然后再类比两词之间的关系.通过代入我们发现"《红楼梦》对于紫鹃相当于《围城》对于方鸿渐".两者间都是"小说和人物"之间的关系,因此答案是A.

（一）知识巩固

1. 判断下列实例运用了哪种推理方法.

（1）太平洋已经被污染,大西洋已经被污染,印度洋已经被污染,北冰洋已经被污染.所以,地球上的所有大洋都已被污染.

（2）罗马体育馆的设计师通过分析研究发现：人的头盖骨由 8 块骨片组成,形薄、体轻,但却比较坚固.他想,体育馆的屋顶用 1620 块形薄、体轻的构件组成颅形,也应该是坚固的.设计师按照这种想法设计施工,果然达到了预期的效果.

（3）人们发现,对氮气、氢气、氧气这些气体加热时,随着气体的增温,体积就增大.于是人们得出结论：各种气体在加热时体积都会增大.

（4）金受热后膨胀,银受热后膨胀,铜受热后膨胀,铁受热后膨胀,因为金属受热后,分子的凝聚力减弱,分子运动加速,分子彼此距离加大,从而导致膨胀,而金、银、铜、铁都是金属,所以,所有金属受热后都膨胀.

（5）三角形内角和为 $180°$,凸四边形内角和为 $360°$,凸五边形内角和为 $540°$,…,凸 n 边形内角和为 $(n-2) \cdot 180°$.

2. 判断下列研究活动应用了哪种探求因果联系的方法.

（1）一个病人不知对哪一种食物产生了过敏反应.大夫为断明其中原因,让病人从食谱中删除了几种可能导致过敏的食物.病人遵从医嘱之后,过敏反应消失了.大夫又让病人逐一增加先前戒食的东西.当病人恢复吃奶制品时,过敏反应又出现了.大夫做出结论,这个病人对奶制品过敏.

（2）一台电视机放在前屋时图像很好,但电视机移到另一房间后图像却模糊多了.再做一次移动比较后,还是在前屋里图像清晰,移到另一房间效果就差多了.而这两个房间其他情况都相同,只有位置不同.于是房子的主人得出结论：前屋的位置是电视机图像清晰的原因.

（3）一位犯罪学家通过比较发现,就业率的波动和盗窃罪发案率的起伏之间有因果联系.当就业率升高的时候,盗窃率降低；当就业率降低的时候,盗窃率升高.这位犯罪学家得出结论：失业是引起盗窃罪升高的原因.

（4）20 世纪初,科学家为了了解甲状腺肿大的原因,对这种疾病流行的地区进行了调查研究,结果发现这些地区的人口、气候、地理位置等各不相同,但有一个共同情况,就是这些地区饮水中缺碘,土壤、水流中都缺碘.由此,科学家得出结论：缺碘是引起甲状腺肿大的原因.

（5）科学家做过一个实验,他们将苜蓿（一种多年生草本植物）切细,埋在秧苗两边,结果这些秧苗结出的果实比其他秧苗结出的果实又多又好.只靠苜蓿里的氮、磷、钾不可能产生这样的效果. 于是科学家们推测, 苜蓿里还有未知的营养元素. 后来果然分离出三十烷醇, 实验证明, 正是三十烷醇刺激了秧苗生长.

3. 从有 3 件正品、2 件次品的箱子中任取 2 件, 每次取 1 件, 求第一次取得正品、第二次取得次品的概率.

(二) 批判性思维训练

1. 越来越多有说服力的统计数据表明, 具有某种性格特征的人易患高血压, 而具有另一种性格特征的人易患心脏病, 如此等等. 因此, 随着对性格特征的进一步分类研究, 通过主动修正行为和调整性格特征以达到防治疾病的可能性将大大提高.

以下哪项最能反驳上述观点?　　　　　　　　　　　　　　　　　　　　( )

A. 一个人可能会患有与各种不同性格特征均有关系的多种疾病.

B. 与某种性格相关的疾病可能由相同的生理因素导致.

C. 通过对某一地区的调查数据进行统计分析, 不能得出题干所说的某种性格特征的人易患高血压的结论.

D. 人们往往是在病情已难以扭转的情况下, 才愿意修正自己的行为, 但为时已晚.

E. 用心理手段医治与性格特征相关的疾病的研究在我国已有多年历史, 但众说纷纭, 莫衷一是.

2. 挪威研究人员分析了该国过去几十年里 230 万份出生记录, 以及相应孕妇的健康数据, 结果发现, 如果母亲怀孕期间出现妊娠剧吐症状, 女儿后来怀孕时也出现该症状的可能性是其他人的 3 倍. 研究还表明, 孕妇妊娠剧吐与腹中胎儿是否含有来自丈夫一方的相关基因没有关系, 导致这一症状的基因只可能来自母亲. 因此, 研究人员认为妊娠剧吐与父亲的基因无关, 而是由母亲遗传给女儿.

以下哪项如果为真, 最能削弱上述结论?　　　　　　　　　　　　　　　　( )

A. 女儿和母亲生活的自然和家庭环境(气候、饮食习惯等)比较类似.

B. 一项亚洲研究表明, 母亲怀孕时有妊娠剧吐, 女儿出现妊娠剧吐的可能性是其他人的 1.5 倍.

C. 研究表明, 外婆怀孕时有妊娠剧吐, 外孙女出现妊娠剧吐的可能性是其他人的 3 倍.

D. 在过去几十年中, 挪威妇女吸烟的比例逐年上升, 而吸烟与妊娠剧吐有关.

3. 一种海洋蜗牛产生的毒素含有多种蛋白, 把其中的一种给老鼠注射后, 两星期大或更小的老鼠陷入睡眠状态, 而大一点的老鼠躲藏起来. 当老鼠受到突然的严重威胁时, 非常小的那些老鼠的反应是呆住, 而较大的那些老鼠会逃跑.

以上陈述的事实最有力地支持了以下哪项假说?　　　　　　　　　　　　( )

A. 非常小的老鼠很可能与较大的老鼠一样易于遭受突发性的严重威胁.

B. 注射到鼠体的包含在蜗牛毒素中的蛋白的主要功能是通过诱导蜗牛处于完全静止状态而起到保护蜗牛的作用.

C. 如果给成年老鼠大剂量地注射这种蛋白质,也会使它们陷入睡眠状态.

D. 老鼠对突然的严重威胁的反应受其体内生成的一种化学物质的刺激,该物质与注射到老鼠体内的蛋白质相似.

4. 一具有大型天窗的百货商场的经验表明,商场内射入的阳光可增加销售额.该百货商场的大天窗可使商场内一半地方都有阳光射入,这样可以降低人工照明需要.商场的另一半地方只有人工照明.从该商场两年前开张开始,天窗一边各部门的销售量要远高于其他各部门的销售量.

以下各项最能支持上面论述的一项是　　　　　　　　　　　　　　（　　）

　　A. 除了天窗外,商场两部分的建筑之间还有一些明显的差别.

　　B. 在某些阴天里,商场中天窗下面的部分需要更多的人工灯光来照明.

　　C. 在商场夜间开放的时间里,位于商场天窗下面部分的各部门的销售额不比其他部门高.

　　D. 位于商场天窗下面部分的各部门,在该商场的其他一些连锁店中也是销售额最高的部门.

5. ＿＿＿＿对于《南方周末》相当于茶对于＿＿＿＿.　　　　　　　　　（　　）

　　A. 记者……红茶　　　　　　　B. 报纸……铁观音

　　C. 电视……水　　　　　　　　D. 集团……咖啡

逻辑的应用

——小说《悖论13》的推理分析

一、内容简介

《悖论13》是东野圭吾作品中少见的末世题材悬疑作品,被认为是《嫌疑人X的献身》后久违的杰作.

东京.3月13日黑色星期五,13时13分13秒.

警察冬树在抓捕歹徒时中弹,但下一刻他发现自己还活着,而且没有受伤,只是其他人都凭空消失了,四下里都是火灾和事故,城市变为废墟.他到处寻找,陆续遇到其他12个幸存者,大家汇在一起艰难求生.

情况变得越来越糟:国家、社会荡然无存,台风、海啸、地震、疾病轮番袭击,有人内斗,有人死去,整个世界似乎都在极力抹杀他们.就在队伍濒临崩溃时,他们得到一次逃生的机会,时间只有13秒.

二、精彩推理

1) 关于人类消失的规则

黎明即将来临.晨光穿过蕾丝窗帘,射进屋内.

手拿周刊杂志的小峰好一阵子没吭声了.那本杂志是冬树从便利商店拿来的,它掉在杂志架前,到处都留有小洞,仿佛是被人用美工刀割的.仔细一检查,才发现那是翻页时手指会碰触到的部分.换言之,应该是站着翻阅杂志的人消失时,那部分跟着也消失了.

小峰把杂志放到桌上,摇摇头.

"这是怎么回事呢?人碰触的部分消失了,我同意这点,但是……"

"同样的现象在各处都有发生."诚哉说,"我检查过好几辆停在路上的车子,方向盘和座椅表面不见了.副驾驶座和后座如果有乘客,那些座位的椅垫也会有异状."

小峰皱起脸,低声说了一句"真想不透".

"不过,有一件事,我倒是想到了."

"什么事?"诚哉问.

"没有衣服掉落."

"衣服?"诚哉与冬树面面相觑,"这是什么意思?"

"人类在瞬间消失这现象,我们找不出任何解释,也无法解释我们几人为何没消失.但光是感到不可思议也没用,所以我才认为不如想想其中有何规则.什么消失了,什么没消失.一定有某种运作规则才是."

"原来如此,然后呢?"诚哉催他说出下文.

"到目前为止能够确定的,就是人类和猫狗都不见了,但是建筑物与车子还在.如果说得更广泛点,应该可以说,生物消失了,但非生物没消失."

"植物也是生物呀."站在稍远处旁听的太一插嘴说道.

小峰点点头.

"啊说的也是.消失的只有动物,植物和非生物还在."

"寿司店虽有很多鲜鱼,但那些都是死的,所以等于是非生物吗?"太一恍然大悟地说.

"我想应该是这样.只有动物消失,其他物质却还在.总之,我想出了这样的规则,但我发现这规则无法解释一点:那就是衣服.衣服不是动物,是物质."

"对喔."诚哉说.

"如果那规则是对的,人类消失后衣服应该会留下,衣服会像他们搭乘的汽车和摩托车那样留在原地."

"没错.走在路上的人类应该只会有肉体消失,身上的衣服会留在原地.照理说,应该会满地都是衣服才对,可是到处都看不到这种迹象.所以,我刚才就在想,我们显然得重新思考规则."

"人类碰触到的东西也会一起消失,这就是正确答案吗?"

小峰听到诚哉这句话并未颔首赞同.他皱起眉头,用指尖把眼镜推高.

"我认为那个说法并不充分.如果光看这本杂志,的确会以为发生的是你说的那种现象.但是,'碰触到'这种说法不够具体.拿衣服为例好了,大部分的人会在衣服里穿内衣.穿在最外面的外套,通常不会直接接触肌肤,但外套还是消失了,因此与人体碰触到应该不是绝对条件."

诚哉手摸下颚:"说得也是……"

"想必应该还有更复杂的规则吧.如果能知道那是什么,说不定就能解释这个怪现象了."小峰做出结论后,朝着装有白兰地的杯子伸出手.

2) 关于地震频繁的原因

之后,余震一再发生,其中也有剧烈到无法行走的大地震.诚哉禁止大家外出,不过本来就没有人想出去.

"为什么地震会这么频繁呢?"小峰自言自语.他把跳箱当成椅子坐.

"应该是巧合吧."冬树回答.

"是这样吗?我倒觉得这和人群消失应该有某种关联."

"这话怎么说?"

"没有啦,其实我个人也没有什么明确的想法."小峰抓抓头,目光瞥向斜上方,"刚才太一不是说过吗,再这样下去城市会消失.听到那句话时,我忽然想到,别说是城市了,恐怕连世界都会消失."

"世界?怎么可能."

"不,世界这个说法或许并不贴切,也许该说是'人类世界'吧."

除了诚哉与太一外其他人全都聚集在一起了.这两人现在分别守在体育馆前面和后面,观察风向和附近火灾的情况.不久之前大家决定,以每隔两小时换班的方式轮流监看周遭情势.

大家完全不知道发生了什么事,眼前又无事可做,因此都专注地聆听小峰说话.

"以前不就时常听到这种说法吗:人类对环境的破坏惨不忍睹,唯有人类消失才能让地球恢复原本的美丽面貌."

待在小峰身旁的户田惊愕地晃动了一下身体.

"所以人类就在一瞬间统统消失了?太荒谬了."

"我认为这也许是地球的报复."小峰又说道,"当然,地球本身应该没有意志,所以说不定是宇宙发挥自净作用,来保护一颗行星.首先要消灭人类这个天敌,其次再破坏人类打造出来的文明.我总觉得这场地震也是让地球一切化为白纸的程序之一."

"那么荒唐的事绝不可能."户田摇摇头.

"你凭什么如此断言?"

"没有凭什么.如果你所谓的自净作用真的存在的话,人类为什么会繁荣到今天这种地步?早在这个局面形成之前,自净作用就该启动了吧?"

"说不定是有什么极限.说不定是因为人类跨越了容许范围,不断重演傲慢的愚行,所以地球才发怒了——我说错了吗?"

"不,我也这么想."山西繁雄发言.他和妻子春子,并肩坐在折叠起来的垫子上."到目前为止,人类做了太多任性妄为的事.现在就算遭到天谴也不足为奇."

一旁的春子也点头同意.

"在我们乡下也是.铲山凿壁,铺马路挖隧道,最后一场大雨就带来泥石流了.我早就在想,总有一天也许会发生更可怕的事."

户田露骨地做出厌倦的表情,站起身说:"无聊,这怎能跟道路开发相提并论."他一边掏出香烟和打火机一边走向出口.

思考

1. 从归纳逻辑的角度分析,小峰、诚哉和太一是如何推理人类瞬间消失的规则的,即什么消失,什么没消失.

2. 从类比推理的角度分析,山西和春子是如何支持小峰提出的地震频繁的原因的.

3. 针对山西和春子的话,谈谈你的体会和看法.

阅读材料

现代实验科学的始祖——培根

弗兰西斯·培根(Francis Bacon,1561—1626),出生于英国伦敦的一个官宦世家,其父是伊丽莎白女王的掌玺大臣,母亲也是贵族出身,是当时颇有名气的一位才女,精通希腊文和拉丁文.培根13岁进入剑桥大学读书,但当时的剑桥受经院哲学的统治,不重视自然科学,而注重研究神学,用烦琐的方法去证明宗教教条的正确性.培根对此非常反感,待了3年便离开了,未得到任何学位.随后,他作为英国驻法大使的随员,在法国待了两年半时间,接触到不少新事物和新思想.由于父亲猝死,回国奔丧.父亲未能给他留下什么钱财,他的生活开始陷入困顿.后进入格雷英法学院,21岁获得律师资格,23岁当选为下议院议员.伊丽莎白女王拒绝委任他任何要职或有利可图之职,因为他曾在议会反对女王坚决支持的某项税务法案.但培根奢侈成性,挥霍无度,"借"债累累,曾有一次因欠债而被捕.于是他投奔女王宠臣艾塞克斯勋爵,成为后者的朋友和顾问,后者则成为他的慷慨捐助人.当艾塞克斯后来不听劝告,发动一场推翻伊丽莎白女王的未遂政变时,培根在起诉他犯叛国罪的过程中发挥了重要作用,导致艾塞克斯被斩首.这次事件让许多人对培根产生厌恶感.伊丽莎白女王1603年去世后,培根1604年成为女王的继承人詹姆士一世的顾问.他的建议虽不被新国王采纳,却深获赏识,在政坛平步青云:1602年受封为爵士,1607年被任命为副检察长,1613年被委任为首席检察官,1616年被任命为枢密院顾问,1617年提升为掌玺大臣,1618年晋升为英格兰的大陆官,授封为维鲁兰男爵,1621年又授封为圣阿尔班子爵.1621年,他被国会指控贪污受贿,被高级法庭罚款四万英镑,监禁于伦敦塔内,终生逐出宫廷,不得再任议员和任

何官职.虽然后来罚金和监禁皆被豁免,但培根却因此身败名裂.对于此案,培根承认接受过不正当馈赠,却并未因此枉法:"我是英格兰这50年里最公正的审判官,但对我的审判却是200年来国会最不公正的审判."从此培根不理政事,专心从事理论著述.1626年3月底,他因用雪鸡做冷冻防腐实验而感染风寒,于1626年4月9日清晨去世.

培根毕生以追求真理为第一目标,留下了很多重要著述:《论说随笔文集》(1597),处女作,文笔优美、语言凝练、寓意深刻,广受读者欢迎;《论学术的进展》(两卷本,1605),一部试图"对科学、艺术和人类所有的知识进行全面重构"的著作,其中提出了一个有关科学百科全书的系统性提纲,对后来法国百科全书派编写百科全书有重大启发作用;《论古人的智慧》(1609).培根原打算撰写一部百科全书式的著作——《伟大的复兴》,该书拟包括六部分:(1) 科学的分类;(2) 关于解释自然的指南,即新的归纳逻辑;(3) 宇宙的现象,或自然的历史;(4) 理智的阶梯,即在从现象沿着公理的阶梯上升到"自然总律"的过程中应用该方法所获得的例证;(5) 新哲学的展望,即试探性地普遍化;(6) 新的哲学或积极的科学,它将在一个有序的公理系统中展示出归纳的全部结果.这项宏伟的计划——可能是自亚里士多德以来最有抱负的设想——未得以完全实现.但是,可以把《论学术的进展》(1605)和《新工具》(1620)看作是他的伟大著作的头两个部分.《新工具》也许是培根最重要的著作,其中提出了"知识就是力量"的著名口号,最先系统地探讨了以观察、实验为基础的归纳方法和归纳逻辑.《亨利七世本纪》是其晚年作品,得到后世史学家的高度评价,被誉为"近代史学的里程碑".而《新大西岛》(约作于1623)则是一部未完成的乌托邦式的作品,在该乌托邦中,科学主宰一切.此外,培根还留下了许多遗著,后经整理出版,包括《论事物的本性》《迷宫的线索》《各家哲学批判》《自然界的大事》《论人类的知识》等等.

尽管培根在人品方面或许有些问题,早年为了出人头地,有些不择手段,晚年位居高官时,又因受贿而被判坐牢,但他在哲学和科学方面的贡献却是不可否认的.培根是资产阶级上升时期的代表,主张发展生产,渴望探索自然,努力发展科学.他认为,经院哲学阻碍了当代科学的发展,因此极力批判经院哲学和神学权威.他还进一步揭露了人类认识产生谬误的根源,由此提出著名的"四假相说",即"种族的假相""洞穴的假相""市场的假相""剧场的假相".他本人倡导的方法是基于观察和实验的归纳法.他认为,归纳的一个基本原则就是不能跳跃而是要一步一步地从经验材料得出越来越普遍的规律,由此得到一个开始于经验材料、普遍和抽象程度逐步上升的知识金字塔.在这个过程中,要应用他所谓的"三表法"和"排斥法"等方法.三表法包括:(1) 本质和具有表,用以罗列具有被研究性质的实例;(2) 缺乏表,用以罗列不出现被研究性质的事例;(3) 程度表,用以罗列被研究现象出现变化的实例.排斥法则用来排斥表中所罗列实例中的不相干因素,使得剩下的唯一因素能够成为被研究性质的形式或原因.马克思曾把培根誉为"英国唯物主义和整个现代实验科学的真正始祖".

后来,英国逻辑学家密尔(John Stuart Mill,1806—1873,严复译为"穆勒")在《逻辑体系——演绎和归纳》(1843)一书中,把逻辑推理从广义上分为归纳和演绎.前者是由一些命题推出一个一般性程度较大的命题；后者是由一些命题推出一般性程度较小的或相等的命题.密尔在继承和改进培根的三表法和排斥法的基础上,系统性地阐述了寻求现象之间因果联系的 5 种方法：求同法、求异法、求同求异并用法、共变法和剩余法,通称"密尔五法",使得归纳逻辑具有了较为成熟的形态.但英国哲学家休谟(David Hume,1711—1776)却对古典归纳逻辑提出了深刻的质疑,认为归纳推理不能从经验材料中发现、概括出具有必然性的一般规律.从此之后,归纳逻辑几乎不再研究如何从感觉经验材料中发现普遍命题的程序和方法,而去研究感觉经验证据对某个一般性假说的确证程度,并引入概率论和数理统计作工具,发展出了概率归纳逻辑.这是现代归纳逻辑的主要形态.

思　考

1. 培根在逻辑学领域有哪些重要贡献？
2. 结合培根的人生际遇、学术背景和主要贡献等,谈谈你对培根的看法和评价.

第7章 非形式理论

现代逻辑的主流是数理逻辑,其特点是用形式化的方法研究推理.数理逻辑的创立具有划时代的意义,正如罗素所说,新的数理逻辑"给哲学带来的进步,正像伽利略给物理学带来的进步一样.它终于使我们看到,哪些问题有可能解决,哪些问题必须抛弃,因为这些问题是人类能力所不能解决的.而对于看来有可能解决的问题,新逻辑提供了一种方法,它使我们得到的不仅是体现个人特殊见解的结果而且是一定会赢得一切能够提出自己看法的人赞同的结果".但是纯粹形式化的逻辑无法详尽地刻画运用自然语言所进行的推理,尤其是实际生活中的论证,更无法满足和适应人们实际思维的需要.从教学角度来看,符号化程度很强的数理逻辑不便于学生在日常生活中的推理与论证实践,因此仅仅介绍数理逻辑不仅会影响学生对于逻辑的理解和掌握,削弱学生对逻辑重要性的认识,而且不利于学生的批判性思维能力的提高.而批判性思维训练在现代教育中愈来愈受到重视,培养和提高学生的批判性思维能力已成为现代教育特别是高等教育的目标之一.无论是从实际思维还是教学的需要考虑,在保证数理逻辑现有地位不变的前提下,加强和重视对非形式化逻辑的研究已经成为现代逻辑的一种发展趋势.本章介绍论证理论、预设理论、谬误理论等非形式理论.

第1节 论证理论

论辩逻辑是一种重要的非形式化逻辑.与侧重于"求真"的传统形式逻辑不同,论辩逻辑是服务于"取当求胜""明辨是非"的工具.论辩是一种展开于主体间的,通过借助命题组来证明或反驳论点的方式以消除争议、谋求共识的言语的、社会的和理性的行为.论辩逻辑是研究论辩的方法和基本原则的言语交往逻辑,其主要研究对象是人类社会客观存在的论辩现象和论辩活动.论辩逻辑由来已久,古代的三大逻辑系统,即希腊的逻辑学、中国先秦的名辩学和印度的因明,都与论辩逻辑有着不可分割的历史联系.它们都从激烈的论辩中产生,并且作为工具服务于论辩.对话和辩论的原则与技术是这些逻辑系统重要的研究对象.但是由于历史原因,在很长一段时间内论辩逻辑未得到充分的重视.在三大逻辑系统中,希腊逻辑发展得最好,先秦的名辩学和印度的因明由于没有得到充分发展逐渐没落.希腊逻辑学的创始人——亚里士多德认为,研究逻辑的主要目的是给科学研究寻找正确的方法和正确的思维形式.受其影响,从希腊逻辑发展起来的西方传统形式逻辑以及现代的数理逻辑,都将研究有效推理及其完善形式作为主要的研究方向,而忽略了对论辩理论和论辩实践的研究.直到20世纪中后期,国内外的研究者才开始意识到形式逻辑在日常思维表达中的局限性,从而积极探索各种非形式化逻辑.此时,论辩逻辑重新回到了人们的视线,成为研究的重心之一.作为一种重要的言语交往方式,论辩活动频繁出现在日常生活和工作的各个环节,主要表现为学术争鸣、法庭辩论、外交谈判、论文答辩以及辩论比赛等多种形式.论辩主要有论证和辩护两大类方法.下面主要介绍论证理论.

1 论证的定义

定义 7-1-1 根据一个或几个已知为真的判断(命题),通过推理确定另一个判断(命题)的真实性的思维过程,称为逻辑论证,简称为论证.

根据论证目的的不同,论证可分为证明和反驳两类.

定义 7-1-2 根据一个或几个已知为真的判断(命题),通过推理确定另一个判断(命题)为真的思维过程,称为证明.

例 1 光是具有质量的,因为光对所照射的物体产生了压力,当且仅当物体具有质量时,才能对其他物体产生压力.

例 1 是一个证明的例子.用"光对所照射的物体产生了压力""当且仅当物体具有质量时,才能对其他物体产生压力"这两个真实的判断来确定"光是具有质量的"这个判断为真.

定义 7-1-3 根据一个或几个已知为真的判断(命题),通过推理确定另一个判断(命题)为假或确定某一论证方式不能成立的思维过程,称为反驳.

例 2 所有哺乳动物都是胎生的,这种说法是不对的.如针鼹、鸭嘴兽等是单孔目哺乳动物,但它们不是胎生的,是卵生的.

例 2 是一个反驳的例子.用"针鼹、鸭嘴兽等是单孔目哺乳动物""针鼹、鸭嘴兽等不是胎生的,是卵生的"这两个真实的判断来确定"所有哺乳动物都是胎生的"这个判断为假.

反驳与证明的目的不同:证明的目的是"立",即确定某一命题为真;而反驳的目的是"破",即确定某一命题为假或者某一论证方式不成立.但两者是紧密联系、相辅相成的.对于两个互相矛盾的命题,证明了其中一个命题为真,就相当于反驳了另一个命题.反之,如果反驳了一个命题,就相当于证明了另一个命题为真,这就是通常所说的"不破不立".

需要说明的是,除了直接反驳论题外,有时也可以反驳论据和反驳论证方式.但是反驳论据和反驳论证方式只能说明论题失去了支撑,原论证不能成立,即对方的论题未得到有效证明,但不能说明论题一定为假.

2　论证的结构

任何一个论证都是由论题、论据和论证方式三个要素构成的.

定义 7-1-4　需要通过论证确定其真实性的命题称为论题,也叫论点.

例 1 中的"光是具有质量的"和例 2 中的"所有哺乳动物都是胎生的"就是论题.论题是说话者对所论述的问题提出的见解、主张和表示的态度.它是论证的对象,回答了"证明什么"的问题.论题可以是已被实践或理论证明为真的命题(如科学定理),也可以是尚待证明的命题(如科学猜想).前一种情况是为了传授知识、宣传真理,后一种情况是为了探求真理.

定义 7-1-5　论证中用来确定论题真实性的命题,称为论据.

例 1 中的"光对所照射的物体产生了压力""当且仅当物体具有质量时,才能对其他物体产生压力"以及例 2 中的"针鼹、鸭嘴兽等是单孔目哺乳动物""针鼹、鸭嘴兽等不是胎生的,是卵生的"这些命题就是论据.论据是支持论题的理由或根据,回答了"用什么来证明"的问题.

可作为论据的判断一般有两类:一类是已被确认的关于事实的判断,称为事实论据;另一类是已被证明了的科学判断,包括定义、公理、定律、原理等,称为理论论据.用事实论据进行证明,称为"摆事实";用理论论据进行证明,称为"讲道理".有些证明是分层次的,在确定论题的真实性过程中,如果引用的论据(第一层论据)本身的真实性不是很明显的话,就要引用其他判断(第二层论据)对这些论据进行论证.如有必要,还可以有第三层论据、第四层论据等.在一个论证中,只能有一个论题,论据一般有多个.

定义 7-1-6　论据与论题之间的联系方式,即由论据推出论题所运用的推理形式,称为论证方式.

例 1 中的论证方式是充要条件假言推理.例 2 中的论证方式是对当关系推理中的矛盾关系推理.论证方式回答的是"怎样用论据论证论题"的问题.论证是由论据到论题的推演过程,在该推演过程中可能借助不止一个推理,因此论证方式可看作论证过程中用到的推理形式的总和.

不难发现,论证和推理有着密切的联系:论证总是借助于推理来进行的,推理是论证的工具,而论证是推理的应用.论证的论题相当于推理的结论,论证的论据相当于推理的前提,论证方式相当于推理形式.但不能把论证完全等同于推理,两者有以下区别:

(1) 思维进程不同.论证一般是先有论题,然后寻找论据,再用论据对论题进行论证;推理则是先有前提,再由前提根据规则推出结论.

(2) 对构成论据或前提的命题的要求不同.论证要求论据的真实性,推理则强调推理形式的有效性,而前提是否真实与推理形式的有效性无必然联系.这是论证与推理最本质的区别.

(3) 结构形式的繁简不同.论证的结构通常可以比推理复杂,它可以由一个推理构成,也可以由一系列的推理构成.

(4) 目的不同.论证的目的是证明真理,推理的目的则是发现和探求真理.

3 论证的分类

根据不同的标准,可对论证作不同的分类.按其所运用的推理形式(即论证方式)的不同,可分为演绎论证和归纳论证;按论据和论题之间有无蕴含关系(即论证的有效性),可分为必然性论证和或然性论证;按其论据用以判明论题真假的方式(即论证方法)的不同,可分为直接论证和间接论证.

3.1 演绎论证和归纳论证

定义 7-1-7 运用演绎推理形式进行的论证,称为演绎论证.

演绎论证的论证方式是演绎推理形式,其论据是一般原理,论题的一般性程度较弱于论据.演绎论证中论据蕴含论题,论据真则论题必为真,推理具有必然性,具有充分的论证性和说服力,是证明的主要形式.数理逻辑中的公理系统就是应用演绎论证的方式建立的:从初始概念和公理出发,通过演绎论证得到一系列定理,构成公理系统.

定义 7-1-8 运用归纳推理形式进行的论证,称为归纳论证.

归纳论证的论证方式是归纳推理形式,其论据是特殊事实(例),论题的一般性程度强于论据.运用不同的归纳推理形式的归纳论证,论据对论题有不同的支持度,因而有不同的论证性和说服力.完全归纳推理论据蕴含论证,推理具有必然性,其余类型的归纳推理中论据和论题间一般不具有蕴含关系,因而推理是或然的.

3.2 必然性论证和或然性论证

定义 7-1-9 运用必然性推理形式进行的论证,称为必然性论证.

定义 7-1-10 运用或然性推理形式进行的论证,称为或然性论证.

一般来说,演绎推理都是必然性推理,归纳推理除了完全归纳推理外,都可看成是或然性推理,所以必然性论证和或然性论证与演绎论证和归纳论证这两种分类方式是基本一致的.必然性论证采用的论证方式包括演绎推理和完全归纳推理.或然性论证采用的论证方式包括不完全归纳推理和类比推理等.

下面介绍几种常见的或然性论证方式.

3.2.1 例证法

例证法是应用简单枚举归纳推理进行的论证.使用该方法时,不要求全面周到,只需枚举一个或几个典型的事例即可.

例 3 嵇康的《声无哀乐论》作为古代音乐美学思想史上的重要论作,具有反传统儒家礼乐思想的倾向.在这篇论作中嵇康承袭辞赋的写作手法,自设一客(秦客)一主

（东野主人），一问一答，一难一驳.他充分运用了其高超的论辩技巧与缜密的思维逻辑，阐释出"声无哀乐"哲学思辨，有力抨击了名教的虚伪.其中的第二"难"中的秦客难曰："昔伯牙理琴，而钟子知其所志；隶人击磬，而子产识其心哀；鲁人晨哭，而颜渊审其生离.夫数子者，岂复假智于常音，借验于曲度哉？……唯神明者能精之耳."

例 3 中秦客运用了例证法.他列举"伯牙理琴""隶人击磬""鲁人晨哭"这些史实事件来证明音声所传达的情感在"神明者"的眼里，并不是"假智于常音，借验于曲度"而完成的，而是他们能够善于察言观色，辨听音声中所蕴含的哀乐.

例 4 东野主人是这样来反驳上例中秦客的观点的："且师襄奏操，而仲尼睹文王之容；师涓进曲，而子野识亡国之音.宁复讲诗而后下言，习礼然后立评哉？……无乃诬前贤之识微，负夫子之妙察耶？"

例 4 中东野主人也运用了例证法来反驳秦客的观点.他引用"师襄奏操""师涓进曲"的实例说明仲尼能睹文王之容，子野能识亡国之音，并不是因为他们多么善于听声辨曲，而是因为他们见多识广，善于体察事物的细微之处.如果仅仅认为那些认识是因为前贤善听的话，那就将其博大的认识给否定了.

3.2.2 类比证法

类比证法是运用类比推理进行的论证.类比论证是根据两个对象在某些属性上的相同或相似，推论两者在其他属性上也相同或相似.

例 5 墨家著作《兼爱上》言："圣人以治天下为事者也，必知乱之所自起，焉能治之；不知乱之所自起，则不能治.譬之如医之攻人之疾者然，必知疾之所自起，焉能攻之；不知疾之所自起，则弗能攻.治乱者何独不然，必知乱之所自起，焉能治之；不知乱之所自起，则弗能治."

例 5 中墨子运用治疗疾病需要知道疾病产生的原因与根源这一道理，同治理乱世进行了类比，说明了治理乱世需先知晓祸乱产生的原因与根源这一道理.之所以能进行类比，是因为二者均具有欲根除某种有害事物的属性.这里用的就是类比证法.

例 6 《两小儿辩日》中，两个小孩辩论太阳什么时候离人近，什么时候离人远.

小孩甲观点：早晨太阳离我们近一点.理由：如果物体离我们近一点，那么看起来就大一点.太阳是物体，在早晨看起来大一点.

小孩乙反驳小孩甲的观点，认为早晨太阳离我们远一点.理由：发热的物体离我们远一点，我们就会感到凉快一点.太阳是发热的物体，在早晨时，我们会感到凉快一点.

例 6 中两个孩子在证明和反驳时都用了类比证法.两个小孩都把自己的观点讲得很清楚，都具有说服力，因此谁也没有被对方说服，连孔子也无法判断谁是谁非，因为太阳离我们远近这个物理问题在孔子的时代是没有办法解决的.

3.2.3 对比证法

对比证法是通过将两个对象的对照、比较进行的论证，从对象的相反或相异的属性的比较中来揭示论点的本质,也称比较法.

事物的特征和本质在对比中最容易显露出来,特别是正反相互对立的事物的比较,具有极大的鲜明性,能给人留下深刻的印象.经过对比,正确的论点更加稳固.

例 7　《纪念白求恩》一文,先正面介绍了白求恩毫不利己、专门利人精神的表现:"对工作的极端负责任""对同志对人民的极端热忱".又指出"不少的人对工作不负责任,拈轻怕重,把重担子推给人家,自己挑轻的""对同志、对人民不是满腔热忱,而是冷冷清清、漠不关心、麻木不仁".

例 7 中关于白求恩的介绍运用了对比证法.通过对比,突出了白求恩毫不利己、专门利人的精神的伟大,表现了作者对这种精神的高度赞扬.

例 8　我国明代的张溥小时候很"笨",别人读一会儿就能背下来的东西,他往往要读几十遍才能背下来.但是,他并没有灰心,每拿到一篇文章,先认真抄一遍,校正好,再大声朗读一遍,然后烧掉,接着再抄.这样,一篇文章往往要抄六七遍.后来,他逐渐变得文思敏捷,出口成章.26 岁写下了名扬天下的《五人墓碑记》.相反,仲永 5 岁就能赋诗,可谓天赋出众.凭着聪明,他父亲带他四处作诗炫耀.仲永再也不思进取,长大以后,他变得庸庸碌碌,"泯然众人矣"!不难看出,张溥虽然很"笨",但他肯勤学苦练,正是勤学苦练才使他的文思变得逐渐敏捷起来,26 岁就写下了名扬天下的《五人墓碑记》;而仲永虽然天赋出众,但他后来不思进取,不能做到勤学苦练,因此,长大以后他变得庸庸碌碌,"泯然众人矣"!由此可见,尽管先天智力因素的差异不可否认,但后天的勤奋能弥补先天智力上的不足.

例 8 中这段话也运用了对比证法,通过张溥与仲永的对比,说明勤能补拙的道理.

3.2.4　喻证法

喻证法是用比喻作论证.比喻论证是以比喻者作论据去论证被比喻者(论题)的论证方式.比喻者是一组形象事例,其中包含着一定的关系和道理,被比喻者则是一种抽象的道理.比喻者和被比喻者虽然是两类不同的事物,但在它们之间存在着一个共同的一般性原理,因此它们之间具有推理关系.运用比喻论证要注意:比喻者应当是浅显易懂、为人们所熟悉的事物,比喻要贴切,能恰到好处地说明被论证事物的特点.

例 9　墨家著作《经上》言:"体,分于兼也."《经说上》解之曰:"若二之一,尺之端也."

例 9 的意思是说,"体,分于兼"就像拆分二得到一、拆分线得到点一样.这里用"分二得一""分尺得端"这些众所周知的道理或事实,来论证"体"具有"分于兼"的性质,用的是喻证法.

例 10　嵇康的《声无哀乐论》中东野主人有如下论述:"然和声之感人心,亦犹酒醴之发人情也.酒以甘苦为主,而醉者以喜怒为用.其见欢戚为声发而谓声有哀乐,犹不可见喜怒为酒使而谓酒有喜怒之理也."

例 10 中东野主人有关"酒醴之发人情"的论述运用了喻证法.东野主人以"醉者之

喜怒只是因为酒这种媒介的促发,而不是酿酒之人将喜怒蕴藏于酒中而传达给醉者的"这一道理来说明"和声"是没有哀乐之情的,以此反驳秦客的观点.

3.3 直接论证和间接论证

定义 7-1-11 从论据的真实性直接推出论题的真实性的论证,称为直接论证.

直接论证的特点是从论题出发,为论题的真实性提供正面的理由,直接推出论题. 直接论证可用以下公式表示:

论题:A;论据:$B,C,\cdots$;论证方式:由 $B,C,\cdots$ 合乎规则地推出 A.

直接论证是最常用的一种论证方法,在实际生活中的应用十分广泛.

上文中例 1—10 都属于直接论证.

定义 7-1-12 通过确定与原论题相关的其他命题的虚假,从而间接导出原论题为真的论证,称为间接论证.

间接论证的特点是论题的真实性不是直接论证的,而是通过否定或肯定其他命题来实现的. 间接论证在运用于证明和反驳时具体做法略有不同.

3.3.1 间接证明

间接证明通常有两种方法:反证法和选言证法.

1) 反证法

定义 7-1-13 通过确定与原论题相矛盾的命题(即反命题)为假来确定论题为真的间接论证.

反证法的论证思路如下:

① 假设一个与原论题相矛盾的反论题.

② 证明反论题为假.通常的做法是:先以反论题为前件引申出一个虚假的后件,再以此为前提构成一个假言推理的否定后件式.

③ 根据排中律,由反论题假推出原论题真.

反证法的论证过程可形式化如下:

论题:P

反论题:非 P

证明:如果非 P,那么 Q,

　　　非 Q,

　　　所以,非非 P,

　　　所以,P.

例 11 南朝时期笔记小说《世说新语》里记载着这样一个故事:竹林七贤是南北朝时的著名人物,里面有一个人物叫王戎.他在七岁的时候,曾经和其他小朋友出去玩,看到了路边的李子树上结满了李子,多到都把树枝压弯了.许多小朋友争相跑去摘李子,只有王戎不动.有人问他为什么不去摘呢?他说:"这李子树就长在路边却结满了那么多果实,其果实必定是苦的."后来别人摘来果实一尝,果然如此.

例 11 中王戎关于李子树上果实是苦的证明就运用了反证法.他先假设果实不是苦的,因为李子树就长在路边,所以肯定会有很多人去摘从而果实所剩无几,但实际的情况是树上结满了果实,所以假设是错的,即果实是苦的.

2) 选言证法

定义 7-1-14 运用选言推理,通过论证与原论题相关的其他可能性的论断都是虚假的,来确定论题真实性的间接论证,称为选言证法,也叫排除法.

选言证法的论证思路如下:

① 设计构造一个包括原论题在内的、包含若干可能性的真选言命题,原论题作为其中一个选言支.

② 证明除论题这一选言支外,其他选言支均不成立.

③ 根据选言推理的否定肯定式,从而推出原论题为真.

选言证法的论证过程可形式化如下:

论题:P

证明:或 P,或 Q,或 R,

　　　非 Q,

　　　非 R,

　　所以,P.

例 12 2002 年大连"五七"空难是由一起火灾引起的,而飞机火灾的火源有五种:飞机自身火灾、油路起火、发动机起火、烤箱起火和外来火源.经调查,失火不是由电路起火(因为起火不迅速),不是油路起火(因为火灾发生在地板而不是地板下),不是发动机起火(因为火灾发生在机身而不是机身外),也不是烤箱起火(因为没有发生任何烤箱着火线索),最后,确定是人为纵火.

例 12 中在排查大连"五七"空难的火灾原因时运用了选言证法.飞机火灾的火源有五种:飞机自身火灾、油路起火、发动机起火、烤箱起火和外来火源,调查人员否定了前四种可能情况,从而得出"人为纵火"的结论.

3.3.2 间接反驳

间接反驳通常有两种方法:独立证明和归谬法.

1) 独立证明

定义 7-1-15 通过独立证明与原论题相矛盾或反对的命题(即反命题)为真来确定论题为假的间接论证,称为独立证明.

利用独立证明进行间接反驳的思路如下:

① 假设一个与原论题相矛盾或反对的反论题.

② 独立证明反论题为真.

③ 根据矛盾律,由反论题真推出原论题假.

利用独立证明进行间接反驳的过程可形式化如下：

论题：P

反论题：非 P

独立证明：非 P 真，

所以，P 假．

例 13　甲说："意大利的哥伦布是最早发现美洲大陆的，这是每个人都知道的历史．"乙说："据我所知，墨西哥人类历史学家古斯塔沃·巴尔加斯最近写了一本叫《最早发现美洲大陆的是中国人》的书，对这个问题进行了相应的考证．从 1976 年法国学者金勒研究了《梁书》的记载后，就确定了这一事实，以后更是有许多专家肯定了这一判断．"

例 13 中乙在反驳甲的观点时运用了独立证明的方法．在反驳过程中，乙先暂时抛开甲关于"美洲大陆最早是由哥伦布发现的"的观点，转而证明自己的论题，即"美洲大陆是由中国人最早发现的"，此论题正好与甲的观点具有反对关系，乙证明了自己的论题的同时也就反驳了甲的观点．

2）归谬法

定义 7-1-16　归谬法是由被反驳的命题（论题或论据）推出荒谬，然后根据充分条件假言推理的否定后件式，即否定后件就要否定前件，从而确定被反驳命题为假．

归谬法主要有下列两种形式：

形式 1　从被反驳的命题中引申出假命题．

这种形式的归谬法的反驳过程可形式化如下：

被反驳的论题：P

假设：P

证明：如果 P，那么 Q，

非 Q，

所以，非 P，即 P 假．

例 14　在刑事案件的审判中，当涉及刑讯逼供的可能，进入非法证据排除程序的时候，公诉方往往会出示甚至只会出示由办案民警出具的证明："本人某某某，于何时根据组织安排参加某案侦办工作．在侦查工作中，严格执行国家法律规定，公正文明执法，依法办案，做到事实清楚，证据确凿，取证合法，程序正当，无刑讯逼供．"对此，某律师说："涉嫌刑讯逼供的人自己写说明证明自己没有刑讯逼供……杀人犯自己出个证明说自己没杀人，会放他吗？"

例 14 中的律师运用了第一种形式的归谬法进行反驳．先假设"公诉方希望用刑讯逼供嫌疑人自己的证词来证明其没有刑讯逼供"的做法是对的，由此推出"应该允许被告人一方使用嫌疑人自己的证词洗脱嫌疑"，这显然是不合理的，由此推出公诉方的做法也是不合理的．

例 15　春秋时代楚国有一个很有名的乐人，名叫优孟．他身高八尺，不但擅长表演,还能说会道,擅长辩论,常常讽刺政事.

楚庄王养了一匹马,他对这匹马十分钟爱,专门为马缝制了绣花的衣服,让马住华丽的房子,吃很讲究的食品.结果这匹马养尊处优、营养过剩,得肥胖病而死了.楚庄王十分痛心,命群臣要用一棺一椁的大夫等级的礼节来埋葬这匹马.大臣们都说不能这样做.楚庄王非常生气,下令"有敢以马谏者,罪至死".

优孟听说此事后,去见楚庄王.一进殿门,优孟就大声痛哭.楚庄王忙问他什么原因,优孟说:"这匹马是大王的心爱之物,我们堂堂楚国,要什么有什么.现在只以大夫之礼埋葬这匹马,太寒酸了! 我请求用君王之礼来埋葬这匹马."楚庄王听了,就问:"那怎么个埋葬法呢?"优孟说:"我请求给马以雕玉来做内棺,用文梓木来做外椁.其余配件,也都要用最上等的材料.出殡的时候叫齐国、赵国作前导,韩国、卫国作后卫,然后给它盖一座宗庙,祭祀的时候要用牛、羊、猪三牲,要封给它万户人民的土地来作以后祭祀的费用.这样,各诸侯知道了,就晓得大王贱人而贵马的事了!"楚庄王听了,羞愧满面,如梦初醒.他说:"我的过失竟然到了如此严重的地步,那我该怎样埋葬这匹马呢?"楚庄王最终接受了优孟的意见,仅仅以比较高贵的牲畜之礼埋葬了这匹马.

例 15 中优孟运用了第一种形式的归谬法反驳楚庄王的关于"用重礼葬马"的观点.在优孟之前有其他官员直接反驳,结果是楚王下令"有敢以马谏者,罪至死".因此,优孟改变了策略,先顺着楚庄王的心意,不仅赞成"用重礼葬马",还建议将"以大夫之礼"的埋葬规格升级为"用君王之礼",从而引出各诸侯都"晓得大王贱人而贵马的事"的结果.这当然是楚庄王不想看到的,优孟就这样说服了楚庄王.

形式 2 从被反驳的命题中引申出两个互相矛盾的命题.

这种形式的归谬法的反驳过程可形式化如下:

被反驳的论题:P

假设:P

证明:如果 P,那么 Q,

如果 P,那么非 Q,

所以,如果 P,那么 Q 且非 Q,

所以,非 P,即 P 假.

例 16 科学史上曾经有这样一个传说:一个年轻人想到大发明家爱迪生的实验室里去工作.爱迪生接见了他.这个年轻人满怀信心地说:"我想发明一种万能溶液,它可以溶解一切物品."爱迪生听完后,惊讶地问:"那么你想用什么器皿放置这种万能溶液呢? 它不是可以溶解一切物品吗?"年轻人哑口无言.

例 16 中爱迪生实际是用第二种形式的归谬法反驳年轻人的话.爱迪生指出假设这个年轻人的想法是正确的,则会导致两个自相矛盾的结论:一方面,"万能溶液可以溶解一切物品";另一方面,"有的物品是万能溶液所不能溶解的",因为"万能溶液"作为一种溶液,必须有器皿能够盛放,即至少要有一种器皿不为这种溶液所溶解.所以,这个年轻人的想法是错的.

4 论证的逻辑原则——充足理由原则

4.1 基本内容和基本要求

任何一个论证都必须为论题提供充足理由. 所谓充足理由是指这样一种理由：(1) 作为理由的命题应当是已被断定为真的命题；(2) 同由其推出的论断之间有着逻辑推论关系. 这是论证必须遵守的基本逻辑原则，称为充足理由原则.

设 A,B 为任何两个概念或判断，则充足理由原则可表示为"A 真，因为 B 真并且 B 能推出 A"，其中 A 称为推断，B 称为理由.

充足理由原则对于概念和判断两方面具有如下要求：

(1) 作为理由的判断(可以是一个，也可以是一组)必须是真实的，或是被断定为真实的.

(2) 理由与推断之间必须有逻辑的推论关系.

4.2 违反充足理由原则的逻辑错误

在论证过程中，若违反充足理由原则的基本要求，就会出现两类错误.

4.2.1 虚假理由或预期理由

虚假理由是指这样一种逻辑错误：在论证过程中使用了虚假的命题作为论据，即虽然给出了论证的理由，但理由是虚假的；预期理由是指这样一种逻辑错误：在论证过程中使用了其真实性尚待确认的命题作为论据，论据的真实性尚未被判明只是被预期的，即虽然给出了论证的理由，但理由的真实性未得到证明.

例 17 在寓言故事《狼和小羊》中，狼要吃小羊，提出一条理由是小羊把河水弄脏了，害得它不能喝水. 对狼提出的理由，小羊反驳说："你在上游，我在下游，我怎么会把你喝的水弄脏呢？"请从逻辑规律的角度，指出狼犯了什么逻辑错误？

例 17 中狼违反了充足理由原则的基本要求，犯了"虚假理由"的逻辑错误. 小羊的反驳正揭露了狼所犯的逻辑错误.

例 18 有人提出：在其他星球上有高等动物，因为那里有智力高度发展的人. 请从逻辑规律的角度，指出该人犯了什么逻辑错误？

例 18 中此人违反了充足理由原则的基本要求，犯了"预期理由"的逻辑错误. 因为他提出的理由"其他星球上有智力高度发展的人"是有待科学发展证明的.

4.2.2 推不出

"推不出"是指这样一种逻辑错误：尽管给出的理由是真实的，但理由与推断之间没有逻辑上的必然联系，即从理由出发不能推出推断. 推不出的逻辑错误常表现为以下几种形式：

1) **推理形式不正确**

在论证过程中,若违反了相关的推理规则,使用了非有效的推理形式,就会导致论据与论题之间没有必然的逻辑联系,论据不能有效地推出论题.

例 19 他学习不用功.因为,只有学习用功,才能考上大学;而他没有考上大学.

设 P：他学习用功，Q：他考上大学，则例 19 中的推理可以符号化为：$Q\to P, \neg Q\Rightarrow \neg P$. 由此不难发现,该推理违反了假言推理的推理规则.

2) **论据与论题不相干**

在论证中所使用的论据本身可能是取值为真的命题,但理由与需要证明的论题之间没有逻辑联系.

例 20 冯梦龙编的《古今谭概》里有一则小故事,大意是：丹徒一位姓靳的内阁大学士的儿子不成材,但他儿子的儿子(即孙子)却考中了进士.这位内阁大学士常常督促和责备他的儿子.可是他的儿子却回答说："您的父亲不如我的父亲,您的儿子不如我的儿子,我有什么不成材的呢?"这位内阁大学士听了以后,放声大笑,不再责备了.

例 20 中这位内阁大学士的儿子违反了充足理由原则的基本要求,犯了"推不出"的逻辑错误.虽然他提出的理由"您的父亲不如我的父亲,您的儿子不如我的儿子"本身是真的,但由此推不出他并非不成材的结论,其理由与推断之间没有必然的逻辑联系.父亲好、儿子好,并不能推出自己也好；父亲成材、儿子成材,并不能推出自己也成材.所以这位大学士的儿子的辩解不过是文过饰非的狡辩.

3) **论据不足,理由不充分**

论据虽然与论题有关,对于论题的真实性是必要的,但不是充分的.即已有理由对于说明推断的真实性是必要的,但还不是充分的,只是论题成立的部分理由或片面理由.

例 21 毛宁报考了法律专业,他一定想从事律师工作.以下哪项为真,最能支持上述观点？ （ ）

A. 所有报考法律专业的考生都想从事律师工作.

B. 有些律师是大学法律专业毕业生.

C. 想从事律师工作的人有些报考了法律专业.

D. 有不少律师都有法律专业学位.

例 21 中题干中的推断是"毛宁一定想从事律师工作",理由是"毛宁报考了法律专业".报考法律专业是从事律师工作的必要条件,但不是充分的.所以题干中的推理违反了充足理由原则,犯了"推不出"的逻辑错误,因为"论据不足".要想纠正错误,必须补充理由,在四个选项中只有 A 补充进去后,才能构成题干中推断的充足理由.

4) **以人为据**

论证的真实性不是靠论据的真实性来保证,而仅仅以与这一论题有关的人的权威、地位、品德等作为依据,即以与论题相关的人的身份或表现作为推断的理由.通常所说的"因人纳言""因人废言"就属这类错误.

例 22 小明告诉小李:"今天一定下雨."小李问:"你怎么知道?"小明回答:"我爷爷说的,我爷爷是气象台台长."请从逻辑规律的角度分析小明犯了什么逻辑错误.

例 22 中小明违反了充足理由原则的基本要求,犯了"推不出"的逻辑错误.具体来讲,他将他爷爷的话作为今天必定下雨的依据,而事实上气象预测并不能做到完全准确,因此小明犯了"以人为据"的逻辑错误.

5) 以相对为绝对

把仅在一定条件下为真的命题绝对化,当作无条件的真实命题,以之作为论据进行论证.

例 23 小明坐在沙发上将一根橡皮筋越拉越长,妈妈看到后,赶忙上前制止,说:"你再拉,皮筋就断了,会弹到你手的."小明说:"妈妈,你不懂,我们物理课刚学过胡克定律:固体材料受力之后,材料的单向拉伸变形与所受的外力成正比,所以,皮筋拉得越长,弹力越大,不会断的."请从逻辑规律的角度分析小明犯了什么逻辑错误.

例 23 中小明违反了充足理由原则的基本要求,犯了"推不出"的逻辑错误.具体来讲,胡克定律成立有一个前提条件,就是在材料的弹性范围内.当皮筋拉到一定长度超过弹性范围时,胡克定律不再成立,皮筋非但没有弹性,反而会断.小明忽略了胡克定律成立的这一前提条件,将其绝对化,认为皮筋不管拉多长,胡克定律都成立,犯了"以相对为绝对"的错误.

5 论证的逻辑规则

无论是哪种论证类型,都必须遵守逻辑规则,才能使论证正确、严密而使人信服.论证的逻辑规则可按其所涉及的是论题、论据、论证方式的不同而有以下三个方面.

5.1 关于论题的规则

论题应满足以下两条规则:

1) 论题必须明确

论题是论证的中心,该条规则要求:论题所表达的含义必须清楚、确切,不能含糊其词,更不能有歧义.论题明确是正确进行论证的先决条件,正所谓"有的放矢".为了遵守这一规则,就必须保证表达论题的概念(词项)和判断(命题)两方面都是明确的.

违反这一规则,即论题含混、不明确,逻辑上将这类错误称为"论题不清".

例 24 小丽拿到作文本后一直闷闷不乐,她觉得自己这次作文写得挺好的,可是老师却给她的作文判了不及格.作文题是要求"自由与约束",小丽在作文中首先将题目引申为"凡事都有两面性",接下来就围绕两面性展开讨论.

请帮小丽分析一下,她的作文存在什么问题,为什么会不及格.

例 24 中小丽的作文犯了"论题不清"的逻辑错误,也就是通常说的作文"跑题".题目要求是谈谈对"自由与约束"的看法,她却写了对"两面性"的看法.因为文不对题,纵然文采再好,举例再多,老师也只能判不及格.

2) 在同一论证过程中,论题应当保持同一

该条规则要求:在同一论证过程中,只能有一个论题,且在整个论证过程中始终保持一致、确定,不能随意变换论题.

违反这一规则,即在同一论证过程中论题不同一而任意加以变换,就会因论题不确定而使论证无法正常进行,逻辑上将这样的错误称为"转移论题"或"偷换论题".转移论题通常有以下几种表现形式:

(1) 证明过多,即实际证明的论题比原论题断定多.

(2) 证明过少,即实际证明的论题比原论题断定少.

例如,如果作文题要求谈谈对"大学生活"的看法,而你却谈了对"生活"的看法,这样就犯了"证明过多"的错误.反之,如果题目要求谈谈对"生活"的看法,而你却谈了对"大学生活"的看法,就犯了"证明过少"的错误.

(3) 顾左右而言他,答非所问.

例 25 在某咖啡店,服务生给顾客端来了一杯咖啡.顾客觉得味道怪怪的,既不像咖啡又不像茶,就问服务生道:"这是茶,还是咖啡?"服务生回答:"先生,您不能从味道上分辨出来吗?"顾客说:"是啊!我分辨不出来."服务生说:"啊!要是分辨不出来,那么,它是茶还是咖啡又有什么关系呢?"

请从逻辑的角度分析这位服务生犯了什么逻辑错误.

例 25 中服务生犯了"偷换论题"的逻辑错误.因为顾客的意思是指责服务生端给他的咖啡质量差,味道不对,而服务生故作不知,将顾客的话曲解为"饮料是茶还是咖啡是否有关系"的问题.

5.2 关于论据的规则

论据应满足以下两条规则:

1) 论据应当是真实的,或其真实性是被论证者所断定了的

违反这条规则,即论据不真实或未被断定为真实,逻辑上就会犯"虚假理由"或"预期理由"的逻辑错误.例 17 和例 18 分别给出了虚假理由和预期理由的例子.

2) 论据的真实性必须独立于论题

也就是说论据的真实性证明不能依赖于论题.违反这一规则,即在同一论证过程中,论据的真实性直接或间接地依赖于论题的真实性,而论题的真实性是由论据的真实性保证的,这就相当于,论题的真实性是由论题本身来论证的,在逻辑上显然是不被认可的.这样的逻辑错误称为"循环论证".

例 26 老师问学生:"你为什么上课不认真听讲?"学生回答:"因为我听不懂."老师又问:"你为什么听不懂?"学生回答:"因为我上课不认真听讲."

请从逻辑的角度分析这位学生犯了什么逻辑错误.

例 26 中学生犯了"循环论证"的逻辑错误.在回答"上课为什么不认真听讲"时,用"上课听不懂"作为论据.而在回答"上课为什么听不懂"时,又用"上课不认真听讲"作为论据.

5.3 关于论证方式的规则

论证方式的规则是论据必须能有效地推出论题.

该规则要求,论证过程必须遵守有关的推理规则和逻辑要求.违反这一规则,就会犯"推不出"的逻辑错误.如前文所述,"推不出"的逻辑错误主要有以下几种表现形式:

(1) 推理形式不正确;
(2) 论据与论题不相干;
(3) 论据不足,理由不充分;
(4) 以人为据;
(5) 以相对为绝对.

相关例子如例 19—23 所示.

第 2 节　预设理论

20世纪60年代,预设进入语言学领域,并成为逻辑语义学的一个重要概念.预设有狭义和广义之分:从狭义上研究预设,认为一个句子一经形成,预设就已寓于句义,称为语义预设;从广义上研究预设,将预设看成是交际双方预先设定的先知信息,称为语用预设.语义预设概念是由斯特劳森提出的,它完全抛弃了语境的概念.语用预设概念是斯塔奈克提出来的,它是以句子意义和结构为基础,结合语境推导出来的.我们这里介绍语用预设.由于预设的特殊复杂性,目前还没有一种完备的预设理论,我们只是简单介绍一些语言交际过程中常用的关于预设的一些基本知识.

1　预设的定义

定义 7-2-1　在交际(或论辩)过程中交际(或论辩)双方共同接受的事实或命题,称为预设.

例 1　小明问父亲:您戒烟了吗?
　　　　父亲回答:我没戒烟啊.

在例 1 中小明和父亲的谈话能顺利进行是基于这样一个他们都知道的事实,即小明的父亲以前是抽烟的.

2 预设的特点

关于预设有哪些特点,不同的专家各自有不同的理解,这里介绍两个主要的特点.

2.1 共知性

预设是交际双方所共有的背景知识或无可争议的信息.预设的共知性包括三种情况:

1) 预设是人所共知的信息

例 2 我爸和我差 20 岁.

例 2 中预设了我爸比我的年龄大,这是人所共知的事实.

2) 预设是只为交际双方所共知的信息

例 3 甲、乙两人在讨论他们共同关注的某场乒乓球比赛.

　　甲问:结束了吗?

　　乙回答:嗯,结束了.

例 3 中的对话以"他们共同关注的某场乒乓球比赛"作为预设,此时若有第三个不了解该预设的丙在场,丙可能就不明白他俩在聊什么了.

3) 可撤销性,即预设在一定条件下可以被撤销

例 4 学生甲对乙说:我没听到选修课老师布置的课后作业.

例 4 中学生甲的话里隐含了一个预设:他去上课了,只是没听到老师布置的作业.但是如果甲的话改成:"我没听到选修课老师布置的课后作业,我昨天家里有事不在学校."原先的预设就被撤销了.

2.2 隐蔽性

预设是言外之意,是话语之外隐含的某种信息,不属于话语的基本信息.

例 5 以下是一对初次交往的男生和女生之间的对话.

　　男生:明晚我们在什么地方见面?

　　女生:还在这里吧.

例 5 中男生的问话是有技巧的,他没有问明晚要不要见面,而是直接问在什么地方见面,他的问话里隐含着一个预设:"明晚我们要见面",使女生在不知不觉中接受了邀请.

3 预设的应用

预设作为一种语用推理,依赖于语境的意义.它是说话人组织信息的策略,并受听话人对所谈事物的熟悉程度的影响.预设可能和事实一致,也可能不一致,甚至可能是

没有意义的. 和事实一致的预设是真实的预设,否则就是虚假预设. 虚假预设是一种逻辑错误,可看作变相的预期理由. 在实际的交际(或辩论)中,既要善于听懂别人的言外之意(预设),也要善于辨别"虚假预设"的逻辑错误,并且尽量避免在自己的话语中犯此类错误.

例 6 有的地质学家认为,如果地球的未勘探地区中单位面积的平均石油储藏量能和已勘探地区一样的话,那么,目前关于地下未开采的能源含量的正确估计因此要乘上一万倍. 由此可得出结论,全球的石油需求,至少可以在未来五个世纪中得到满足,即便此种需求每年呈加速上升的趋势.

为使上述论证成立,以下哪项是必须假设的? ( )

A. 地球上未勘探地区的总面积是已勘探地区的一万倍.

B. 在未来至少五个世纪中,世界人口的增长率不会超过对石油需求的增长率.

C. 新技术将使未来对石油的勘探和开采比现在更为可行.

D. 地球上未勘探地区中储藏的石油可以被勘测和开采出来.

例 6 是一道公务员考试的逻辑题. 题干的结论是:全球的石油需求,至少可以在未来五个世纪中得到满足,即使此种需求每年呈加速上升的趋势. 其根据是:根据地质学家的观点,目前包括未勘探地区在内的地下未开采的能源含量将是原来估计的一万倍. 要使这一论证成立,必须有如下预设:地球上未勘探地区中储藏的石油事实上可以被勘测和开采出来,D 项正是断定了这一点. 因此,选 D 项.

例 7 艾森豪威尔烟瘾很大,烟斗几乎不离手. 某天,他宣布戒烟,立刻引起轰动. 记者们向他提出了戒烟能否成功的问题,艾森豪威尔回答说:"我决不第二次戒烟."

下面各项都可能是艾森豪威尔讲话的含义,除了 ( )

A. 在这次戒烟以前,我从没有戒过烟.

B. 我曾经戒过烟,但失败了.

C. 如果这次戒烟失败,我就不再戒烟.

D. 我相信这次戒烟一定成功.

例 7 也是一道公务员考试的逻辑题. 艾森豪威尔的话里预设了他这是第一次也是最后一次戒烟,因此选项中除了 B 外都是正确的,故选 B 项.

例 8 一位妇女来到一家私人诊所看病.

医生:什么病?

妇女:结婚 10 年了,还没有孩子.

医生:根据我的经验,这多半是患了遗传性不孕症. 您有必要回去查查家谱.

妇女:那是绝对不可能的,我祖上绝对不会有这种病.

请从逻辑学的角度分析,医生犯了什么样的逻辑错误.

例 8 中医生犯了"虚假预设"的错误. 如果该妇女患有遗传性不孕症,那也就意味着她的祖辈有不孕症,那样的话世上就不会有她了. 医生的话里隐含着预设"患有遗传性不孕症的父母可以生孩子",这显然是荒谬的.

第3节　谬误理论

逻辑学是一门研究思维形式和思维规律的科学,在思维的过程中,必然会出现错误,因此辨谬与论证在逻辑学中具有同等重要的地位,在逻辑学的发展历史上对于谬误的研究一直是伴随着对于论证的研究进行的.在现代教育中,批判性思维训练愈来愈受到重视,培养和提高学生的批判性思维能力已成为现代教育特别是高等教育的目标之一,而谬误理论正是批判性思维训练的理论基础.掌握谬误理论,有助于更好地利用已有知识和经验来识别和纠正谬误,提高批判性思维的能力.

1　谬误的定义

谬误有广义和狭义之分.广义的谬误与真理相对,指一切与客观实际不一致的认识.广义的谬误涵盖的范围非常广,已经超出了逻辑学的研究范畴.本书主要介绍狭义的谬误,即逻辑上的谬误.

定义 7-3-1　违反思维规律或规则而发生的逻辑错误,称为谬误.

在理解谬误的定义时,要注意与"诡辩"这个概念的区别和联系.诡辩是指故意违反逻辑规律或规则,为错误论点进行的似是而非的论证,是有意识地为某种谬误作论证.

2　谬误的分类

谬误分为形式谬误和非形式谬误两种.

2.1　形式谬误

定义 7-3-2　在思维形式的推导过程中直接违反演绎推理规则的谬误,称为形式谬误.

形式谬误是结构上的谬误.一般来说,每一种有效的推理形式,都对应着一种不符合相应推理规则要求的谬误.例如,必要条件假言推理肯定后件式是一种有效的推理形式,如果对相应推理肯定前件,则构成一个形式谬误.形式谬误是比较容易被识别和纠正的.

2.2　非形式谬误

定义 7-3-3　除了形式谬误以外的逻辑错误,称为非形式谬误.

非形式谬误是指结论不是依据某种推理、论证的形式从前提中推导出来的,而是依赖语言、心理、情感等因素从前提得出的.非形式谬误是有关推论的内容和实质的,又称为实质性谬误.非形式谬误可分为关联性谬误、歧义性谬误和论据不足的谬误.

2.2.1 关联性谬误

定义 7-3-4 论据与论题在心理上相关,但不具有逻辑相关性,这样的论证称为关联性谬误.

关联性谬误的实质是以感情代替逻辑,引诱人们接受其论题,而不用逻辑的规范评价论证. 相关谬误主要表现为诉诸无知、怜悯、众人、权威、人身、强力等.

1) 诉诸无知

以某一命题的未被证明或不能被证明为据,而断言这一命题为真或假.

例 1 外星人是存在的,因为没有人能证明没有外星人.

例 2 哥德巴赫猜想是错的,因为还没有人能证明它是正确的.

2) 诉诸怜悯

诉诸情感,打动人的怜悯心、博得同情,诱使人相信其论题.

例 3 李鬼冒充李逵手持两把板斧打劫时,遇到真李逵露出了原形,于是谎称"家中有九十几岁的老母,无人赡养". 请求李逵饶恕.

3) 诉诸众人

指援引众人的意见、信念或常识等,迎合某些人的需要,使之支持自己的观点.

例 4 2010 年 2 月 20 日至 21 日,关于山西一些地区要发生地震的消息通过短信、网络等渠道疯狂传播. 由于听信"地震"传言,山西太原、晋中、长治、晋城、吕梁、阳泉六地几十个县市数百万群众 2 月 20 日凌晨开始走上街头"躲避地震",山西地震官网一度瘫痪. 21 日上午,山西省地震局发出公告辟谣.

4) 诉诸权威

以某个人的权威作为判别某个论题真假的标准. 诉诸权威是诉诸人身的一种情况.

例 5 小明告诉小李:"今天一定下雨."小李问:"你怎么知道?"小明回答:"我爷爷说的,我爷爷是气象台台长."

5) 诉诸人身

即人身攻击. 论证时不是针对对方的观点发表意见,而是针对提出观点的人的出身、职业、品德、处境等与论题无直接关系的方面进行攻击.

例 6 甲:所有猫都是哺乳动物,狗不是猫,所以狗不是哺乳动物.

乙:不好意思,我情愿相信写教科书的那些真正动物学家的说法.

乙的说法是人身攻击. 乙虽然很有礼貌,但是他没有直接应对甲的观点,而是用贬低甲的可信度("你不是一个真正的动物学家")的方法来反对甲的观点.

6) 诉诸强力

论证者借助强力、威胁、恫吓,迫使对方接受自己的观点或放弃他本人的观点.

例 7 九鑫集团在推广新肤螨灵霜的过程中,提出了耸人听闻的螨虫的概念,并广泛列举出螨虫传染的多种途径(如夫妻传染、父母传染、母子传染等),此举果然见效. 广告一出,许多女性立刻恐慌起来,纷纷掏钱抢购. 后来,九鑫集团为进一步增强可信度,在促销现场又增加了仪器检测手段:显微镜下,果然可见让人发怵的蠕动的螨虫.正是巧妙地实施了恐吓营销,名不见经传的九鑫集团获利颇丰.其实,所谓新肤螨灵霜原来就是氟轻松软膏,螨虫跟人体表面其他细菌一样,并非什么新发现.

2.2.2 歧义性谬误

定义 7-3-5 违反语言的明确性原则和交际的相关性原则而导致歧义,这样的谬误称为歧义性谬误.

歧义性谬误主要表现为语词歧义、构型歧义、错置重音、合成的谬误、分解的谬误、断章取义、稻草人、非黑即白等谬误.

1) **语词歧义**

混淆同一语境下某个词或短语的不同意义.

例8 李某在某酒店举行了婚宴,他对"基围虾"这道菜提出疑问,认为上的不是基围虾,而是价格低得多的沙虾.婚宴后李某找到酒店,要求妥善解决问题,但酒店声明沙虾就是基围虾.酒店的依据是写有"刀额新对虾,俗称基围虾、沙虾"的书本材料,但李某等根据本地生活习惯和水产市场的交易情况,认为基围虾和沙虾是两种不同品种的对虾,其口味、价格等均有很大的区别.李某一气之下,拒绝支付余款.酒店向法院提起诉讼,要求李某支付余款.李某提出反诉,认为酒店行为构成消费欺诈,要求双倍返还"基围虾"这道菜的钱.

例8是因为术语的书本解释与现实生活的理解不同而造成的语词歧义.

2) **构型歧义**

语法结构不确定而产生的一句多义.

例9 开刀的是他父亲.

例9中"开刀的"可以是主刀做手术的大夫,也可以理解为被做手术的患者.

例10 鸡不吃了.

例10既可以理解为"鸡不吃饭了",也可以理解为"人不吃鸡了".

3) **错置重音**

对一个语言表达式的某些部分,有意地利用重读、强调等手法,而使其具有不同的意义.

例11 妈妈:女儿,今天你有口福,妈妈买了两只蟹.

小丽:才买了两只蟹啊,太少了.

妈妈的话重音在"蟹",而小丽则强调的是"两只".

4) **合成的谬误**

由部分、元素的性质,不恰当地推论整体、集合的性质.

例12 有个小学生比中学生高,所以,小学生比中学生高.

5) **分解的谬误**

由整体、集合的性质,不恰当地推论部分、元素的性质.

例 13 某村是长寿村,所以,该村每个人都长寿.

6) 断章取义

脱离语境,曲解别人的话语.

例 14 现代人将《庄子·养生主》里的"吾生也有涯,而知也无涯"这句话解释为"人生有限,知识无限,当以有限的生命不懈地追求无限的知识",从而劝诫和鼓励人们不要浪费时间,要珍惜时光去学习.但《庄子·养生主》中包含这句话的原文为"吾生也有涯,而知也无涯.以有涯随无涯,殆已;已而为知者,殆而已矣!为善无近名,为恶无近刑.缘督以为经,可以保身,可以全生,可以养亲,可以尽年".意思是"生命有限,知识无限.以有限去求无限,必然伤害有限的身体,既然如此还在不停地追求知识,那可真是十分危险的了……"可见,我们完完全全地曲解了庄子的原意.

7) 稻草人

通过歪曲对方来反驳对方,或者通过把某种极端的观点强加给对方来丑化对方,就像树立了一个稻草人做靶子,并自欺欺人地认为:打倒了稻草人就打倒了对方.

例 15 某警察:小姐,这个地方禁止穿两截式泳装游泳.

小姐:那我去掉那一截好了.

例 16 甲:国家应该投入更多的预算来发展教育事业.

乙:你真不爱国,居然想减少国防开支,让外国列强有机可乘.

8) 非黑即白

在两个极端之间不恰当地二者择一.黑和白比喻两个极端,在黑、白之间,还有其他多种颜色作为中间体,黑和白这两者之间是反对关系,不是矛盾关系.而非黑即白的思考,却无视这些中间体的存在,把选择的范围仅限于黑和白两个极端,并不恰当地要求在这二者中择一.这种谬误又叫简单二分法或两端思考.其论证形式是:因为不是黑的,所以是白的.

例 17 甲、乙两同学在议论班上新转来的学生丙.

甲:丙平时不爱说话.

乙:他一定有自闭症.

2.2.3 论据不足的谬误

论据在内容上对论题不支持或不完全支持.

论据不足的谬误主要表现为:虚假原因、以先后为因果、因果倒置、特例的谬误、特例概括的谬误、平均数谬误、数据不可比、类推谬误、预期理由等谬误.

1) 虚假原因

缺乏科学分析,误认原因.

例 18 民间传说:"月食""日食"是"天狗"吞食月、日造成的.

2) 以先后为因果

把先后关系误认为因果关系.

例 19　小明：我刚刚收到邮件,我应聘的那家公司录用我了.

　　　　妈妈：怪不得这几天总听见喜鹊在咱家门前叫呢.

3) 因果倒置

认因为果,或认果为因.

例 20　日本侵略中国,引起中国人民反抗.而日本是这样说的：由于中国发生反日,所以日本要出兵.

4) 特例的谬误

以全概偏,未对一般原则的应用情况和范围详加考察就进行特殊情况下的推广.

例 21　甲：我哥患了癌症,为了不影响他的情绪,爸妈让我和他们一起隐瞒哥的病情,不让他知道.

　　　　乙：你们这种做法是错的,人不能说谎.

5) 特例概括的谬误

以偏概全,由缺乏典型性的事例不恰当地引申出一般规律.

例 22　相传在战国时代宋国,有一个农民,日出而作,日落而息.遇到好年景,也不过刚刚吃饱穿暖；一遇灾荒,可就要忍饥挨饿了.他想改善生活,但他太懒,胆子又特小,干什么都是又懒又怕,总想碰到送上门来的意外之财.奇迹终于发生了.深秋的一天,他正在田里耕地,周围有人在打猎.吆喝之声四处起伏,受惊的小野兽没命地奔跑.突然,有一只兔子,不偏不倚,一头撞死在他田边的树根上.当天,他美美地饱餐了一顿.从此,他便不再种地,一天到晚守着那"神奇"的树根,等着奇迹的出现.这就是守株待兔的故事.

6) 平均数谬误

以平均数的假象引申出一般结论.

例 23　既然某班的平均分及格了,那么班上每个同学应该都及格了.

7) 数据不可比

只注重数据表面,而忽视了数据获取的不同条件.

例 24　甲、乙两位教师分别给甲、乙两组学生补习初中数学,每组十人.甲组学生以往数学考试成绩都不及格,乙组学生以往考试成绩都在 80 分以上.补课一段时间后,期末考试乙组学生的平均成绩远高于甲组,因此说教师乙比教师甲水平高.

8) 类推谬误

荒谬类比,把类似性相差较远或不具有类似性的事物加以比较进而推出结论.

例 25　音乐会门票丢了,就不想去音乐会了；那要是你饭卡丢了,你是不是也就不想吃饭了.

9) 预期理由

用本身真实性尚待证明的命题充当论据.

本章第 1 节中例 18 给出了预期理由的例子.

批判性思维案例分析

[例1] A市卫生局调查发现,最近几年来,成年人患乙肝的病例在逐年增多.但是A市卫生局局长说,以此还不能得出乙肝发病率正在逐年上升的结论.

以下哪项为真,最能支持局长的发言?　　　　　　　　　　　　　　　(　　)

A. 成年人的乙肝发病数据是根据A市卫生局几次抽样调查的结果推出的.

B. 调查显示,A市未成年人中的乙肝病例大幅度下降了.

C. 近年来,A市农村地区的乙肝发病率有所下降.

D. 最近几年,A市越来越多的居民注射了乙肝疫苗.

【解析】　此题考查的是证明.题干的论点是"还不能得出乙肝发病率正在逐年上升的结论",论据是"成年人患乙肝的病例在逐年增多". 选项B指出未成年人中的乙肝病例大幅度下降,可以起到加强论点的作用,所以正确答案是B.

[例2] 某招待所报案失窃现金10万元.公安人员经过周密调查,得出结论是前台经理李某所为.所长说:"这是不可能的."公安人员说:"当所有其他可能性都被排除了,剩下的可能性不管看起来是多么不可能,都一定是事实."

以下哪项如果为真,最为有力地削弱公安人员的说法?　　　　　　　　(　　)

A. 公安人员事实上不可能比所长更了解自己的经理.

B. 对非法行为惩处的根据不能是逻辑推理,而只能是证据.

C. 公安人员无法穷尽所有的可能性.

D. 李某是该招待所公认的优秀经理.

【解析】　此题考查的是证明方式中的选言证法(排除法).公安人员是依靠逻辑上的选言推理来做出推断的.要想最有力的削弱公安人员的说法,就必须证明他们的逻辑推理是不正确的,选项C正好能够证明公安人员的逻辑推理不成立,因为使用排除法必须穷尽所有的可能性.其他选项都是陈述事实,力度显然不如选项C.所以正确答案是C.

[例3] 甲:儿时进行大量阅读会导致近视眼——难以看清远处景物.

乙:我不同意,近视眼与阅读之间的关联都来自以下事实:观看远处景物有困难的孩子最有可能选择那些需要从近处观看物体的活动,如阅读.

乙对甲的反驳是通过　　　　　　　　　　　　　　　　　　　　　　(　　)

A. 运用类比来说明甲推理中的错误.

B. 指出甲的声明是自相矛盾的.

C. 说明如果接受甲的声明,会导致荒谬的结论.

D. 论证甲的声明中某一现象的原因实际上是该现象的结果.

【解析】　此题考查的是反驳.甲的观点是阅读导致近视眼,乙的观点是因为有近视眼看不清远处,所以选择近距离可以看清的活动阅读.所以乙认为甲观点中近视的原因——阅读,其实是近视眼导致的结果,所以正确答案是 D.

[例 4] 魏先生:计算机对于当代人类的重要性,就如同火对于史前人类,因此,普及计算机知识当从小孩子抓起,从小学甚至幼儿园开始就应当介绍计算机知识,一进中学就应当学习计算机语言.

贾女士:你忽视了计算机技术的一个重要特点,这是一门知识更新和技术更新最为迅速的学科.童年时代所了解的计算机知识、中学时代所学的计算机语言,到需要运用的成年时代早已陈旧过时了.

以下哪项作为魏先生对贾女士的反驳最为有力?　　　　　　　　　　(　　)

A. 快速发展和更新并不仅是计算机技术的特点.

B. 孩子具备接受不断发展的新知识的能力.

C. 在中国算盘已被计算机取代但是并不说明有关算盘的知识毫无价值.

D. 学习计算机知识和熟悉某种计算机语言有利于提高理解和运用计算机的能力.

【解析】 此题考查的是反驳.魏先生的观点是普及计算机知识当从小孩抓起.而贾女士认为,计算机知识和技术更新迅速,童年时代学习的计算机知识到成年时早已陈旧过时了.选项 D 指出,学习计算机知识和语言有利于提高理解和运用计算机的能力,说明知识会过时,但是能力更重要.这对贾女士的反驳很有力.选项 C 举出中国算盘这个反例,来说明尽管知识已经过时了,但是仍然还是有价值的.这也对贾女士的意见构成反驳,但力度显然不如 D 项.所以正确答案是 D.

[例 5] 爸爸问李海:"你是否不承认花盆是你打碎的?"这句话有一个隐含的前提是　　　　　　　　　　　　　　　　　　　　　　　　　　　　　　(　　)

A. 李海不应该承认花盆是他打碎的.

B. 李海应该承认花盆是他打碎的.

C. 花盆不是李海打碎的.

D. 花盆是李海打碎的.

【解析】 此题考查的是预设理论.显然爸爸说这句话的前提是李海打碎了花盆,选项 D 恰好说明了这一点.所以正确答案是 D.

(一)知识巩固

1. 分析下列证明的结构,指出其论题、论据和论证方式.

(1)天空中的闪电和地面上的电火花有很多相同的特性,都能发出同样颜色的光,爆发时都有噪声,都有不规则放射,都是快速运动,都能射杀动物,都能引燃易燃物.地面上电机的电可以用导线传导.所以,天空中的闪电也可以用导线传导.

（2）此处国有土地的有偿出让只能采用双方协议的出让方式.因为根据有关法律的规定,国有土地使用权的出让应当采用协议、拍卖或者招标的方式.但由于不具备条件,招标和拍卖的出让方式无法采用,故只能采用协议的出让方式.

（3）罪犯张某是应该被剥夺政治权利的.因为张某犯的是危害国家安全罪.而所有的危害国家安全的罪犯都是要被剥夺政治权利的.

（4）对待文化遗产应采取批判继承的态度.对待文化遗产的态度,要么是全盘继承,要么是虚无主义,要么是批判继承.全盘继承,不分精华和糟粕,不能推陈出新,文化不能发展;虚无主义,割断历史,违背文化发展的规律,文化同样不能发展;只有批判继承,才符合物质辩证发展的法则,扬弃糟粕,吸取精华,促进文化繁荣.

（5）原告张某被被告的摩托车撞伤后被送往医院,在医院治疗期间因医疗事故而感染了传染病死亡.为此,原告的近亲属要求被告承担侵害生命权的侵权责任,则必须满足法律关于侵权责任构成要件的规定,即必须满足被告的行为违法、此一违法行为造成了损害、违法行为与损害之间要有因果关系等要件.而本案中被告摩托车撞伤原告的行为与原告的死亡之间并无民法上的因果关系,因而不应承担侵害生命权责任.

（6）歌德用了差不多半生的精力学画却无所成,面对人生的不断碰壁,及时调整了人生目标,在文学道路上做出一番成就.孙中山青年时悬壶行医,最后发现治一人并不能救社会,于是转而投身革命,终于成就了令世人敬佩的伟业.无数成功的例子告诉我们,成功者是在不断的实践中发现了成功的道路,并不是一开始就站到了正确的起点上.

2. 分析下列反驳的结构,指出其中被反驳的论题、用来反驳的论据和反驳的方法.

（1）在对一起杀人碎尸案的侦破过程中,侦查人员先后发现了人身上下两半尸体.起初认为系一个被害人的尸体,但经过仔细辨认发现该两半尸体的性别并不相同,于是大部分侦查人员认为被害人为两个.而侦查员王某则对此产生了怀疑,经过科学鉴定,发现该两半尸体确系一个被害人的,只不过这位被害人为一个两性人而已.

（2）李某以非常低廉的价格从素不相识的一位行人手中买到了一辆山地车,后来车的所有权人王某要求归还,理由是该车系王某借给他人使用,该行人没有处分权.而李某却主张他应受善意取得制度的保护.王某的代理律师认为,如果李某受善意取得制度的保护,则意味着李某取得山地车时是善意的,即他不知道且不应知道出卖人不是山地车的所有人.而李某以非常低廉的价格从一位素不相识的行人手中"买得"山地车,这很难说他是善意的,因此李某不应受善意取得制度的保护,王某有权要求李某返还山地车.

3. 指出下列论证有什么逻辑错误.

（1）美术作品是有思想性的.据说八大山人朱耷画鸟有"白眼向人"的姿态,画兰花都露根须,表示国土无存,以寄托他怀念明朝、对抗清朝统治的意向.由此可见,美术作品表现思想感情都是极其隐晦曲折的.

（2）鸦片能催眠,因为它有催眠的力量.

(3) 他近视得很厉害,一定很聪明.

(4) 有意义就是好好活,好好活就是做有意义的事情.

(5) 中学生没有必要学习地理.整个国家的地形和位置完全可以和这个国家的历史同时学习.所以,可以把历史课和地理课合并,这样对学生是方便的.

(6) 如果天下雨,地就会湿.现在地湿了,因此,一定是下雨了.

(二)批判性思维训练

1. 目前的大学生普遍缺乏中国传统文化的学习和积累.据原国家教委对部分高校最近的一次调查表明,大学生中喜欢京剧艺术的只占被调查人数的 14%.

以下哪项最能削弱上述观点?　　　　　　　　　　　　　　　　　　(　　)

A. 大学生缺少对京剧艺术欣赏方面的指导,不懂得怎样去欣赏.

B. 有一些大学生既喜欢京剧,又对中国传统文化的其他方面有兴趣.

C. 喜欢京剧艺术与学习中国传统文化不是一回事,不要以偏概全.

D. 14%正说明培养大学生对传统文化的学习大有潜力可挖.

2. 在印度发现了一群不平常的陨石,它们的构成元素表明,它们只可能来自水星、金星和火星.由于水星靠太阳最近,它的物质只可能被太阳吸引而不可能落到地球上;这些陨石也不可能来自金星,因为金星表面的任何物质都不可能摆脱它和太阳的引力而落到地球上.因此,这些陨石很可能是某次巨大的碰撞后从火星落到地球上的.

上述论证方式和以下哪些最为类似?　　　　　　　　　　　　　　　(　　)

A. 这起谋杀或是财杀,或是仇杀,或是情杀.但作案现场并无财物丢失;死者家庭关系和睦,夫妻恩爱,并无情人.因此,最大的可能是仇杀.

B. 如果张甲是作案者,那必有作案动机和作案时间.张甲确有作案动机,但没有作案时间.因此,张甲不可能是作案者.

C. 此次飞机失事的原因,或是人为破坏,或是设备故障,或是操作失误.被发现的黑匣子显示,事故原因确是设备故障.因此,可以排除人为破坏和操作失误.

D. 任一三角形或是直角三角形,或是钝角三角形,或是锐角三角形.这个三角形有两个内角之和小于 90°.因此,这个三角形是钝角三角形.

3. 在过去的 3 年中,发生了 6 架 W66 客机坠毁事件.面对一幕幕惨剧,人们不由得怀疑 W66 客机的设计有问题.而制造商反驳说,每次事故调查都说明,事故责任是驾驶员操作失误.

上述制造商的话基于以下哪个前提?　　　　　　　　　　　　　　　(　　)

A. W66 的设计不是造成驾驶员犯错从而导致飞机失事的原因.

B. 由于设计错误引起的飞机失事,与由于制造方面的缺陷导致的飞机失事是可以区别开来的.

C. 怀疑 W66 设计有问题的人并没有查出任何设计问题.

D. 对于 W66 这种类型的飞机,每 3 年发生 6 起坠毁事件的事故发生率并不算高.

4. 小王：从举办奥运会的巨额耗费来看，观看各场奥运比赛的票价应该要高得多，是奥运会主办者的广告收入降低了票价．因此，奥运会的现场观众从奥运会拉的广告中获得了经济利益．

小李：你的说法不能成立．谁来支付那些看来导致奥运会票价降低的广告费用？到头来还不是消费者，包括作为奥运会现场观众的消费者？因为厂家通过提高商品的价格把广告费用摊到了消费者的身上．

下列能够有力地削弱小李对小王反驳的一项是　　　　　　　　　　　（　　）

A．奥运会的票价一般要远高于普通体育比赛的票价．

B．奥运会的举办带有越来越浓的商业色彩，引起了普遍不满．

C．利用世界性体育比赛做广告的厂家越来越多，广告费用也越来越高．

D．各厂家的广告支出总体上是一个常量，只是在广告形式上有所选择．

5. 一项每年进行的全国性的调查表明，过去 30 年里上高中的高年级学生对非法药品的使用呈持续而明显地下降．

要想从上面描述的调查结果得出结论，认为 20 岁以下的人对非法药品的使用正在下降，下列哪项如果正确，能提供最有力的支持？　　　　　　　　　　（　　）

A．上高中的高年级学生们使用非法药品水平的变化很少与 20 岁以下其他人使用非法药品的水平的变化相符．

B．在过去，上高中的高年级学生一直是最有可能使用非法药品和最有可能大量使用非法药品的人群．

C．上高中的高年级学生使用非法药品的比例与所有的 20 岁以下使用非法药品的人的比例非常相似．

D．这项调查显示的下降趋势是特别针对 20 岁以下的人进行的药物教育计划的结果．

逻辑的应用

——电影《我的 1919》的论辩分析

一、历史背景

1918 年，第一次世界大战结束．1919 年中国驻美公使作为本国政府的全权代表赴法国参加巴黎和会．中国虽然是战胜国，但在和会上处处受到歧视，野心勃勃的日本政府更企图继承德国在胶东半岛的特权．辩论会上，中国外交官顾维钧慷慨陈词，获得了全世界的一致称赞．但和会最终拒绝了中国的正义要求，决定由日本继承德国在胶东半岛的特权．而软弱的北洋政府竟然逼迫代表团在和约上签字．国内由此爆发了声势浩大的"五四运动"．顾维钧的好友肖克俭在凡尔赛宫广场举火自焚．顾维钧最终不顾政府指示，在和会上拒绝签字，成为代表中国向世界列强说"不"的第一人．

二、精彩论辩

（一）谈判会上与日本的论辩

顾维钧：请允许我在正式发言之前给大家看一样东西（出示牧野掉落的怀表）．进入会场之前，牧野先生为了讨好我，争夺山东的特权，把这块金表送给了我．

牧野：我抗议，这是盗窃！中国代表偷了我的怀表，这是公开的盗窃！无耻，极端的无耻！

顾维钧：牧野男爵愤怒了，他真的愤怒了！姑且算是我偷了他的金表，那么我倒想问问牧野男爵，你们日本在全世界面前偷了整个山东省，山东省的三千六百万人民，该不该愤怒呢？四万万中国人民该不该愤怒！请问日本的这个行为算不算是盗窃？是不是无耻啊？是不是极端的无耻?!

（英国首相乔治：威灵顿·顾是一只智慧的老鼠吧？）

（美国总统威尔逊：一个充满斗志的诸葛亮．）

顾维钧：山东是中国文化的摇篮，中国的圣者孔子和孟子就诞生在这片土地上．孔子犹如西方的耶稣．山东是中国的，无论从经济方面，还是战略上，还有宗教文化，中国不能失去山东，就像西方不能失去耶路撒冷．

（众人鼓掌）

（英国首相乔治：一个真正剪掉辫子的中国人．）

（美国总统威尔逊：对中国观点最卓越的论述，今天晚上整个巴黎都会谈论他．）

顾维钧：尊敬的主席阁下，尊敬的各位代表，我很高兴能代表中国参加这次和会．我自感责任重大，因为我是代表了占世界人口四分之一的中国在这里发言．刚才牧野先生说中国是未出一兵一卒的战胜国，这是无视最起码的事实．请看（出示照片）战争期间，中国派往欧洲的劳工就达 14 万，他们遍布战场的各个角落，他们和所有的战胜国的军人一样在流血、牺牲．我请大家再看一张在法国战场上牺牲的华工墓地照片（出示照片），这样的墓地在法国、在欧洲就有十几座，他们大多来自中国的山东省！他们为了什么？就是为了赢得这场战争，换回自己家园的和平和安宁．因此，中国代表团深信，会议在讨论中国山东省的问题的时候，会考虑到中国的基本合法权益，也就是主权和领土完整，否则亚洲将有无数的灵魂哭泣，世界也不会得到安宁！

我的话完了，谢谢，谢谢！

（二）与美国、日本在餐厅的谈话

牧野：顾先生能来，我深感荣幸．

美国代表团顾问威廉士：为我们的友谊和合作干杯．

（顾维钧举起酒杯嗅了嗅），笑道：今天我们三国谈判的主题是什么？

牧野：今天请顾先生来，只是再次表明日本政府和本人的诚意，日中两国合作是有前途的．日本对山东没有领土要求，日本只是想更好地与贵国进行经济合作．

威廉士：山东主权还是中国的，日本只是获得一些经济权利.

顾维钧：就好比一个警察捡着钱包，他把钱揣进自己腰包，而把空钱包还给主人.

牧野：顾先生，我们只是政府的外交官，应奉命行事.

顾维钧：（喝完酒杯的酒）谢谢，我吃得很好.（起身离开）

思考

1. 请分析，在以上两段论辩中顾维钧是如何反驳列强代表的言论的. 指出其中被反驳的论题、用来反驳的论据和反驳的方法.

2. 结合顾维钧的身份和历史背景，谈谈你对顾维钧的看法和评价.

第8章 逻辑思维的基本规律

作为一门研究思维形式和思维规律的科学,逻辑学除了要研究概念、判断、推理等各种思维形式外,还需要研究在这些思维形式中起作用的逻辑规律.虽然各种思维形式的规律不完全相同,但有一些规律是各种思维形式都必须遵守的,称为逻辑思维的基本规律.逻辑思维的基本规律主要包括同一律、矛盾律、排中律.

思维的确定性是人们在实际生活中正确思考的最起码要求,主要包括思维的同一性、无矛盾性、明确性.逻辑思维的三条基本规律保证了思维的确定性:同一律保证思维的同一性,矛盾律保证思维的无矛盾性,排中律保证思维的明确性.这也是将这三条规律称为逻辑思维基本规律的重要原因.

第1节 同一律

生活中经常有一些商家为了推销商品,以"买一送一"的广告来招揽顾客.这里面有两种情况:一种情况是买一件商品送一件相同的商品,这样的情况很少;还有一种情况,是买一件商品送一件价值比原商品低的商品.请问,在后一种情况中,商家犯了什么逻辑错误?这个问题与同一律有关.

1 同一律的基本内容

同一律的基本内容是:在同一思维过程中,任何一个思想与其自身是同一的.其中的"同一思维过程"是指在同一时间、同一侧面、同一关系下,对同一对象运用概念、命题进行推理、论证的过程. 基本内容可具体阐述为：在同一思维过程中，一个概念的内涵和外延应该是确定的，是什么内涵、外延，就是什么内涵、外延；一个判断的内容也应该是确定的，它断定了什么，就断定了什么.

设 A 为任何一个概念或判断，则同一律的基本内容可表示为"A 是 A"，或"如果 A，那么 A"，进一步可符号化为"$A \to A$".

2 同一律的基本要求

根据同一律的基本内容，同一律对于概念和判断两方面具有如下要求：

1) 在同一思维过程中，必须保持概念的确定和同一

在什么意义下使用某个概念，就应该一直按照同一意义使用它，不能随意变换概念的意义，或把不同的概念互相混淆. 换句话说，表达概念的词项在同一思维过程中必须保持内涵和外延的同一. 一个词项原来指称某个对象，表达某个概念，必须始终指称该对象，表达该概念，不能随意变更.

2) 在同一思维过程中，必须保持判断的确定和同一

是什么判断，就始终是同一判断，不能把两个不同的判断随意混淆或等同起来. 换句话说，表达判断的命题在同一思维过程中必须保持内容的前后一致，不能随意变更命题的内容或把不同的命题混淆.

3 违反同一律的逻辑错误

在思维过程中，若违反同一律的基本要求，就会出现以下两类错误：混淆概念与偷换概念、转移论题与偷换论题.

3.1 混淆概念与偷换概念

3.1.1 混淆概念

混淆概念是指无意识违反同一律的要求，把内涵和外延不同的概念当成同一概念使用的逻辑错误. 这种错误常常发生在词义相近或一词多义的情况下，主要是由于对概念认识不清或缺乏逻辑素养造成的.

例 1 邮局工作人员：您的信函超重了，要再贴一张邮票！

老太太：再贴一张邮票，不是更超重了吗？

请从逻辑规律的角度，指出这位老太太犯了什么逻辑错误？

例 1 中这位老太太违反了同一律的逻辑要求，犯了"混淆概念"的逻辑错误. 邮电部门对每一类信函的质量都作出规定，每件平信不得超过一定质量，否则称为"超重"."超重"信函要多付邮资，再贴相应面值的邮票. 这位老太太误解了此处"超重"一词的含义，以致不能准确使用"超重"这个概念.

3.1.2 偷换概念

偷换概念是指为了某种目的,故意违反同一律的要求,把内涵或外延不同的概念当成同一概念使用的逻辑错误.

例2 李四来到一家钥匙修配店配钥匙,店员让他明天来取.因为单位急着要用,他恳请店员帮忙快点,却被对方拒绝了.于是,李四指着店里墙上挂着的"服务公约"说:"你们的'服务公约'上不是写着'立等可取'吗?"谁知这位店员却对李四说:"你站着等到明天来取,不就是立等可取吗!"

请从逻辑规律的角度,指出钥匙修配店的这位店员犯了什么逻辑错误?

例2中这位店员违反了同一律的逻辑要求,犯了"偷换概念"的逻辑错误.我们知道,"立等可取"这个成语有其确定的含义,是指"稍等一会儿即可取走".其中的"立等"表示一个确定的概念,而不是望文生义的所谓"立着等",甚至要顾客一直站着等到明天.这位店员的回答,是故意歪曲了"立等可取"的本来含义,以此来刁难顾客.

从以上分析可知,混淆概念和偷换概念都是违反了同一律对于概念的确定性、同一性的要求,只是在性质上有所不同:混淆概念是无意识的,而偷换概念是故意的.但是因为逻辑研究的是思维形式,不区分说话者是否有主观故意,所以单纯从逻辑学角度看,混淆概念和偷换概念属于同一种逻辑错误.

3.2 转移论题与偷换论题

3.2.1 转移论题

转移论题是指无意识违反同一律的要求,把一个命题换成另一个命题的逻辑错误.这种错误常见于一些在日常生活中喜欢发议论但又缺乏逻辑训练的人身上.

例3 在某饭店,一位顾客对送汤的服务员说:"小姐,你的拇指泡到汤里了."服务员说:"不要紧,这汤不太烫."

请从逻辑规律的角度,指出这位服务员犯了什么逻辑错误?

例3中这位服务员违反了同一律的逻辑要求,犯了"转移论题"的逻辑错误.顾客的本意是提醒服务员注意卫生,不要把手指放在汤里,但这位服务员不明就里,以为顾客担心他的手被烫到.

3.2.2 偷换论题

偷换论题是指为了某种目的,故意违反同一律的要求,用另一命题替换原命题,或赋予一个命题本来不具有的含义.

例4 某位官员被控受贿,进入审讯室.预审警官和官员进行了交谈:
预审警官:你收受了多少金额的贿赂?

官员：600万人民币.

预审警官：你知道这是一种犯罪吗？

官员：大家都在收啊，没人管啊！

请从逻辑规律的角度，指出这位官员犯了什么逻辑错误.

例4中这位官员违反了同一律的逻辑要求，犯了"偷换论题"的逻辑错误. 因为预审警官问的是"知不知道接受贿赂是一种犯罪"，他却用"大家都在收"来回答. 很明显，"大家是否都在收"与"知不知道接受贿赂是一种犯罪"并不是一个论题.

例5 古希腊有一个叫欧提勒士的年轻人，向当时著名的智者普罗达哥拉斯学习法律. 双方签了一个合同：结束学业之后，学生付给老师一半学费，另一半学费则要等到学生第一次出庭打赢官司，再支付.

可是学生一直没有打赢官司，剩下的一半学费老师迟迟没有拿到. 老师终于等不及了，就向法庭起诉，要学生支付另一半学费.

老师说："如果你打赢这场官司，依照合同，你得把另一半学费付给我；如果你打输这场官司，那么根据法庭判决，你也得把另一半学费付给我. 所以，不管你这场官司是赢是输，你都要把学费给我."

学生反驳道："如果我打输这场官司，依照合同，我不需要把另一半学费付给你；如果我打赢这场官司，那么根据法庭判决，我也不需要把另一半学费付给你. 所以，不管我这场官司是输是赢，我都不需要把学费给你."

请问：他俩的意见谁是谁非？为什么？

例5是古希腊有名的"半费之讼"的例子. 其中老师和学生两人的言论都是错误的，因为他们都违背了同一律的要求. 同一律要求思维确定和同一，而思维的确定和同一，不仅包括在思维过程中概念和判断的同一，推而广之，也包括在思维过程中，衡量某一事物的是非标准的统一.

老师提出"不管你这场官司是赢是输，你都要把学费给我"，他是依据了不同的标准：学生打赢官司时，以合同为依据（不管法院判决）；学生打输官司时，以法院判决为依据（不管合同内容）. 正因为这样，学生也以同样的方式来对付老师：学生打输官司时，以合同为依据（不管法院判决）；学生打赢官司时，以法院判决为依据（不管合同内容）. 这样，他们各自都没能保持标准的同一，更谈不上互相之间保持标准的同一了. 当然，以此为基础的争论是得不到正确解决方案的.

回到本节开头的"买一送一"例子. 后一种情况中前后两个"一"的内涵是不同的，商家违反了同一律，犯了"偷换概念"的逻辑错误.

第 2 节　矛盾律

两个铁球同时着地

伽利略是17世纪意大利伟大的科学家.他在学校念书的时候,同学们就称他为"辩论家".他提出的问题很不寻常,常常让老师很难解答.

那时候,研究科学的人都信奉亚里士多德,把这位两千多年前的希腊哲学家的话当作不容许更改的真理.谁要是怀疑亚里士多德,人们就会责备他:"你是什么意思?难道要违背人类的真理吗?"

亚里士多德曾经说过:"两个铁球,一个质量为10磅,一个为1磅,同时从高处落下来,10磅的一定先着地,速度是1磅的10倍."对这句话伽利略产生了疑问.

他想:如果这句话是正确的,那么把这两个铁球拴在一起,落得慢的就会拖住落得快的,落下的速度应当比10磅的铁球慢;但是,如果把拴在一起的两个铁球看作一个整体,就有11磅,落下的速度应当比10磅的铁球快.这样,从一个事实中却可以得出两个相反的结论,这怎么解释呢?

伽利略带着这个疑问反复做了许多次试验,结果都证明亚里士多德的这句话的确说错了.两个不同质量的铁球同时从高处落下来,总是同时着地,铁球往下落的速度跟铁球的轻重没有关系.伽利略那时候才25岁,已经当了数学教授.他向学生们宣布了实验的结果,同时宣布要在比萨城的斜塔上做一次公开试验.

消息很快传开了.到了那一天,很多人来到斜塔周围,都要看看在这个问题上谁是胜利者:是古代的哲学家亚里士多德呢,还是这位年轻的数学教授伽利略?有的说:"这个青年真是胆大妄为,竟想找亚里士多德的错处!"有的说:"等会儿他就固执不了啦,事实是无情的,会让他丢尽了脸!"

伽利略在斜塔顶上出现了.他右手拿着一个质量为10磅的铁球,左手拿着一个1磅的铁球.两个铁球同时脱手,从空中落下来.一会儿,斜塔周围的人都忍不住惊讶地呼喊起来,因为大家看见两个铁球同时着地了,正跟伽利略说的一个样.这时大家才明白,原来像亚里士多德这样的大哲学家,说的话也不是全都对的.

伽利略发现了真理,却触怒了比萨大学里亚里士多德学派的信徒.他们攻击说伽利略胆敢怀疑亚里士多德,必定是圣教的叛徒.伽利略被赶出了比萨大学,但他从这个实验发现了自由落体定律,即在真空条件下物体下落的加速度与物体的重量无关,也与物体的质量无关,当两个质量不同的物体从同一高度下落时,这两个物体会同时着地.

亚里士多德关于"物体下落速度和质量成比例"的观点,犯了什么逻辑错误?伽利略是如何发现并纠正该错误结论的?从这个例子中可以得到哪些有益的启示?这个问题与矛盾律有关.

1 矛盾律的基本内容

矛盾律的基本内容是:在同一思维过程中,两个互相否定的思想不能同真,必有一假.其中的"互相否定的思想"是指具有矛盾关系或反对关系的概念或判断.

设 A 为任何一个概念或判断,则矛盾律的基本内容可表示为"A 不是非 A",进一步可符号化为"$\neg(A \land \neg A)$".

2 矛盾律的基本要求

根据矛盾律的基本内容,矛盾律对于概念和判断两方面具有如下要求:

(1) 在同一思维过程中,两个具有矛盾或反对关系的概念不能同时用来反映同一对象.例如,不能同时说某件物品既是白色的,又是非白色的,也不能同时说某件物品既是白色的,又是黑色的.

(2) 在同一思维过程中,对同一对象不能同时做出两个具有矛盾或反对关系的判断,即不能既肯定它是什么,同时又否定它是什么.换句话说,不能同时肯定两个互相矛盾或互相反对的命题为真.思维必须前后一贯,不能自相矛盾.例如:

① 小王是共产党员.
② 小王不是共产党员.
③ 所有学生都是共产党员.
④ 所有学生都不是共产党员.

命题①和②具有矛盾关系,命题③和④具有反对关系,根据矛盾律的要求,都不能同时加以肯定.

3 违反矛盾律的逻辑错误

在思维过程中,若违反矛盾律的基本要求,就会犯"自相矛盾"的逻辑错误. 在现实思维过程中,"自相矛盾"的逻辑错误的表现形式是多种多样的,主要可分为以下几种情形:

1) 肯定地使用一个包含互相否定内涵的概念

例 1 杜林在其哲学中肯定地使用了一个"可以计算的无限序列"的概念. 请从逻辑规律的角度,指出杜林犯了什么逻辑错误.

例 1 中杜林提出的"可以计算的无限序列"这一概念,违反了矛盾律的逻辑要求,犯了"自相矛盾"的逻辑错误. 因为,既然是无限序列,就是不可计算的; 如果是可以计算的,那就不是无限序列. 恩格斯将杜林的这一观点以及其囊括世界的定数律称为荒唐的矛盾.

需要注意的是,在少数特殊的场合,作为一种修辞手段,允许一个词项包含互相否定的内容. 例如,用"贫穷的富翁"来形容物质上贫穷但精神上富有的人. 将一幅画或一处风景比喻为无声的音乐等.

2) 对两个具有矛盾或反对关系的命题同时给予肯定

例 2 科学史上曾经有这样一个传说: 一个年轻人想到大发明家爱迪生的实验室里去工作. 爱迪生接见了他. 这个年轻人满怀信心地说:"我想发明一种万能溶液,它可以溶解一切物品."爱迪生听完后,惊讶地问:"那么你想用什么器皿放置这种万能溶液呢? 它不是可以溶解一切物品吗?"年轻人哑口无言.

请问: 这个年轻人为什么会被爱迪生问得哑口无言?

例 2 中这个年轻人之所以被爱迪生问得哑口无言,是因为他提出的"发明一种可以溶解一切物品的万能溶液"这个想法,自身包含着不可克服的逻辑矛盾,违反了矛盾律的逻辑要求,犯了"自相矛盾"的逻辑错误. 他一方面要承认"万能溶液可以溶解一切物品",另一方面,又因为"万能溶液"作为一种溶液,必须有器皿能够盛放,即至少要有一种器皿不为这种溶液所溶解,从而又不得不承认"有的物品是万能溶液所不能溶解的",而这与"万能溶液可以溶解一切物品"的论断是矛盾的.

这个例子与战国时代的著名思想家韩非子曾经讲过的一个故事非常相似: 一个卖矛和盾的人,时而吹嘘他的盾极其坚固,什么东西都刺不穿("吾盾之坚,物莫能陷"); 时而吹嘘他的矛非常锐利,什么东西都可以刺穿("吾矛之利,于物无不陷"). 这时,有人问他:"以子之矛,陷子之盾,何如?"这位卖矛与盾的人就无法回答了. 因为他断定了两个互相矛盾的判断("物莫能陷"和"物无不陷")同时为真,他的言论陷入了自相矛盾.

3) 悖论

悖论是一种特殊的逻辑矛盾. 悖论是表面上同一命题或推理中隐含着两个对立的结论,而这两个结论都能自圆其说. 具体地说,就是由这句话是真的,可以推出这句话是假的;并且,由这句话是假的,又可以推出它是真的.悖论的抽象公式就是:如果事件 A 发生,则推导出非 A;如果非 A 发生,则推导出 A.

例 3 (说谎者悖论)公元前 6 世纪,古希腊的克里特岛上住着一位名叫厄匹门尼德的人.他年幼时,有一天跑到一座荒凉的小山丘上玩耍.玩累了以后,就跑到一个常去的山洞里休息.不料,他在山洞里竟一下子睡着了.这一觉竟睡了 57 年.醒来后,他发现自己已经成为一位大学者,谙熟哲学和医学,并能预知将来要发生的种种事件.于是,岛上的人就称他为"先知".他喜欢和人讨论一些难以解答的问题,借以显示自己具有非凡的智慧.

一天,他在和别人讨论关于克里特人是否诚实的问题时,厄匹门尼德断言:"所有的克里特岛上的人都是说谎者.""先知"的这句话极大地困惑着克里特岛上的居民.这句话究竟是真的,还是假的?

不难发现,要确定例 3 这句话的真假几乎是不可能的.如果假定厄匹门尼德的断言是真的,那么由于说这句话的厄匹门尼德本人正是一个克里特岛人,从这句话的内容必然可以推出它是假的.这构成了一个悖论.

当然,严格地说,这句话还不完全符合悖论的要求.厄匹门尼德的断言是个全称判断,这使得情况相对复杂一些:假定这句断言是假的,只能说明一个克里特岛人说谎,由此不能推出"所有克里特岛人都是说谎者".

由于厄匹门尼德的断言作为"悖论"尚有缺陷,所以麦加拉学派的欧布里德就把它更改为:"一个人承认自己说谎"或"我说的这句话是谎话".这才真正构成了悖论,由其真可以推出其假,由其假又可以推出其真.像"说谎者悖论"这类关于语句真假性问题的悖论,逻辑上称之为"语义悖论".

语义悖论产生的原因可以用波兰数学家塔斯基提出的"语言层次论"进行分析.塔斯基认为,语义悖论产生的根源在于:人们混淆了语言中的不同层次.按照他的观点,在人工语言中,人们可以区分出两种语言,一种是元语言(又称抽象语言),另一种是对象语言(又称实际语言).例如,当我们用汉语来讨论英语语法时,英语就是对象语言,是被分析的语言,而汉语是元语言,是用来进行分析的语言.塔斯基还认为,凡是涉及语句的真假性的论述是用抽象语言表达的,如"我说了一句假话".而不涉及真假性的论述,一般是用实际语言表达的,如"今天是晴天".为了讨论用实际语言表达的句子的真和假,必须用抽象语言.抽象语言包括所有实际语言,但比实际语言更丰富,因为它可以谈论实际语言的真假性.例如,"今天是晴天"这是用实际语言表述,而"今天是晴天这句话是真的"就是抽象语言表述.当要讨论一句抽象语言的真假性时,只有用更高级的抽象语言(即元元语言)才行.用抽象语言讨论同层次的抽象语言的真假性,在逻辑上称为"自我指称","自我指称"是悖论产生的一大根源.语义悖论产生的根源就在此.

从古代开始人们已经发现了很多悖论,但一直被看作笑话,没有产生多大的影响.即使当人们看到排除语义悖论的困难后,广大的数理逻辑学家仍然没有意识到问题的严重性.他们认为语言是不严格的,而数学却是严密无隙的,在数学理论中不会出现悖论.直到罗素提出著名的罗素悖论,说明近代数学(集合论)中也产生了这类矛盾,才引起人们广泛、系统的关注和研究,从而给数学、特别是给数理逻辑的研究以巨大的推动.

例4 (罗素悖论)罗素(Russell)将集合分成两类,一类是集合 A 自身是 A 的一个元素,即 $A \in A$;另一类是集合 A 自身不是 A 的一个元素,即 $A \notin A$.现构造一个集合 $S=\{A | A \notin A\}$,问 S 是不是它自身的元素?

如果 $S \in S$,因为 S 是所有满足条件 $A \notin A$ 的集合 A 组成的,所以 $S \notin S$;如果 $S \notin S$,因为 S 是所有满足条件 $A \notin A$ 的集合 A 组成的,所以 $S \in S$.

在康托尔创立集合论的时候,有一个既基本又明显的问题一直困扰着数学家们:既然集合论的研究对象是集合,那么何谓集合?对集合定义我们一直而且只能给出一个原始的描述,即 $S=\{x | P(x)\}$.这在朴素的集合论中还是可以行得通的.可是随着数学的发展,人们发现单凭直观经验建立起来的集合概念是靠不住的.例 4 中罗素悖论告诉我们:(1)对于集合 $S=\{A | A \notin A\}$,有 $S \in S$ 当且仅当 $S \notin S$.(2)集合定义 $S=\{x | P(x)\}$ 实际上不能保证对任意的性质 P,这样的定义都有意义.

罗素悖论说明朴素集合论有问题,使数学基础发生了动摇,引起了一些著名数学家的极大重视.许多数学家致力于集合论的改造,开始了集合论公理的研究.1908 年策梅罗(Zermelo)首先创立了集合论的一个公理系统,后来经过弗兰克尔(A. Fraenkel)改进,形成了今天著名的 ZF 系统.同时,罗素也发表了他的一个集合论公理系统——类型论.之后,冯·诺伊曼(John von Neumann)、贝尔奈斯(P. Bernays)、哥德尔(Godel)等人相继建立了其他类型的公理系统.公理化集合论的建立,不仅成功排除了集合论中出现的悖论,而且为整个数学奠定了比较坚实的基础,推动了数学基础理论的进一步发展和完善.

值得一提的是,罗素后来又用一个生动的"理发师悖论"来形象地说明自己的悖论.

例5 (理发师悖论)1919 年,英国著名的数学家和逻辑学家罗素曾经提出这样一个有趣的问题:"某村子里有个理发师,他规定:我只为那些不给自己刮胡子的人刮胡子.请问:这个理发师给不给自己刮胡子呢?"这个问题就是数学史上著名的"罗素悖论"的通俗表述.你能分析出这个悖论里包含的逻辑矛盾吗?

稍加分析不难发现,无论例 5 中这个理发师是否给自己刮胡子,都会导致逻辑矛盾:

如果理发师不给自己刮胡子,那么按照他的规定,他就应该给自己刮胡子(因为他规定,他只为不给自己刮胡子的人刮胡子).这就是说,从理发师不给自己刮胡子出发,必然推出理发师应该给自己刮胡子.这本身就构成逻辑矛盾.

如果理发师给自己刮胡子,那按照他的规定,他就应该不给自己刮胡子.这就是说,从理发师给自己刮胡子出发,必然推出理发师不应给自己刮胡子.这本身也构成一个逻辑矛盾.

总之,"在理发师给不给自己刮胡子"这个问题上,无论怎样回答,都会导致逻辑矛盾.这种现象,就属于悖论.悖论是不能用普通的逻辑方法加以消除的逻辑矛盾.

理发师悖论与罗素悖论是等价的：如果把每个人看成一个集合,这个集合的元素被定义成这个人刮胡子的对象.那么,理发师宣称,他的元素,都是城里不属于自身的那些集合,并且城里所有不属于自身的集合都属于他.那么他是否属于他自己？这样就由理发师悖论得到了罗素悖论.反过来的变换也是成立的.

继罗素悖论之后,又有一系列著名的悖论被发现,比如,"理查德悖论""培里悖论""格雷林悖论"等.这些悖论的提出震撼了逻辑和数学的基础,激发了人们的求知欲,吸引了古往今来许多思想家和爱好者的注意力.解决悖论难题需要创造性的思考,悖论的解决又往往可以给人带来全新的观念.

回到本节开头的"两个铁球同时着地"的故事.亚里士多德关于"物体下落速度和质量成比例"的学说犯了自相矛盾的逻辑错误.发现个别语句中的表面矛盾相对容易,而挖掘一个理论,特别是深入人心的权威学说,其内部所隐藏的矛盾,除了需要敏锐的洞察力、缜密的逻辑思维和扎实的专业知识外,还需要理性精神以及坚持真理、不迷信权威的科学态度.许多科学创新和发明都是在对权威的批判中诞生的.

第 3 节　　排 中 律

模棱两可

《旧唐书》里记载着这样的一个故事：

唐朝有一个人叫苏味道,20 岁就考中了进士,当了一段吏部侍郎,武则天让他升任宰相.他做了几年宰相,但长期无任何政绩,可以说是无所作为.

原来,他只求保住自己的地位,遇事总是哼哼哈哈,每到朝廷上需要讨论重大事务,他要么不表明态度,要么就想办法躲在一边推脱掉表态的机会.

他还曾向别人透露自己的为官之道："处事绝不明确表态,也不做明明白白的决断,若做错了,必受到责备,但摸棱两可,则可以有较大的回旋余地."

这样,当时社会上就流行了一个句话,用文言文说就是"摸棱以持两端可矣".意思就是用手摸桌子的角,手可以往两个方向伸,保持较大的回旋余地.当时就有人给他起外号"苏摸棱""摸棱手"."棱"指桌子的边缘交界处,"摸棱"就是把握不到一定方向,既可指这端,又可指那端,左也不是,右也不是.

第 8 章 逻辑思维的基本规律

> 后人把"摸棱以持两端可矣"简称为"摸棱两可". 流传到后世,"摸"字变成了"模"字.
>
> 苏味道"模棱两可"的为官之道犯了什么逻辑错误？这个问题与排中律有关.

1 排中律的基本内容

排中律的基本内容是：在同一思维过程中,两个互相矛盾的思想不能同假,必有一真. 其中的"互相矛盾的思想"是指具有矛盾关系或下反对关系的概念或判断.

设 A 为任何一个概念或判断,则排中律的基本内容可表示为"A 或者非 A",进一步可符号化为"$A \vee \neg A$".

2 排中律的基本要求

根据排中律的基本内容,排中律对于概念和判断两方面具有如下要求：

(1) 在同一论域中,对于某一对象,两个具有矛盾或下反对关系的概念中必然有一个是正确反映该对象的概念. 例如,不能同时说某件物品既不是白色的,又不是非白色的,也不能同时说某件物品既不是非白色的,又不是非黑色的.

(2) 在同一思维过程中,两个具有矛盾或下反对关系的判断不能同假,必有一真,即必须承认其中一个是真的,给予明确的肯定,不能对两者同时加以否定. 例如：

① 小王是共产党员.
② 小王不是共产党员.
③ 有的学生是共产党员.
④ 有的学生不是共产党员.

命题①和②具有矛盾关系,命题③和④具有下反对关系,根据排中律的要求,都不能同时加以否定.

3 违反排中律的逻辑错误

在思维过程中,若违反排中律的基本要求,即对两个互相矛盾的思想,既不承认这个,又不承认那个,就会犯"两不可"的逻辑错误. 在现实思维过程中,"两不可"错误的表现形式是多种多样的,主要可分为以下两种情形：

1) 否定同一论域中两个具有矛盾关系的概念,杜撰出所谓的中间概念

例 1 19 世纪后半叶由马赫和阿芬那留斯所创立的经验批判主义学派,企图用"要

素"这个"新"术语代替被他们认为过时了的"物质"和"精神"两个"旧"术语. 他们认为, 这个"要素"既不是物质, 也不是精神, 而是超越二者的新东西; 他们的哲学是超越唯物主义和唯心主义、没有任何"片面性"的"最新哲学". 请从逻辑规律的角度, 指出经验批判主义的"最新哲学"犯了什么逻辑错误.

例1中经验批判主义的"最新哲学"违反了排中律的逻辑要求, 犯了"两不可"的逻辑错误. 因为任何一个思维对象不是物质的, 就必然是精神的; 不是精神的, 就必然是物质的. 任何一种哲学不属于唯物主义, 就必然属于唯心主义; 不属于唯心主义, 就必然属于唯物主义. 经验批判主义利用杜撰所谓中间概念的方法, 提出既不是物质又不是精神的所谓"要素", 以及既不属于唯物主义又不属于唯心主义的所谓"最新哲学", 在逻辑上是站不住脚的.

2) 对两个具有矛盾或下反对关系的命题同时加以否定

例2 鲁迅有篇题为《立论》的杂文. 有段话是这样的:

我梦见自己正在小学校的讲堂上预备作文, 向老师请教立论的方法.

"难!"老师从眼镜圈外射出目光来, 看着我, 说, "我告诉你一件事——

"一家人家生了一个男孩, 合家高兴透顶了. 满月的时候抱出来给客人看, ——大概自然是想得一点好兆头.

"一个说:'这孩子将来要发财的.'他于是得到一番感谢.

"一个说:'这孩子将来要做官的.'他于是收回几句恭维.

"一个说:'这孩子将来是要死的.'他于是得到一顿大家合力的痛打.

"说要死的必然, 说富贵的许谎. 但说谎的得好报, 说必然的遭打. 你……"

"我愿意既不谎人, 也不遭打. 那么, 老师, 我得怎么说呢?"

"那么, 你得说:'啊呀, 这孩子呵! 您瞧! 多么……. 阿唷! 哈哈! Hehe! he, hehehehe!'"

请问在这篇杂文中, "我"和"老师"的对话是否含有逻辑错误?

例2中"我"和"老师"都违反了排中律的逻辑要求, 犯了"两不可"的逻辑错误. "我"既想"不谎人", 又想"不遭打". "说必然的遭打", "我"要不遭打, 就只能说谎. "某人说谎"和"某人不说谎"是两个具有矛盾关系的命题, 任何一个人要么说谎, 要么不说谎. 而"我"却既想"不说谎", 又想"说谎", 想骑墙居中, 这是不可能做到的. "老师"为"我"骑墙居中的意愿提供了一个具体方法, 就是含糊其词地说:"啊呀, 这孩子呵! 您瞧! 多么……. 阿唷! 哈哈! Hehe! he, hehehehe!"这种回答显然也是不能被认可的.

解决实际问题时需注意排中律和矛盾律的区别: 排中律规定在同一思维过程中两个互相矛盾的思想不能同假, 必有一真, 适用于两个具有矛盾关系和下反对关系的命题; 而矛盾律则规定在同一思维过程中两个互相否定的思想不能同真, 必有一假, 适用于两个具有矛盾关系和反对关系的命题.

例3 从前有个国王, 他手下有两个大臣, 一个好, 一个坏. 坏大臣为了独自掌权, 总想把好大臣害死. 有一天, 他在国王面前讲了好大臣很多坏话. 国王偏听偏信, 决定第二天用抓阄的办法来处理好大臣.具体办法是:命令好大臣从盒子里任意抓一个阄,而盒子里只有两个阄,一个写"生",一个写"死",抓到"生"就活,抓到"死"就死.当天夜里,坏大臣逼迫着做阄的人把两个阄都写成"死"字.这样,好大臣无论抓到哪个阄都得死.坏大臣走了以后,做阄的人就偷偷地给好大臣送了信,告诉他这一情况,请好大臣自己想办法.请你帮好大臣想想办法,使他在抓阄时免于处死.

例 3 中好大臣可以采取这样的办法:第二天抓阄时,先抓起一个阄吞入口中并咽下.这样做,好大臣一定能被赦免,依据是排中律.在国王的心目中,两只阄中必然一只是"生"阄,一只是"死"阄,不可能两个都是"死"阄,既然剩下的是"死"阄,那就说明被好大臣抓到并吞下的是"生"阄.

回到本节开头的"模棱两可"的故事.苏味道"模棱两可"的为官之道违反了排中律,犯了"两不可"的逻辑错误.在生活中,与苏味道的做事风格差不多的"模棱人"还是大有人在,一遇是非问题就来个不置可否,骑墙居中,谁也不得罪.

在华为培训教材《以奋斗者为本》中记录了任正非对董事会成员的要求:董事会常务委员会的运作模式是什么?是从众不从贤,按票数来决定.虚位领袖是从贤不从众.总要有个模式,不能一会儿是这样,一会儿是那样.如果你们讨论干部任命,某个常委会成员不能参加,他应该要知道情况,通过书面表达意见.表态是要有个期限的,他表态不表态,我们总要让列车运行.我认为没有必要要求所有问题都是常务委员会全部通过.但一定要全知情,这是重要的.常委会一定要有反对意见,这样我们认为常务董事会是认真开会了.常务董事会经常不发言的人,下一届就从常务董事会里面出去,每个人都要发表观点,不管对错都要给出意见来,错了大家帮助你,对了就吸收一下.

"董事会经常不发言的人,下一届就从常务董事会里面出去"这样的规定,就是一个针对那种依靠发表模棱两可的意见、当老好人的"模棱人"而制定的,在中国明确做出这种规定的企业并不多见.华为之所以不简单,从这样的要求可见一斑.

矛盾律和排中律的内容一起构成所谓的"二值原则":任一命题要么是真的要么是假的,不能既真又假,也不能既不真也不假,这就是说非真即假、非假即真.如亚里士多德所言:"关于现在和过去所发生事情的判断,无论是肯定还是否定,必然或者是真实的,或者是虚假的."二值原则刻画了日常所使用的"真""假"这两个概念的特征,它们是以实在论和符合论为基础的:任一命题都是在述说关于独立于该命题的某种客观实在.这种客观实在决定着该命题的真或假:凡是所说的与客观实在相符合或一致的命题是真的,否则是假的.因此,任何一个命题一旦做出,就有一个确定的真值——真或者假,而不依赖于人们是否知道这一点,甚至不依赖于人们是否有可能知道这一点.一般使用的逻辑都是建立在二值原则之上的,因此叫作"二值逻辑".但也有人质疑:既然人们不知道有些命题的真假,甚至在原则上都不可能知道它们的真假(逻辑、数学中的不可判定命题),那么,有什么根据说它们必定或者真或者假?这样说与说"上帝存在"有什么区别?于是,有人对以实在论和符合论为基础的二值原则提出异议,提出了非实在论的真理观及以此为基础的逻辑理论,如直觉主义逻辑.

批判性思维案例分析

[例1] 许多上了年纪的老北京都对小时候庙会上看到的各种绝活念念不忘.如今,这些绝活有了更为正式的称呼——民间艺术.然而,随着社会现代化进程加快,中国民俗文化面临前所未有的生存危机,城市环境不断变化,人们兴趣爱好快速分流和转移,加上民间艺术人才逐渐流失,这一切都使民间艺术发展面临困境.

从这段文字可以推出 （　　）

A. 市场化是民间艺术的出路.

B. 民俗文化需要抢救性保护.

C. 城市建设应突出文化特色.

D. 应提高民间艺术人才的社会地位.

【解析】 此题考查的是逻辑判断中的同一律,主要体现为:论证主体要满足同一律,即论证主体要一致.题干的论证主体就是"民俗文化".而选项A、C、D的主体都不是民俗文化.所以正确答案是B.

[例2] 对同一事物,有的人说"好",有的人说"不好",这两种人之间没有共同语言.可见,不存在全民族通用的共同语言.

以下除哪项外,都与题干推理所犯的逻辑错误近似？ （　　）

A. 甲:"厂里规定,工作时禁止吸烟."乙:"当然,可我吸烟时从不工作."

B. 有的写作教材上讲,写作中应当讲究语言形式的美,我的看法不同,我认为语言就应该朴实,不应该追求那些形式主义的东西.

C. 有意杀人者应判处死刑,行刑者是有意杀人者,所以行刑者应处死刑.

D. 这种观点既不属于唯物主义,又不属于唯心主义,我看两者都有点像.

【解析】 此题考查的是同一律.题干的推理犯了"偷换概念"的逻辑错误,两个"共同语言"并不是同一种事物.选项A将"工作"偷换概念,第一个指某个时段,第二个指一个动作;选项B"语言形式的美"并不等于"形式主义",也是偷换概念;选项C两个"有意杀人者"不是同一概念,也是偷换概念;而选项D犯了"自相矛盾"的逻辑错误,所以正确答案是D.

[例3] 具有高效发动机的天蝎座节油型汽车的价格高于普通的天蝎座汽车.以目前的油价计算,购买这种节油型车的人需要开6万千米才能补足买普通型汽车的差价.因此,如果油价下跌,在达到不盈不亏之前就可以少走一些路.

以下哪一项论证中的推论错误与上文中的最相似？ （　　）

A. 真实的年储蓄利率是由年储蓄利率减去年通货膨胀率而成的,所以,如果通货膨胀率下降,在真实储蓄利率不变的情况下,储蓄利率也要降低相同的比例.

B. 对食品零售店来说,与A牌冰箱相比,P牌冰箱能为高价的冰冻食品提供一个恒定温度,尽管P牌冰箱的耗电量较大,但出售高价食品却能获得更多的利润.因此,如果电价下降,卖较少量的高价食品就可证明选择 P 牌冰箱是正确的.

C. 用 R 牌沥青比用价钱较低牌号的沥青能使修路工人用更短的时间修完 1 千米损坏的公路.尽管 R 牌的价格较高,但减少施工人员所省下的钱是可以补足沥青价格差异的,所以,在平均工资低的地方,选择 R 牌沥青更有优势.

D. 改良过的北方苹果树结果更早,存活期更长.原来的苹果树虽然结果较大,但需要较大的种植间距,所以,新种植的苹果树应全部是改良种.

【解析】 此题考查的是矛盾律.题干犯了"自相矛盾"的逻辑错误.根据题干陈述,如果油价下跌,天蝎座节油型汽车在达到不盈不亏之前应该多走一些路.选项 C 中,如果平均工资低,减少工人省下的钱不足以弥补价格差异,应当是 R 牌沥青的劣势,所以正确答案是 C.

[例 4] 以下各项中违反排中律的为 （　　）

A. 王刚踢完足球回到宿舍,陈晓问他:"赢了吗?"王刚说:"没有."陈晓问:"那么,输了?"王刚说:"也没有."

B. 我的职业既不是教师,也非医生.

C. 甲、乙二人下完棋后,一观棋者笑着说:"看来你俩是谁也赢不了."

D. 这场战争,既不能说它是正义的,也不能说它是非正义的.

【解析】 此题考查的是排中律,对两个具有矛盾关系的命题同时加以否定,就会犯"两不可"的逻辑错误.选项 A 中的"踢球输"和"踢球赢"不是矛盾的,因为还有第三种可能——平局;选项 B 中"我是教师"和"我是医生"也不是矛盾的,因为还有第三种可能——其他职业,比如记者;选项 C 中的"下棋输"和"下棋赢"同样不是矛盾的,因为还有第三种可能——平局;选项 D 中的"正义"和"非正义"是矛盾的,不是"正义"的,就是"非正义"的.所以正确答案是 D.

[例 5] 一家珠宝店被盗走一件价值不菲的首饰,请公安机关介入调查.经侦破,查明作案的人肯定是甲、乙、丙、丁四人中的一个.于是,这四人被作为重大嫌疑人接受审讯.审讯中,这四人的口供如下:

甲:首饰被盗那天,我正在外地,所以,我是不可能作案的.

乙:丁是罪犯.

丙:乙是罪犯.三天前,我看到他在黑市上卖这件首饰.

丁:乙同我有私仇,有意诬陷我.

请问:

(1) 假定这四人中只有一人说的是真话,罪犯是谁? （　　）

(2) 假定这四人中只有一人说的是假话,罪犯是谁? （　　）

A. 甲　　　　B. 乙　　　　C. 丙　　　　D. 丁

【解析】 此题考查的是排中律.四人的口供可以简化如下:

P_1(甲):甲不是罪犯.

P_2(乙):丁是罪犯.

P_3(丙)：乙是罪犯.

P_4(丁)：丁不是罪犯.

其中 P_2 和 P_4 是具有矛盾关系的两个命题.

(1) 如果四人中只有一人说的是真话,那罪犯一定是甲.因为根据排中律,P_2 和 P_4 不能同假,必有一真.换句话说,这唯一说真话的人必然是乙和丁两人中的一个,而甲和丙说的必定是假话.甲说假话,正好说明甲是罪犯.所以正确答案是 A.

(2) 如果四人中只有一人说的是假话,那罪犯一定是乙.因为根据矛盾律,P_2 和 P_4 不能同真,必有一假.换句话说,这唯一说假话的人必然是乙和丁两人中的一个,而甲和丙说的必定是真话.而丙说真话,正好说明乙是罪犯.所以答案是 B.

习　题

(一) 知识巩固

1. 判断下列论证是否正确,若不正确,指出违反了哪条逻辑规律,犯了什么逻辑错误.

(1) 甲说："我要去看花灯."乙说："家中这么多灯,何必去看?"

(2) 今年过节不收礼,收礼只收脑白金.

(3) 这个学生既不是中专生,又不是非中专生.

(4) 清朝时,某一书生坐于高台之上读书,台高风大,吹得书页哗哗乱翻,书生随口吟出两句诗："清风不识字,何故乱翻书?"居心叵测之人有意歪曲"清"字的含义,诬陷书生讽刺清廷没文化,犯了大不敬罪.

(5) 今天不会下雨也不会下雪.

2. 判断下列哪几组断定违反了矛盾律的要求.

(1) 既断定"所有植物都是常绿的"为真,又断定"所有植物都不是常绿的"为真.

(2) 既断定"所有植物都是常绿的"为真,又断定"有些植物不是常绿的"为真.

(3) 既断定"有些植物是常绿的"为真,又断定"有些植物不是常绿的"为真.

(4) 既断定"所有违法行为都必然受到惩罚"为真,又断定"所有违法行为都必然不受到惩罚"为真.

(5) 既断定"所有违法行为都必然受到惩罚"为真,又断定"有些违法行为可能不受到惩罚"为真.

(6) 既断定"有些违法行为可能受到惩罚"为真,又断定"有些违法行为可能不受到惩罚"为真.

(7) 既断定"如果我去图书馆,一定帮你借那本书"为真,又断定"我去图书馆但我没帮你借那本书"为真.

(8) 既断定"只有我去图书馆,我才帮你借那本书"为真,又断定"我去图书馆但我没帮你借那本书"为真.

3. 判断下列哪几组断定违反了排中律的要求.

(1) 既断定"所有植物都是常绿的"为假,又断定"所有植物都不是常绿的"为假.

(2) 既断定"所有植物都是常绿的"为假,又断定"有些植物不是常绿的"为假.

(3) 既断定"有些植物是常绿的"为假,又断定"有些植物不是常绿的"为假.

(4) 既断定"所有违法行为都必然受到惩罚"为假,又断定"所有违法行为都必然不受到惩罚"为假.

(5) 既断定"所有违法行为都必然受到惩罚"为假,又断定"有些违法行为可能不受到惩罚"为假.

(6) 既断定"有些违法行为可能受到惩罚"为假,又断定"有些违法行为可能不受到惩罚"为假.

(7) 既断定"如果我去图书馆,一定帮你借那本书"为假,又断定"我去图书馆但我没帮你借那本书"为假.

(8) 既断定"只有我去图书馆,我才帮你借那本书"为假,又断定"我去图书馆但我没帮你借那本书"为假.

(二) 批判性思维训练

1. 一本仅用十几万字写出中国上下五千年文明史的普及读物《中国读本》,继在我国创下累计发行 1000 余万册的骄人成绩后,又开始走出中国走向世界.根据这段文字,可以推出的是 ( )

A. 历史图书应该走普及化、大众化道路.

B. 越来越多的外国人对中国历史感兴趣.

C. 《中国读本》可能授权国外出版商出版.

D. 越是大众的、越是民族的,越容易走向世界.

2. 我国的佛教寺庙分布于全国各地,普济寺是我国的佛教寺庙,所以普济寺分布于我国各地.

下列选项中所犯逻辑错误与上述推理最为相似的是 ( )

A. 父母酗酒的孩子爱冒险,小华爱冒险,所以小华的父母酗酒.

B. 文明公民都是遵纪守法的,有些大学生遵纪守法,所以有些大学生是文明公民.

C. 寒门学子上大学机会减少,大学生小飞不是寒门学子,所以小飞上大学机会不会减少.

D. 现在的独生子女娇生惯养,何况他还是三代单传的独苗呢.

3. 一个月了,这个问题时时刻刻缠绕着我,而在工作非常繁忙或心情非常好的时候,又暂时抛开了这个问题,顾不上去想它了.

以上的陈述犯了下列哪项逻辑错误? ( )

A. 论据不足　　B. 循环论证　　C. 偷换概念　　D. 自相矛盾

4. 以下哪项犯了"两不可"的错误？　　　　　　　　　　　　　　（　　）

A. 没人能爬上那座山峰，上去了也没有见回来的．

B. 没有什么东西是完全真实的，也没有什么东西是完全虚幻的．

C. 不是全班同学都来上课了，也不是全班同学都没来上课．

D. 并非有人来上课了，也并非没人来上课．

5. 红星中学的四位老师在高考前对某理科毕业班学生的前景进行推测，他们特别关注班里的两个尖子生．

张老师说："如果余涌能考上清华，那么方宁也能考上清华．"

李老师说："依我看这个班没有人能考上清华．"

王老师说："不管方宁能否考上清华，余涌考不上清华．"

赵老师说："我看方宁考不上清华，但余涌能考上清华．"

高考的结果证明，四位老师中只有一人的推测成立．如果上述断定是真的，则以下哪项也一定是真的？　　　　　　　　　　　　　　（　　）

A. 李老师的推测成立．

B. 王老师的推测成立．

C. 赵老师的推测成立．

D. 如果方宁没考上清华大学，则张老师的推测成立．

E. 如果方宁考上了清华大学，则张老师的推测成立．

阅读材料

数理逻辑的奠基人——罗素

伯特兰·罗素出生于英国南威尔士雷文斯克罗夫特的一个贵族世家．祖父罗素勋爵是辉格党（自由党前身）著名政治家，在维多利亚女王时代曾两度出任首相．父母是思想激进的自由主义者，积极参加社会政治活动．年幼时父母相继去世，在祖母的严厉管教下长大．童年很孤寂，经常在家中荒凉失修的大花园里独自散步冥思，是自然、书本和数学把他从孤独和绝望中拯救出来．特别是数学，成为他的主要兴趣之所在．1890 年进入剑桥大学三一学院学习，1893 年获数学荣誉学士学位一级，随后改学哲学，1894 年获道德哲学荣誉学士学位一级．毕业后曾两次游学德国．受到马克思主义的影响，回国后在伦敦大学政治和经济学院任讲师．1903 年，出版《数学的原则》一书，并以论文《论几何学的基础》获三一学院研究员职位．1908 年，

当选为英国皇家学会会员.1910年,任剑桥大学讲师,1914年,又任该校三一学院研究员,1916年,因从事反战宣传而被解职.1920年,到中国讲学,任北京大学客座教授,时间长达一年,其部分讲演稿结集为《罗素五大讲演》在中国出版;回国后,罗素撰写了《中国的问题》一书,讨论中国将在20世纪历史中发挥的作用.1931年,继承其兄的第三世罗素勋爵头衔.1949年,成为英国皇家学会的荣誉研究员.1920—1950年,他多次应邀去美国任教、访问和演讲.1950年后,主要精力转向社会政治活动.1970年2月2日去世,享年98岁.

罗素曾在其自传开头说:"有三股简单而又无比强烈的激情支配了我的一生:对于爱的渴望、对于知识的追求,以及对于人类苦难的难以遏制的同情心."在这每一方面,他都达到了常人难以企及的高度.他执着地追求爱,主张人要过一种有意义的生活,先后爱过至少七位女性,离过三次婚,结过四次婚,第四次结婚时已经年逾80.他同情人类苦难,从青年时代起一直积极参加社会政治活动,追求并捍卫社会正义.1895年,曾两次访问德国,研究德国社会主义运动,与倍倍尔、李卜克内西等人交谈过.1920年,访问苏联并会见了列宁.他还是一个举世闻名的和平主义者.第一次世界大战期间,他由于反对英国参战而被判刑六个月,坐牢期间写了一本名著——《数学哲学导论》(1919年出版).1955年,抗议氢弹试验,联合爱因斯坦等人,发表了著名的《罗素-爱因斯坦宣言》.他支持希腊和巴基斯坦人民的解放运动,反对美国侵略越南的战争.1961年,因主持反战静坐示威,89岁的罗素与其妻子一起被判两个月监禁.1964年,创办了罗素和平基金会.1966年,与法国哲学家萨特等人组织"国际战犯审判法庭".1968年,发表声明抗议苏联入侵捷克.1970年,抗议以色列发动中东战争.

在对于知识的追求方面,罗素也远远超过了他的先辈及其同时代人,先后出版了71本著作和小册子,广泛论及哲学、逻辑学、数学、教育学、伦理学、社会学、政治学、经济学等各方面,拥有"百科全书式的著作家"称号.其主要著作有:《对莱布尼茨哲学的批评性解释》,《数学的原则》,《数学原理》(与 A. N. 怀特海合著,3卷本),《哲学问题》,《我们关于外间世界的知识》,《社会重建原理》,《政治理想》,《神秘主义和逻辑》,《心的分析》,《一个自由人的崇拜》,《论教育,特别是早期儿童教育》,《物的分析》,《为什么我不是一名基督徒》,《婚姻与道德》,《对幸福的征服》,《权力论——一个新的社会分析》,《对意义和真理的探究》,《西方哲学史》,《人类的知识——它的范围和界限》,《权威与个人》,《逻辑原子论的哲学》,《我的哲学发展》,《西方的智慧》,《罗素自传》(3卷本)等.甚至还出版过两本短篇小说集——《近邻的撒旦》和《显要人物的噩梦》,其风格是寓言式的,文风接近伏尔泰.在对真理的求索中,罗素从无门户之见,善于向各方面学习,善于自我省察,不断修改自己的观点.正是由于他的大力推举和颂扬,弗雷格才从一个在耶拿小城默默无闻度过一生的教授,成为20世纪逻辑学和分析哲学领域的巨擘.

在逻辑学和哲学这两个领域中,罗素作出了实质性的学术贡献,是20世纪最重要的逻辑学家之一,也是分析哲学的创始人之一.他几乎完全独立于弗雷格的工作,创立了命题演算和一阶谓词演算,这两者合在一起构成现代逻辑体系中的"经典"逻辑部分;

他还创立了关系演算,等于建立了一套关系逻辑,大大扩充和丰富了数理逻辑的内容.他在一阶逻辑的框架内创立了一套摹状词理论,由此推出了一些重要的哲学结论,被誉为在形而上学领域应用数理逻辑工具的"典范".在弗雷格所构造的逻辑-数学体系中,他发现了后来以他的名字命名的"罗素悖论",并对悖论产生的原因作出哲学分析:悖论产生于恶性循环,即一个总体内的元素需要通过它所在的那个总体才能定义.因此,避免悖论就要禁止恶性循环,由此提出了简单类型论和分支类型论的技术性方案.不过,这两套方案都存在着这样那样的缺陷.他是逻辑主义纲领的坚定实践家,在这个过程中严格证明了:从逻辑演算出发,加上两个非逻辑的公理,即无穷公理和选择公理,就可以推导出一般算术和康托尔集合论.这一方面证明了逻辑主义纲领在总体上是不正确的;另一方面也精确揭示了数学与逻辑之间的关系.在哲学上,罗素以善于改变观点著称,其思想发展经历了绝对唯心主义、逻辑原子论、新实在论、中立一元论等几个阶段,对 20 世纪分析哲学的发展产生了非常重要的影响.

罗素生前获得过众多的荣誉和头衔.1949 年,获得由英王六世颁发的最高荣誉勋章;1950 年,被授予诺贝尔文学奖,颁奖辞高度评价他作为"人道主义与思想自由的捍卫者"的斗争精神,认为"罗素哲学具体地体现了诺贝尔先生创立这个奖的初衷,他们对人生的看法是十分相似的,两个人不但都接受怀疑论,而且都怀有乌托邦的思想,并且由于对当前世局的忧虑而共同强调人类行为的理性化";20 世纪 50 年代,因积极参加世界和平运动,反对核战争而获得世界和平奖;1960 年,获丹麦索宁奖;如此等等.

思 考

1. 罗素在逻辑学领域有哪些重要贡献?
2. 结合罗素的人生际遇、学术背景和主要贡献等,谈谈你对罗素的看法和评价.

第9章 能力型考试逻辑题分类解析

第1节 能力型考试简介

随着科技的进步和社会的发展,人才的创新能力已经成为一个国家的国际竞争力和国际地位的决定性因素.而创新是建立在正确的批判性思维的基础之上的.批判性思维,又称批判性分析,是指明确的、带有批判性质的理性思考,即根据来自观察、经验、思考、推理、交流等的信息进行积极而巧妙的定义、应用、分析、综合和评估,来指导信念和行动.因此,现代教育特别是高等教育把培养和提高学生的批判性思维能力作为重要目标之一,对学生的要求由原来的对学科知识的简单的认知性掌握提升为能主动、独立地进行批判性思维和创造性思维.

为了适应现代教育的教育目标,国内外各类入学、入职能力型考试都将批判性思维能力作为一项重要的考核内容.比如,申请美国大学研究生院所要求通过的三大标准化考试——研究生入学资格考试GRE(Graduate Record Examination)、进入商学院攻读MBA的入学资格考试GMAT(Graduate Management Admission Test)和进入法学院攻读JD的入学资格考试LSAT(Law School Admission Test),以及我国的工商管理硕士学位研究生入学考试(MBA联考)、公共管理硕士学位研究生入学考试(MPA联考)、会计硕士学位研究生入学考试(MPAcc联考)、其他多类专业统一举行的硕士学位研究生入学资格考试(GCT)、国家公务员行政职业能力测试,都是以批判性思维能力作为主要测试目标的能力型考试.国外的能力型考试的内容主要包括批判性推理(Critical Reasoning)、批判性阅读理解(Critical Reading Comprehension)、数据充分性分析(Data Sufficiency)、批判性写作(Critical Writing)这几个部分.其中批判性推理直接测试考生的逻辑与批判性思维能力;批判性阅读理解和数据充分性分析则通过对文字和数学内容的理解测试考生的逻辑思维能力;批判性写作同时测试考生的文字表达能力和逻辑分析能力.国内能力型考试的逻辑部分主要是仿照国外能力型考试的批判性推理部分进行设计的.

较之于普通的逻辑学考试,能力型考试的逻辑题弱化了对逻辑专门知识的依赖,更注重对考生独立于专业知识(包括逻辑专业知识)之外的日常的逻辑思维能力,即批判性思维能力的考察.一道逻辑试题对批判性思维能力的区分度越高,这道试题的质量就越高.虽然对于大多数试题,不具备逻辑专业知识的人也能求解,但是掌握一定的逻辑专业知识,可以指导考生正确运用批判性思维能力,有意识地避免逻辑谬误,从而提高解题的效率.需要注意的是,一定要避免陷入这样的误区:过分依赖所学的逻辑知识,找不到相关逻辑知识就不知如何求解.

第2节 能力型考试逻辑题分类解析

1 根据题意和要求的不同分类

根据题意和要求的不同,能力型考试逻辑题主要分为:知识型、知识-能力型、能力型三种类型.

1.1 知识型逻辑试题

知识型逻辑试题是指直接涉及逻辑专业知识,需要专业性较强的逻辑知识解题的试题.

例1 小丽是大学生,小丽是党员. 所以,大学生都是党员.
以下哪项对上述推理的评价最为恰当？　　　　　　　　　　　　　　　(　　)
A. 推理正确.
B. 推理错误. 犯了中项两次不周延的错误.
C. 推理错误. 犯了小项不当周延的错误.
D. 推理错误. 犯了大项不当周延的错误.

求解例1,需要了解直言命题的三段论推理的相关知识,并熟练掌握判断推理是否有效的基本规则.题干中小项"大学生"在小前提中是肯定命题的谓项,不周延,但在结论中却充当全称命题的主项,是周延的,因此犯了小项不当周延的错误.因此,答案为C.

1.2 知识-能力型逻辑试题

知识-能力型逻辑试题是指间接涉及逻辑专业知识,解题过程中主要依靠日常的逻辑思维能力,也涉及一些逻辑专业知识的试题.

例2 "只有认识错误,才能改正错误."
以下诸项都准确表达了上述断定的含义,除了　　　　　　　　　　　　(　　)
A. 除非认识错误,否则不能改正错误.
B. 如果不认识错误,那么不能改正错误.
C. 如果改正错误,那么已经认识错误.

D. 只要认识错误,就能改正错误.

例 2 的题干中的命题"只有认识错误,才能改正错误."是一个假言命题,"认识错误"是"改正错误"的必要条件. 选项 A、B、C 与题干含义相同,其中选项 B 是题干中命题的逆否命题. 选项 D 中"认识错误"是"改正错误"的充分条件,与题干含义不符,因此,答案为 D.

例 3 现有如下假设:所有纺织工都是工会成员;部分梳毛工是女工;部分纺织工是女工;所有工会成员都投了健康保险;没有一个梳毛工投了健康保险. 在下列结论中,从上述假设中推不出来的是　　　　　　　　　　　　　　　　　　(　　)

A. 所有纺织工都投了健康保险.

B. 有些女工投了健康保险.

C. 有些女工没有投健康保险.

D. 工会的部分成员没有投健康保险.

根据直言命题的三段论推理的相关知识,由例 3 的题干中"所有工会成员都投了健康保险"而"所有纺织工都是工会成员"可推出"所有纺织工都投了健康保险",即 A;又由"所有纺织工都投了健康保险",而"部分纺织工是女工"可以推论出"有些女工投了健康保险",即 B;由"没有一个梳毛工投了健康保险",而"部分梳毛工是女工"可以推出"有些女工没有投健康保险",即 C;D 与陈述"所有工会成员都投入了健康保险"矛盾,所以答案为 D.

掌握一定的逻辑专业知识对于例 2、例 3 这类题目的求解无疑会很有帮助,但不熟悉相关知识的考生也可能给出正确解答,只要具有一定的批判性思维能力.

1.3　能力型逻辑试题

能力型逻辑试题是指不涉及逻辑专业知识,着重考核逻辑思维能力的试题.

例 4 专业的选择对一个人事业的成功非常重要. 近年来,很多人认为"学计算机编程一定会有光明的前程". 实际上,这一看法与几年前流行的下述观点类似:"学法律最有可能取得事业成功",而现在法律专业毕业生明显是供大于求了.

从上述信息中,可以推知以下哪项结论?　　　　　　　　　　　　　(　　)

A. 由于在工作中将越来越多地使用计算机,法律专业毕业生也要学习计算机编程.

B. 计算机程序员将越来越需要律师的服务.

C. 市场上很快会出现对律师的大量需求.

D. 学习计算机编程的毕业生数量很快就要超过市场需求量了.

例 4 的题干中表明几年前认为学法律最可能取得事业成功,如今法律专业毕业生已是供大于求,而现在认为学计算机编程会有光明的前景,很容易推出,过几年计算机编程专业毕业生将会供大于求,所以答案为 D.

例 5 根据对 2005 年全国出版社申报的引进国外图书的选题分析,总计引进选题

6737种,其中自然科学类占13.65%,经济类占14.36%.

从这段文字可以推出   （ ）

A. 那些虽有学术价值但会有市场风险的国外图书,往往受到国内出版者的冷遇.

B. 对外国先进科技书引进的比例明显偏低,人文社会科学引进数量不仅偏大,而且偏重某一类.

C. 外国文学古典名著,因为无须买版权,市场一直有稳定的读者群,因而被大量重复出版.

D. 自然科学类图书的引进,翻译质量要求比较高、周期比较长,致使翻译出版的比例比较低.

例5中选项D针对自然科学所占有的比例低,找出"这类图书翻译要求高、周期长"作为原因. 而选项A、B、C均无法从题干推出,题干并没有涉及"学术价值高市场风险高""先进科技类书籍"和"外国文学古典名著". 所以答案为D.

例4、例5这类题目的求解完全不需要任何逻辑专业知识,只需要具备一定的批判性思维能力即可.

2　根据设问模式的不同分类

每道能力型考试逻辑题的题干都可看作一个论证(包括证明和反驳),包括论题和论据两部分. 提问时围绕论点和论据进行设问. 根据设问模式的不同,逻辑题可以分为削弱型、加强型(或支持型)、假设型(或前提型)、结论型、解释型、评价型、比较型、语义型等类型.

2.1　削弱型

题干中给出了一个完整的论证(或推理),要求找出最能反驳、削弱或质疑题干中论证(或推理)过程的选项. 典型的设问方式为：

① "以下哪项如果为真,最能削弱题干中的结论(或观点)?"

② "以下哪项如果为真,最能削弱题干中的论证(或论断、论述)?"

求解这类题型,关键是掌握"削弱题干"的方法. "削弱题干"有两种方式：(1) 截断关系法,即截断题干中论据与论题的逻辑联系. 比如,当题干中论据P和论题Q是充分条件关系,即可表达为"如果P,那么Q",此时就应找使"P真但Q假"的选项来削弱题干. (2) 弱化论据法(或釜底抽薪法),即减弱题干中论据的支持作用.

例6　只有具备足够的资金投入和技术人才,一个企业的产品才能拥有高科技含量. 而这种高科技含量,对于一个产品长期稳定地占领市场是必不可少的.

以下哪项情况如果存在,最能削弱以上断定？   （ ）

A. 苹果牌电脑拥有高科技含量并长期稳定地占领着市场.

B. 西子洗衣机没能长期稳定地占领市场,但该产品并不缺乏高科技含量.

C. 长江电视机没能长期稳定地占领市场,因为该产品缺乏高科技含量.

D. 清河空调长期稳定地占领着市场,但该产品的厂家缺乏足够的资金投入.

例 6 是削弱型题目,用截断关系法来削弱题干.题干中"足够的资金投入和技术人才""高科技技术含量"是"产品长期稳定占领市场"的必要条件,选项 D 中的清河空调没有必要条件(缺乏足够的资金),但具有结果(长期稳定地占领市场).所以,答案为 D.

例 7 根据有关数据显示,2008 年全国共有 64 万人参加国家公务员考试,考生人数较上一年增加 12%,2010 年公务员各职位平均竞争比例约为 60∶1,远远超出 2007 年的 42∶1.其中竞争最激烈的中央党群机关参照公务员管理的事业单位,竞争比例平均高达 162∶1.从某种角度来说,国家公务员考试已经成为当今中国竞争最激烈的考试之一.众多大学生对公务员职业的追捧,特别是对公务员职业的不正确认识,造成了"公务员报考热"的出现.

最能削弱上述论断的一项是 （　　）

A. 在巨大的就业压力下,众多高校毕业生将报考公务员作为重要的就业机会和出路.

B. 公务员考试录用制度的公正性吸引大学生参与到这种公平竞争中来.

C. 相对于其他职业,公务员不仅职业较为稳定,同时具有相对完备、良好的待遇和保障体系.

D. 近年来,在职人员报考公务员的人数呈逐年上升趋势.

例 7 也是削弱型题目,采用弱化论据法削弱题干.题干中的论断是:大学生对公务员职业的错误认识造成报考热的出现,即将"公务员报考热"的出现归结为大学生的认识问题.而选项 D 中提到在职人员报考公务员的人数逐年上升,极大削弱了这一论断.而选项 A、B、C 均涉及大学生对公务员的认识问题.因此,答案为 D.

2.2 加强型(或支持型)

题干中推理的前提不足以得出结论,或论证的论据不足以推出论题,要求找出能作为论据(或前提)以增大论证(或推理)成立的可能性的选项.典型的设问方式为:

"以下哪项如果为真,最能加强(或支持)题干中的结论(或观点)?"

求解这类题型,关键是对"加强(或支持)题干"的正确理解.只要某选项对题干论证(或推理)的成立有支持作用,将其加入题干的已有论据中后,可以使论证(或推理)成立的可能性增大,该选项就能"加强(或支持)题干".不要求该选项一定是题干(或推理)成立的充分条件,也不要求一定是题干(或推理)成立的必要条件.

例 8 一份对北方某县先天性心脏病患者的调查统计显示,大部分患者都出生在冬季.专家们指出,其原因很可能是那些临产的孕妇营养不良.因为在这一年最寒冷的季节中,人们很难买到新鲜食品.

以下哪项如果为真,能支持题干中的专家的结论? （　　）

A. 调查中相当比例的患者有家族遗传病史.

B. 在心脏病患者中,先天性患者只占很小的比例.

C. 与引起心脏病有关的心血管区域的发育,大部分发生在产前一个月.

D. 新鲜食品与腌制食品中的营养成分对心血管发育的影响相同.

例 8 是支持型题目. 题干认为是冬天难以买到新鲜食品导致冬季出生的孩子容易患上先天性心脏病,强调冬季与孩子患先天性心脏病的关系,选项 C 正好有力地论证了这一点. 选项 A、B、D 实际上都削弱了专家的结论. 因此,答案为 C.

例 9 一项每年进行的全国性的调查表明,过去 30 年里上高中的高年级学生对非法药品的使用呈持续而明显的下降趋势.

要想从上面描述的调查结果得出结论:认为 20 岁以下的人对非法药品的使用正在下降,下列哪项如果正确能提供最有力的支持? ( )

A. 上高中的高年级学生们使用非法药品水平的变化很少,与 20 岁以下的其他人使用非法药品的水平的变化相符.

B. 在过去,上高中的高年级学生一直是最可能使用非法药品和最可能大量使用非法药品的人群.

C. 上高中的高年级学生使用非法药品的比例与所有的 20 岁以下使用非法药品的人的比例非常相似.

D. 这项调查显示的下降趋势是特别针对 20 岁以下的人进行的药物教育计划的结果.

例 9 也是支持型题目. 很明显,题干的论证必须有关于"高中高年级学生"和"20 岁以下的人"关系的预设条件. C 建立了这样的联系. 选项 B 具有较强干扰性,B 的问题是一方面缺少"高中高年级学生就是 20 岁以下的人"的信息,另一方面说明的是"在过去",这样就无法知道现在的情况. 因此,答案为 C.

2.3 假设型(或前提型)

题干中推理的前提不足以得出结论,或论证的论据不足以推出论题,要求找出某一选项在题干推理的论据(或前提)和论题(或结论)之间"搭桥",使其逻辑关系明朗化. 典型的设问方式为:

① "以下哪项陈述是上述论证所隐含的假设?"

② "为使上述论证成立,以下哪项是必须假设的?"

这类题目往往给出的是小前提和结论,要求找出大前提将两者联结起来. 求解这类题目需要注意,大前提必须是论题(或结论)成立的必要条件,但不一定是充分条件.

例 10 有的地质学家认为:如果地球的未勘探地区中单位面积的平均石油储藏量能和已勘探地区一样的话,那么,目前关于地下未开采的能源含量的正确估计因此要乘上一万倍. 由此可得出结论,全球的石油需求,至少可以在未来五个世纪中得到满足,即便此种需求每年呈加速上升的趋势.

为使上述论证成立,以下哪项是必须假设的? ( )

A. 地球上未勘探地区的总面积是已勘探地区的一万倍.

B. 在未来至少五个世纪中,世界人口的增长率不会超过对石油需求的增长率.

C. 新技术将使未来对石油的勘探和开采比现在更为可行.

D. 地球上未勘探地区中储藏的石油可以被勘测和开采出来.

例 10 是假设型题目. 题干的结论是:全球的石油需求,至少可以在未来五个世纪中得到满足,即使此种需求每年呈加速上升的趋势. 其依据是:根据地质学家的观点,目前包括未勘探地区在内的地下未开采的能源含量比原来估计的要多一万倍. 要使这一论证成立,有一个条件必须满足,即地球上未勘探地区中储藏的石油事实上可以被勘测和开采出来. D 项正是断定了这一点. 因此,D 项是题干的论证必须假设的. 所以答案为 D.

例 11 理工学院的王老师在接受校刊记者采访时说:"近年来理科大学生对时事政治学习的兴趣普遍比以前浓了. 因为我上课的班级中大学生对于各类时事政治讲座几乎一次也不落,这在几年前几乎是不可想象的."

王老师的结论基于以下哪项假设? ( )

A. 这几年国内外一系列事件的发生极大地吸引了理科大学生.

B. 近年来入学的大学生的政治意识普遍比以前的学生强.

C. 对时事政治讲座的态度是衡量大学生对时事政治学习是否有兴趣的重要标志.

D. 在时事政治学习方面不能按文科大学生的标准来要求理科大学生.

例 11 是假设型题目. 选项 C 说明大学生热衷于各类时事政治讲座是出于对时事政治学习的兴趣,题干中的小前提(我上课的班级中大学生对于各类时事政治讲座几乎一次也不落,这在几年前几乎是不可想象的)和结论(近年来理科大学生对时事政治学习的兴趣普遍比以前浓了)只有依靠选项 C 中的大前提才能将他们联系起来.

由于正确选项都是推论成立的必要条件,因此解假设(前提)型题目时可采用"反向代入法". 所谓反向代入法,即为将选项的否定代入题干,假设该选项不成立,验证题干结论是否成立. 如果不成立,则为答案;如果还有成立的可能性,则不是正确答案.

例 12 众所周知,西医利用现代科学技术手段可以解决很多中医无法解决的病症,而中医依靠对人体经络和气血的特殊理解也治愈了很多令西医束手无策的难题. 据此,针对某些复杂疾病,很多人认为中西医结合的治疗方法是有必要的.

上述这些人在论断时作的假设是 ( )

A. 针对这些疾病的中医和西医的治疗方法可以相互结合,扬长避短.

B. 这些疾病单独用中医疗法或者单独用西医疗法并不能有效治疗.

C. 针对这些疾病,医疗界已经掌握了中西医疗法结合的方法.

D. 针对这些疾病,医学界已经尝试了中西医结合的疗法并取得了良好的效果.

例 12 也是假设型题目,可采用反向代入法求解. 题干中说明中医和西医都能治愈很多对方无法治愈的疾病,论点为"针对某些复杂疾病,很多人认为中西医结合的治疗方法是有必要的". 将 A 选项反向代入,即使两者不能相互结合,扬长避短,也不会影响论证.题干结论探讨的是"有没有必要结合",没有涉及结合后效果怎样,所以 A 选项不是论断所必需的假设.将 B 反向代入,如果单独利用中医或西医就可以进行有效治疗,那么就没有必要进行中西医结合,故 B 项是论断必须要假设的.同理,C 项和 D 项涉及中西医结合后的情况,也无法证明中西医结合的必要性,因此,答案为 B.

2.4 结论型

题干中给出前提,要求从备选项中找出由题干中前提可以推出的结论.典型的设问方式为:

① "从题干可推出以下哪个结论?"

② "若题干中断定为真,则以下哪项一定为真?"

③ "下述哪项最能概括题干的主要观点?"

④ "若题干中的断定为真,则除了以下哪项外,其余的断定一定为真?"

这类题目中由论据(或前提)推出论题(或结论)的方式,可以是严格的逻辑推理,也可以是一般的抽象概括.求解这类题目,需要对题干给出的前提条件进行比较、分析、计算、归纳、概括,要求考生具有综合处理问题的能力.有一些常见的方法,比如:

(1) 列表法.当题干涉及的情况较多时,可以列成表格,以便清楚准确地比较分析,迅速找出答案.

(2) 计算法.当题干中条件跟数据有关时,可以动手通过简单的计算找出答案.

(3) 代入法.由前提直接推结论比较困难时,可以考虑用代入法,具体做法是:为了判断某个选项的真假,可以先假设该选项为真,将其代入题干,如果导致矛盾,就说明该选项为假.

例 13 某机关每周星期一至星期五接待群众到机关办事,一位办事员被安排为上午接待,另一位办事员安排为下午接待,该机关有 5 位办事员 R,S,T,U 和 V,安排总是依照以下条件:(1) 每星期每位办事员至少有一次被安排做接待工作;(2) 同一星期中,一位办事员不可能连续两天被安排做接待工作;(3) T 从不被安排在上午做接待工作;(4) V 为星期一和星期三的下午做接待工作;(5) U 从不与 S 在同一天做接待工作.

有一个星期,T 只在星期五被安排做接待工作,那么下列哪一条必定是对的?

( )

A. R 在星期二做接待工作.　　B. R 在星期三做接待工作.

C. R 在星期五做接待工作.　　D. U 在星期四做接待工作.

例 13 是结论型题目.求解该题可以运用列表法.题干中关于 5 位办事员的工作时间安排需要满足的条件较多,为了便于分析,可列表如下:

时段	时间				
	星期一	星期二	星期三	星期四	星期五
上午					
下午	V		V		T

由题目可知,V 和 T 的工作时间是最容易确定的(已在上表中列出),空格处只能安排 R,S,U 做接待工作.又由条件(5)知,S,U 不能安排在同一天做接待工作,那么 R 一定被安排在星期二和星期四做接待工作,这样由条件(2)知,R 就不能在其他时间做接待工作,因此选项 A 是正确的,选项 B 和 C 都是错误的,由题干中的条件不能确定 U 是否在星期四工作.所以,答案为 A.

例 14 王红、李铁、陈武、刘建、周彬 5 个人一起参加公务员录用考试,试题中包括 10 道判断题.判断正确得 1 分,判断错误倒扣 1 分,不答则不得分也不扣分.5 个人的答案如下:

王 √ √ √ — × √ × × √ ×
李 √ √ × × — √ √ √ × ×
陈 × √ × × √ × × √ — ×
刘 × × √ × × × × × × √
周 √ √ × × × √ √ × √ ×

5 个人的得分依次分别为 5,1,3,0,4.

根据以上信息推断这些判断题正确的答案是   (　　)

A. × √ × × √ √ √ × √ ×
B. √ √ √ × × × √ × √ √
C. × √ × × √ × × × √ √
D. √ √ × √ √ √ × × √ ×

例 14 是结论型题目.求解该题可以同时运用计算法和代入法.由题干条件不能直接推出这些判断题正确的答案,因此采用代入法,即将四个备选答案逐一代入到题干中检验结论是否正确.假设 A、B、C、D 中某项为正确答案,参照这个正确答案,对五人的解答分别进行批改,计算得分.若得分与题干相符,则该选项确实为正确答案.求解完毕,只有选项 D 符合要求,所以,答案为 D.

2.5 解释型

题干中给出关于某些现象的客观描述,这些现象似乎矛盾但实际上并不矛盾,要求找出能够解释或说明这些现象的选项.典型的设问方式为:
① "以下哪项如果为真,能最好地解释题干中看来存在的矛盾?"
② "以下哪项如果为真,最不能解释题干中看来存在的矛盾?"
求解这类题目的关键是要从"矛盾"中发现"不矛盾".题干中现象间的表面矛盾,可

能是因为考虑了同一个对象的两个不同的方面,或者考虑了两个不同的对象,或者其他原因.解题时要求通过深入分析现象的本质,找出合理的解释来消除矛盾.

例15 在美国与欧洲某国作战期间,美国海军为招募兵员,曾经在全国广为散发海报.当时最有名的广告是这样说的:美国海军的死亡率比纽约市民的还要低.面对质询,负责的海军官员解释说:"根据统计,现在纽约市民每年的死亡率是16%,而尽管是战时,美国海军士兵的死亡率也不过9%."

如果以上资料为真,则以下哪项能够解释上述看起来很让人怀疑的结论?(　　)

A. 在战争期间,由于有部分海军负担运输任务,并不直接参战,因而海军士兵的死亡率要低于陆军士兵.

B. 上述统计中的纽约市民包括生存能力较差的婴儿、老人和病人等.

C. 由于美国海军有一定实力,作战时伤亡较小,敌军更喜欢攻击没有什么抵抗能力的普通市民.

D. 美国海军的这种宣传主要是为了鼓动人们入伍,所以,其中不免有夸张的成分.

例15是解释型题目.选项B很好地解释了题干中看似令人怀疑的结论:参加海军的人都是年轻力壮的青年人,生命力较强,自然死亡的人数是很小的,而纽约市民中包括生存能力较差的婴儿、老人和病人,自然死亡人数多.所以,即使在战时,海军的死亡率也是低于纽约市民死亡率的.所以,答案为B.

例16 20世纪80年代日本电器在我国十分畅销.到了20世纪90年代,人民币对西方主要货币(包括日元)汇率不断下调,这样会使进入我国市场的日本电器人民币价格上升.然而,日本电器在中国的销量却并未因此下降.

以下哪项最能解释日本电器销量居高不下的原因?(　　)

A. 日本国内电器生产厂家把成本的增幅控制在一定范围内.

B. 日本电器生产厂家成本增幅比我国国产电器增幅小.

C. 尽管目前日本电器销量未下降,未来两三年内就会显现下降趋势.

D. 我国消费者更加注重日本电器的优秀质量,弥补了价格上涨的不利局面.

例16也是解释型题目.题干中给出了日本电器人民币价格上升和日本电器在中国的销量却未下降这一看似的"矛盾".产生这一"矛盾"的原因在于:影响商品销量的因素除了价格外,还有商品的质量,题干在分析日本电器在中国销量居高不下的原因时,只考虑了其中一方面,即商品价格,而忽略了商品的质量.而中国消费者购买日本电器的原因主要在于其商品质量,价格不是影响日本电器在中国销量的主要因素.D项正说明了这一点.A项没有根本解释题目中现象产生的原因,B项属于干扰项,我们必须认清"增幅"的含义,这个概念必须依托于基数,C项属于臆测.所以,答案为D.

2.6 评价型

题干给出了一个完整的论证,要求找出能恰当评价题干的论证方式与方法、论证目的和论证效果等的选项.典型的设问方式为:

① "以下哪项最为恰当地评价了题干中的推理?"

② "为了对题干中的论证做出评价,回答以下哪个问题最为重要?"

这类题目的关键是找出对题干论证的正确评价.评价的方式可以分为直接和间接两种:

(1) 直接评价.陈述句,对题干中论证直接给出评价.

(2) 间接评价.一般疑问句,往往提出一个针对题干论证成立的必要前提,如果对这个问句回答"是",则对题干起到支持作用,否则,对题干起到削弱作用.

例 17 与新疆的其他城市一样,库尔勒直至 20 世纪 80 年代初物价都是很低的,自它成为新疆的石油开采中心以后,它的物价大幅上升,这种物价上涨可能来自这场石油经济,这是因为新疆那些没有石油经济的城市仍然保持着很低的物价水平.

最准确地描述了上段论述中所采用的推理方法的一项是 ( )

A. 鉴于条件不存在的时候现象没有发生,所以认为条件是现象的一个原因.

B. 鉴于有时条件不存在现象也会发生,所以认为条件不是现象的前提.

C. 由于某一特定事件在现象发生前没有出现,所以认为这一事件不可能引发现象.

D. 试图说明某种现象是不可能发生的,而某种解释正确就必须要求这种现象发生.

例 17 是评价型题目.新疆成为石油开采中心,这是库尔勒物价大涨现象出现的条件;B 项当成为开采中心这一条件不存在的时候,库尔勒的物价上涨的现象并没有发生,故此项的说法不正确;C 项根据选项的意思,"某一特定事件"指成为开采中心这件事,"现象"就是指物价上涨,成为开发中心之前物价没有上涨,所以成为开采中心不能引起物价上涨,这种说法明显不正确;而 D 项的说法过于模糊,"某种现象""某种解释"指代都不是很清楚,故也不选.选项 A 很好地描述了题干中的推理方法,因此,答案为 A.

例 18 毫无疑问,未成年人吸烟应该加以禁止.但是,我们不能为了防止给未成年人吸烟以可乘之机,就明令禁止自动售烟机的使用.这种禁令就如同为了禁止无证驾车而在道路上设立路障,路障自然禁止了无证驾车,但同时也阻挡了 99% 以上的有证驾驶者.

为了对上述论证做出评价,回答以下哪个问题最为重要? ( )

A. 未成年吸烟者在整个吸烟者中所占的比例是否超过 1%?

B. 禁止使用自动售烟机带给成年购烟者的不便究竟有多大?

C. 无证驾车者在整个驾车者中所占的比例是否真的不超过 1%?

D. 从自动售烟机中是否能买到任何一种品牌的香烟?

例 18 也是评价型题目.如果自动售烟机也是成年吸烟者主要的甚至是唯一的购烟渠道的话,那么,题干的论证就能成立;否则,题干的论证将受到严重的质疑.因此,为了对题干的论证做出评价,回答 B 项的问题最为重要.事实上,禁止使用自动售烟机带给成年购烟者的不便越大,则对题干论证的支持力度越大;否则,对题干的削弱力度越大.所以,答案为 B.

2.7 比较型

题干给出一个完整的论证(或推理),要求找出与题干中具有相似推理形式、推理方法或逻辑谬误的选项.典型的设问方式为:

① "以下哪项与题干中的推论方式相同(或最为相似)?"
② "以下哪项中的分析方式与题干相同(或最为相似)?"

求解这类题目的关键是找出题干和备选项中推理方式的本质,常常需要先分别进行形式化,再进行比较.

例 19 一切有利于生产力发展的方针政策都是符合人民根本利益的.改革开放有利于生产力的发展,所以改革开放是符合人民根本利益的.

以下哪种推理方式与上面的这段论述最为相似? ( )

A. 一切行动听指挥是一支队伍能够战无不胜的纪律保证.所以,一个企业,一个地区要发展,必须提倡令行禁止,服从大局.

B. 经过对最近六个月销售的健身器跟踪调查,没有发现一台因质量问题而退货或返修.因此,可以说这批健身器的质量是合格的.

C. 如果某种产品超过了市场需求,就可能出现滞销现象."草群"领带的供应量大大超过了市场需求,因此,一定会出现滞销现象.

D. 凡是超越代理人权限所签的合同都是无效的.这份房地产建设合同是超越代理权限签订的,所以它是无效的.

例 19 是比较型题目.题干中的论述是一个典型的三段论式推理,大前提"一切有利于生产力发展的方针政策都是符合人民根本利益的",小前提"改革开放有利于生产力的发展",推出结论"改革开放是符合人民根本利益的".只有选项 D 的推理方式与它相同.因此,答案为 D.

2.8 语义型

题干给出一个完整的论证(或论述),要求找出与题干中论述相干或不相干的选项.典型的设问方式为:

① "如果题干中论述(或断定)为真,则以下哪项一定为真?"
② "如果题干中论述(或断定)为真,则以下哪项不可能为真?"

求解这类题目,需要首先深入理解题干中各个论述的意思,特别要把握好"充分条件"与"必要条件"、全称量词与特称量词等的区别.

例 20 我国选举法规定:中华人民共和国年满 18 周岁的公民,不分民族、种族、性别、职业、家庭出身、宗教信仰、财产状况和居住期限,都有选举权和被选举权;依照法律剥夺政治权利的人除外.根据这一法律,以下哪项一定为真? ( )

A. 罪犯都不具有选举权和被选举权.
B. 学生也都具有选举权和被选举权.
C. 拥有选举权和被选举权的必须是 18 周岁以上的中国公民.
D. 选举权是不受任何限制的.

例 20 是语义型题目.本题采用排除法.罪犯如不被剥夺政治权利,是具有选举权和被选举权的,故 A 不正确;学生如未满 18 周岁,不具有选举权和被选举权,故 B 不正确;选举权受年龄和国籍限制,故 D 不正确.符合题意的只有 C.

例 21 MBA 是一种高级企业管理人才,对 MBA 来说最重要的一点在于企业家精神,具有企业家精神的 MBA 是市场中的佼佼者.我国现在招收 MBA 的院校有 50 多所,有很多还宣称与国外院校合办,但大多是一些三流院校,有的连正式的教材都没有,其良莠不齐可见一斑.

由此可推知以下哪项一定为真?   (   )

A. 中国缺的不是 MBA,而是具有企业家精神的真正的 MBA.
B. 中国的 MBA 都不是合格的.
C. 中国要培养真正的 MBA 必须与国外知名院校联合.
D. 只有拥有 MBA 学位的人才能管好企业.

例 21 也是语义型题目."大多是一些三流院校"说明还有少数是一、二流院校,因此 B 不正确;题意中对某些三流院校宣称与国外院校合办持否定态度,不以为然,故 C 不正确;没有 MBA 学位的人也能管理好企业,故 D 不正确.所以,答案为 A.

主要参考书目

[1] 陈波.逻辑学导论[M].4 版.北京：中国人民大学出版社,2020.

[2] 陈波.逻辑学十五讲[M].北京：北京大学出版社,2008.

[3] 何向东.逻辑学教程[M].3 版.北京：高等教育出版社,2010.

[4] 南开大学哲学系逻辑学教研室.逻辑学基础教程[M].2 版.天津：南开大学出版社,2008.

[5] 彭漪涟.逻辑学基础教程(修订版)[M].上海：华东师范大学出版社,2009.

[6] 王宪钧.数理逻辑引论[M].北京：北京大学出版社,1998.

[7] 张家龙.数理逻辑发展史：从莱布尼茨到哥德尔[M].北京：社会科学文献出版社,1993.

[8] 左孝凌,李为鑑,刘永才.离散数学[M].上海：上海科学技术文献出版社,1982.

[9] 王裕宁.逻辑通识与批判性思维训练[M].苏州：苏州大学出版社,2014.

[10] 彭漪涟,余式厚.趣味逻辑[M].北京：北京大学出版社,2005.

[11] 吴格明.逻辑与批判性思维[M].北京：语文出版社,2003.

[12] 全国工程硕士专业学位教育指导委员会,杨武金.逻辑考前辅导教程[M].北京：清华大学出版社,2003.

[13] 周建武.GCT 逻辑模拟试题与解析[M].北京：清华大学出版社,2014.

[14] 东野圭吾.悖论 13[M].林青华,译.海口：南海出版公司,2012.

[15] 本·奥尔林.欢乐数学[M].唐燕池,译.天津：天津科学技术出版社,2021.

[16] 夏目漱石.我是猫[M].刘振瀛,译.上海：上海译文出版社,2007.